Margot S. Baumann
Auf den Hügeln Roms

TINTE
&
FEDER

Das Buch

Fotografieren ist Ophelias große Passion. Als Siegerin eines Foto-Wettbewerbs kann sie sich ihren Herzenswunsch erfüllen: Endlich nach Rom zu reisen, um die schönsten Motive einzufangen. Eines davon soll sogar ihr Leben verändern. Denn bei Durchsicht der ersten Aufnahmen entdeckt sie eine Frau, die ihrer verstorbenen Mutter verblüffend ähnlich sieht – nur in jungen Jahren. Wie ist das möglich?

Schon einen Tag später erblickt sie die geheimnisvolle Frau erneut – dieses Mal in Begleitung eines gut aussehenden Mannes. Auf einer Vespa folgt Ophelia den beiden spontan quer durch die Stadt bis zu einer prächtigen Villa in den Hügeln Roms. Durch ein Missverständnis erhält sie Zugang zur Villa und lernt sowohl die mysteriöse Fremde als auch den temperamentvollen Cesare kennen.

Schon bald entdeckt Ophelia, dass sie alle ein altes Geheimnis verbindet. Gemeinsam mit Cesare begibt sie sich auf die Suche und hofft immer mehr, der ganz großen Liebe begegnet zu sein. Zumindest scheinen ihre Gefühle und seine Signale eindeutig zu sein … oder ist alles doch nur vorgetäuscht?

Die Autorin

Margot S. Baumanns Laufbahn als Geschichtenerzählerin begann in der zweiten Klasse, als sie ihrer damaligen Lehrerin erklärte, ihre Eltern hätten sie Landstreichern abgekauft.

Heute schreibt die 1964 geborene Autorin Romane über Liebe, Verrat, Geheimnisse und Sehnsuchtsorte. Für ihre Werke erhielt sie nationale und internationale Preise. Sie mag raue Küsten, schroffe Felswände, Musik, Hunde, das Leben im Allgemeinen, ihre Familie und träumt von einem Cottage am Meer.

Margot S. Baumann ist Mitglied des Berner Schriftstellerinnen und Schriftsteller Vereins und des Montségur Autorenforums. Sie lebt und arbeitet im Kanton Bern (Schweiz). Mehr Infos zur Autorin auf www.margotsbaumann.com.

MARGOT S. BAUMANN

Auf den Hügeln Roms

ROMAN

Deutsche Erstveröffentlichung bei
Tinte & Feder, Amazon Media EU S.à r.l.
5 Rue Plaetis, L-2338 Luxembourg
November 2018
Copyright © der deutschsprachigen Ausgabe 2018
By Margot S. Baumann

Umschlaggestaltung: bürosüd⁰ München, www.buerosued.de
Umschlagmotiv: © Roderick Chen / Getty; © Claudio Giovanni Colombo /
Shutterstock; © Samot / Shutterstock;
© gp.riccardi / Shutterstock; © Sirilert Phonsin / Shutterstock;
© Mariia Golovianko / Shutterstock
1. Lektorat: Karla Schmidt
2. Lektorat: Diana Schaumlöffel
Korrektorat: Manuela Tiller/DRSVS
Gedruckt durch:
Amazon Distribution GmbH, Amazonstraße 1, 04347 Leipzig /
Canon Deutschland Business Services GmbH, Ferdinand-Jühlke-Str. 7,
99095 Erfurt /
CPI books GmbH, Birkstraße 10, 25917 Leck

ISBN: 978-2-91980-307-1

www.tinte-feder.de

I

»Meine Damen und Herren, ich bitte um Ihre Aufmerksamkeit! Wir kommen jetzt zum Gewinner des ersten Preises in der Kategorie *Bestes Foto*. Das Thema hieß *Gegensätze*.« Der Conférencier wedelte mit einem weißen Umschlag in der Luft herum und hielt einen Moment inne, um die Spannung zu steigern.

Im Gemeindesaal von Bozen verstummten die Gespräche. Alle warteten auf die Verkündung des Siegers.

Ophelia Moroder griff hastig nach der Hand ihrer Freundin, die in der ersten Reihe neben ihr saß.

»Du wirst gewinnen«, flüsterte Selma und nickte aufmunternd, als Ophelia ihr einen skeptischen Blick zuwarf. »Trotzdem musst du mir nicht gleich die Finger zerquetschen.«

Ophelia unterdrückte ein Lachen und lockerte den Druck. »Entschuldige, aber ich muss mir dieses Mal einfach den ersten Preis holen!«

Der Bozener Fotowettbewerb, an dem meist die halbe Stadt teilnahm, war das jährliche Highlight in Ophelias Leben. Sie hatte einmal sogar Platz drei belegt und ein Wellness-Wochenende in Meran gewonnen. Selma hatte sie damals begleitet. Es war nett gewesen, doch dieses Jahr handelte es sich

5

beim ersten Preis um einen Reisegutschein im Wert von fünf-hundert Euro. Schon bald stand Ophelias Sommerurlaub an, und sie hatte vor, nach Rom zu fahren.

Einmal die Ewige Stadt sehen! Das Kolosseum, den Trevi-Brunnen, das Forum Romanum, den Vatikanstaat und, was sie sich immer gewünscht hatte, ihre Hand in die Öffnung der Bocca della Verità stecken.

Ophelia war eine glühende Verehrerin von Audrey Hepburn und dem Film *Ein Herz und eine Krone*. Sie hatte ihn sich schon mindestens zwanzig Mal angesehen. Der Film war aus den Fünfzigerjahren, und Audrey Hepburn spielte darin eine gelang-weilte Kronprinzessin, die eines Nachts aus ihrem goldenen Käfig ausbricht. Als sie auf einer Mauer einschläft, wird sie von einem Reporter, gespielt von Gregory Peck, aufgelesen, und die beiden erkunden daraufhin Rom und seine Sehenswürdigkeiten.

Eine Szene spielt in der Kirche Santa Maria in Cosmedin, in deren Vorhalle sich die berühmte Steinmaske Bocca della Verità, der Mund der Wahrheit, befindet. Der Legende nach beißt die Maske jedem Lügner die Hand ab, wenn er sie in ihren Mund legt. Das musste Ophelia unbedingt ausprobieren!

Die Reise nach Rom war ein lang gehegter Wunsch Ophelias, doch mit ihrem Gehalt als Buchhändlerin konnte sie keine großen Sprünge machen, und das Wenige, das sie in ihrem vierundzwanzigjährigen Leben angespart hatte, war für die Beerdigung ihrer Mutter vor zwei Jahren draufgegangen. Seit damals hatte Ophelia ihre Ferien immer nur in der Region verbracht. Also ja, sie wollte diesen ersten Preis unbedingt!

Das helle Licht im Saal wurde gedimmt, und an der wei-ßen Wand hinter dem Conférencier erschienen die Logos der Firmen, die als Sponsoren für den Wettbewerb fungierten.

»Bevor ich den Namen des Gewinners – oder der Gewinnerin – wir wollen ja politisch korrekt sein …«, der Conférencier lachte gekünstelt, »… verkünde, möchten wir herzlich allen Sponsoren danken, die uns dieses Jahr so großzügig unterstützt haben. Ein großer Applaus geht bitte an die Firma …«

Ophelia stöhnte innerlich auf, während sie Selmas Hand losließ und pflichtschuldig in den Beifall einstimmte, den jeder Name eines der ortsansässigen Sponsoren begleitete. Der Kerl machte es aber wirklich spannend.

Ihr Wettbewerbssujet hatte Ophelia zufällig gefunden. Sie hatte einfach zur richtigen Zeit am richtigen Ort auf den Auslöser gedrückt. Es war oft so, dass sie spontan etwas entdeckte, das sie unbedingt fotografieren musste, und sie hatte sich daher angewöhnt, stets ihre Kamera mit sich herumzutragen.

»Was für eine Labertasche!«, raunte Selma ihr zu und holte Ophelia damit aus ihren Gedanken. »Der soll mal in die Gänge kommen!« Sie rollte genervt mit den Augen.

Ophelia schnaubte zustimmend, und das zunehmende Stühlerücken und Räuspern im Saal untermauerten ihr Urteil. Offenbar hatte jetzt endlich auch der Conférencier die Ungeduld des Publikums bemerkt. Er klopfte mit dem Zeigefinger aufs Mikro, um erneut auf sich aufmerksam zu machen.

»Lange Rede, kurzer Sinn«, begann er und lächelte. »Der diesjährige Hauptgewinn, ein Fünfhundert-Euro-Reisegutschein für das schönste Foto zum Thema *Gegensätze,* geht an …«

Hinter ihm an der Wand tauchte das Bild zweier Leute auf. Eine alte Frau in einer geblümten Kittelschürze und pinkfarbenen Crocs. Neben ihr ging ein Punk, ganz in Schwarz gekleidet, mit einem Irokesenschnitt, diversen Piercings im Gesicht und klobigen Doc Martens an den Füßen. Die zwei überquerten gerade einen Zebrastreifen, und der junge Mann trug der alten Frau die Einkaufstüten. Beide lachten übers ganze Gesicht, als hätte einer von ihnen gerade einen Witz erzählt.

»… Ophelia Moroder. Herzlichen Glückwunsch!«

II

Cesare Orsini klemmte sich die Tageszeitung *La Repubblica* und die Post unter den Arm und balancierte seinen ersten Espresso des Tages auf die Terrasse der Familienvilla. Er setzte sich an den Tisch und genoss die Aussicht auf den Tiber. Isabella lag noch in den Federn. Seine Schwester schlief am Wochenende gern lang, wogegen er oft schon im Morgengrauen aufstand, um joggen zu gehen. Er liebte diese Tageszeit, wenn die Vögel ihr Gefieder schüttelten und die ersten Töne anstimmten und über Rom noch der Dunst des anbrechenden Tages lag. Von der Hektik, die die Hauptstadt sonst fest im Griff hatte, war um diese Zeit noch nichts zu spüren.

Die Villa Aurelia in der Via Bartolomeo Ammannati war in den Vierzigerjahren von seinem Großvater erbaut worden und lag in Parioli, einem Viertel, das von Botschaften und der High Society Roms bevorzugt wurde. Der weiträumige Garten, der von einer hohen Mauer umgeben war, die ihre Privatsphäre schützte, und der alte Baumbestand erwiesen sich als natürliche Barriere gegen den Lärm der Stadt. Eine Oase der Ruhe, die Cesare mehr als alles andere schätzte. Wenn er von einem anstrengenden Flug zurückkam, brauchte er so einen Ort, um aufzutanken. Zudem bot die Villa einen nicht unerheblichen

Luxus, war aber im Grunde für zwei Bewohner zu groß. Und wenn Isabella, seine um ein Jahr ältere Schwester, nach ihrer Hochzeit nächstes Jahr auszog, würde er ganz allein hier leben. In einem Siebenundzwanzig-Zimmer-Haus mit aufwendigen Fresken, stuckverzierten Decken, geschnitzten Balustraden, vergoldeten Wasserhähnen und einer grandiosen Sicht auf die Skyline der Ewigen Stadt. Doch einen Verkauf hatten weder er noch Isabella je ins Auge gefasst. Es wäre ihnen wie Verrat an ihren Eltern erschienen, die vor fünf Jahren bei einem Flugzeugabsturz ums Leben gekommen waren.

Cesare trommelte mit den Fingern auf die Zeitung und warf dabei einen müden Blick auf die neuen Bewerbungen für die Haushälterinnenstelle. Seit Simona Moravia ihren wohlverdienten Ruhestand genoss, mussten er und Isabella sich selbst um den Haushalt kümmern. Eigentlich fiel ihnen das nicht schwer, denn ihre Mutter hatte darauf bestanden, dass ihre Kinder putzen, waschen und auch kochen lernten, aber sowohl er als auch Isabella arbeiteten den ganzen Tag. Und sich danach noch um das große Anwesen zu kümmern, war wirklich kein Zuckerschlecken.

Bis jetzt hatten sie jedoch noch keine neue Haushälterin gefunden. Alle eingeladenen Kandidatinnen waren durchs Raster gefallen. Auch wenn das vielleicht elitär wirkte, aber eine Anstellung bei den Orsinis verlangte einen tadellosen Leumund, gute Manieren und ein gewinnendes Wesen. Immerhin würde die neue *gute Fee* auch in der Villa wohnen, und Cesare hatte wenig Lust, täglich einem feuerspeienden Drachen über den Weg zu laufen. Auch wenn seine Familie die Titel abgelegt hatte, gehörte er doch zum alten römischen Adel und veranstaltete ab und zu Partys für ihre Freunde und die weitverzweigte Sippschaft. Sie konnten also auch niemanden anstellen, der heimlich Handyfotos machte und sie danach der

Regenbogenpresse zuspielte. Diskretion und Loyalität wurden im Hause Orsini großgeschrieben.

Cesare hatte es sich leichter vorgestellt, Simonas Nachfolgerin zu finden, aber wie ihm eine Nachbarin geklagt hatte, war die Suche nach geeignetem Dienstpersonal in der heutigen Zeit nahezu aussichtslos. Wenn sich unter den neuen Bewerberinnen auch keine geeignete Kandidatin befand, müssten sie wohl eine entsprechende Firma beauftragen. Vielleicht war das sowieso besser, als eine völlig Fremde ins Haus zu lassen.

Er nahm einen Schluck Kaffee und dachte an die Frau, die sich gestern vorgestellt hatte. Sie hatte glänzende Zeugnisse und Referenzen aufweisen können, doch mit ihrer strengen Art, der dunklen Stimme und der schwarzen Kleidung hatte sie ihn an seine Grundschullehrerin erinnert: Signorina Grillo.

Cesare schüttelte sich bei der Erinnerung. Wenn es je eine Frau gegeben hatte, die weniger für den Lehrerinnenberuf geeignet gewesen war, dann sie. Alle Kinder hatten sich vor ihr gefürchtet und ihren Unterricht gehasst. Nein, eine zweite Signorina Grillo würde er auf keinen Fall einstellen! Doch die Kandidatin hatte ihm auf der anderen Seite auch leidgetan. Sie war schon älter, und es war sicher für sie nicht einfach, eine neue Stelle zu finden. Und schließlich konnte sie nichts dafür, dass sie seiner ehemaligen Lehrerin ähnelte. Also hatte er ihr nach einer netten Absage auch die Telefonnummer seiner Nachbarin gegeben, die zusätzliches Hauspersonal suchte.

Cesare schob den Stapel mit den Bewerbungen zur Seite, lehnte sich zurück und ließ seinen Blick dabei über Rom schweifen. Auf der rechten Seite erhob sich die Basilika Sant'Eugenio mit ihrer hellen Fassade aus Travertin und der Statue des Erzengels Michael auf der Kuppel. Dahinter erstreckten sich die Parks und Gartenanlagen der Villa Borghese mit ihren verschiedenen Museen und Galerien. Direkt vor der Terrasse wuchsen zwei mächtige Zypressen. Genau dazwischen konnte man im morgendlichen Dunst am Horizont die imposante Kuppel des Petersdoms erkennen. Rechter Hand, in einer fast kreisförmigen Schlaufe des Tibers, lag das Viertel Flaminio mit dem künstlich angelegten Park der Villa Glori und dem Nationalmuseum für zeitgenössische Kunst, das auf einem alten Kasernenareal errichtet worden war.

Obwohl er die Aussicht seit seiner Kindheit kannte, faszinierte sie ihn immer wieder. Und wenngleich er als Pilot schon viele schöne Städte gesehen hatte, konnte es keine davon mit seiner Heimatstadt aufnehmen. Rom war und blieb für ihn die Wiege der Zivilisation.

»Na, du früher Vogel, schmeckt dir der Wurm?«

Isabella stand in der Terrassentür und gähnte hinter vorgehaltener Hand. Sie sah reichlich zerzaust aus. Ihre langen, hellbraunen Haare machten einem Krähennest veritable Konkurrenz, und ihre Augen waren vom Schlaf noch verquollen. Sie trug einen seidenen Morgenmantel und war barfuß.

»Ganz köstlich, Schwesterherz. Möchtest du ein Stück abhaben?«

Sie schüttelte sich. »Erst mal einen Espresso, bevor ich rohes Fleisch zu mir nehme.«

Er grinste und holte für sie eine weitere Tasse aus der Küche.

III

»Hast du Mückenspray dabei?« Selma sah Ophelia fragend an.

»Jetzt hör aber auf!« Ophelia lachte, schulterte ihren Rucksack und fasste ihren Rollkoffer am Griff. »Ich fahre nur nach Rom und nicht an den Amazonas.«

Der Bahnsteig in Bozen lag verlassen unter einem blassblauen Himmel. Es war erst kurz nach fünf Uhr morgens an diesem strahlenden Sonntag, und wer nicht unbedingt aufstehen musste, schlief noch tief und fest. Ophelia hatte sich für das günstigste Bahnticket entschieden, das jedoch vorschrieb, den ersten Zug zu nehmen. In viereinhalb Stunden würde er sie direkt von Bozen nach Roma Termini bringen, und dann konnte ihr Urlaub richtig beginnen.

Sie hatte sich ausgerechnet, dass die fünfhundert Euro, die sie bei dem Wettbewerb gewonnen hatte, und ihr Erspartes für drei Wochen reichten, wenn sie in einer Jugendherberge nächtigte und die Ausgaben auf das Nötigste beschränkte. Zudem hatte sie von ihrer Chefin noch einen Vorschuss auf das Weihnachtsgeld erhalten.

Selma hatte sich bereit erklärt, sie zum Bahnhof zu fahren, und unterdrückte jetzt ein Gähnen.

»Wie du meinst«, nuschelte sie. »Jammer mir aber ja nicht vor, wenn du dich ständig kratzen musst!« Sie umarmte Ophelia. »Viel Spaß, Pheli! Sei bitte vorsichtig, steig nicht zu Fremden ins Auto, und nimm keine Süßigkeiten von Leuten an, die du nicht kennst!«

Ophelia grinste. »Ja, Mama.« Sie drückte ihrer Freundin einen Kuss auf die Wange und stieg in den Zug.

»Und ich will alles sehen, was du siehst!«, rief ihr Selma hinterher. »Ich lese jeden Tag deinen Blog. Vergiss also nicht, ganz viele Fotos hochzuladen, okay?«

Ophelia hob den Daumen. Sie hatte vor, auf ihrem Blog ein Reisetagebuch zu führen, und Selma als ihre fleißigste Leserin freute sich, ihre Freundin wenigstens auf diese Weise nach Rom begleiten zu können.

Das Abteil war bis auf einen anderen Mitreisenden, der leise schnarchte, leer. Ophelia wuchtete ihren Rollkoffer in das Gepäckfach über ihrem Kopf, legte den Rucksack auf den Nebensitz und setzte sich ans Fenster. Draußen veranstaltete Selma gerade einen kleinen Tanz auf dem Bahnsteig und schnitt dabei Grimassen, als würde eine Monstermücke sie verfolgen.

»Kindskopf«, murmelte Ophelia grinsend. Dann fuhr der Zug an, und sie winkte ihrer Freundin ein letztes Mal zu.

Ophelia strich sich eine Haarsträhne aus dem Gesicht und sah aus dem Fenster. Die Bahnstrecke führte an der Etsch entlang, die noch im Schatten der Berge lag. Morgendlicher Dunst waberte über dem Fluss, der ihm einen melancholischen Zauber verlieh. Sie griff nach ihrer Kamera und knipste ein paar Bilder.

Kurz vor seinem Tod hatte ihr Vater für seine einzige Tochter eine gebrauchte weiße Nikon 1 AW1 gekauft. Ophelia hatte damals begonnen, einen Blog im Internet zu führen, in dem sie ihre Bilder veröffentlichte. Am Anfang hatte sie ihre Motive noch mit dem Handy fotografiert. Doch ihr Vater hatte darauf bestanden, dass sie ihrem Hobby mit einer *richtigen Kamera* nachging. Obwohl es auf dem Markt mittlerweile qualitativ bessere Apparate gab, hatte sie sich nie von ihrer Nikon trennen mögen. Sie würde mit ihr so lange fotografieren, bis sie den Geist aufgab. Immerhin war sie das letzte Geschenk gewesen, das sie von ihrem Vater bekommen hatte.

Anton Moroder war noch vor seiner Frau gestorben. Eines Tages war er beim Überqueren der Drususbrücke über den Talferbach einfach zusammengebrochen. Herzinfarkt. Ophelias Mutter hatte den Tod ihres Ehemannes niemals verwunden, und auch wenn die Ärzte sagten, dass der Krebs sie dahingerafft hatte, wusste Ophelia doch, dass sie eigentlich an gebrochenem Herzen gestorben war. Doch Ophelia wollte jetzt nicht an die traurige Vergangenheit denken. Drei aufregende Wochen lagen vor ihr. Sie atmete tief durch und lehnte sich zurück. Das Abenteuer konnte beginnen!

Die Menschenmassen im Bahnhof Roma Termini überwältigten Ophelia schier. Staunend stand sie in der Bahnhofshalle und wusste nicht, wohin sie zuerst blicken sollte. Das Gewusel der Reisenden, das Stimmengewirr, die verschiedenen Gerüche überrollten sie wie eine mächtige Woge. Dennoch konnte sie es kaum erwarten, sich ins Getümmel zu stürzen, hoffend, dass sie dabei nicht unterging.

Sie kontrollierte nochmals die Reißverschlüsse ihres Rucksacks. Alle zu? Gut. Es wäre fatal, wenn sie einem Taschendieb zum Opfer fiele. Auch dafür hatte Selma ihr einige Ratschläge mit auf den Weg gegeben, die Ophelia aber reichlich unsinnig erschienen. Auf Anraten ihrer Freundin sollte sie sich das Bargeld und ihre Kreditkarte in die Schuhe stopfen und den Rucksack immer nur vor dem Bauch tragen. Doch Ophelia hatte weder Lust, auf Geld zu wandeln, noch wie eine Mutter mit Babytrage auszusehen. Und Selma übertrieb sowieso gerne mal. Aber etwas Vorsicht konnte sicher nicht schaden.

Ophelia zog ihr Handy hervor. Sie hatte die Wegbeschreibung zur Jugendherberge in der Via Carlo Cattaneo per Fotofunktion gespeichert. Angeblich lag sie nur einen halben Kilometer vom Hauptbahnhof entfernt, und Ophelia hatte nur drei Wünsche an ihre Unterkunft: billig, sauber und einen kostenlosen Internetzugang.

Sie blieb einen Moment vor dem Bahnhofsgebäude stehen und atmete tief durch. Sie war in Rom – endlich! Dass ihr lang gehegter Wunsch endlich in Erfüllung gegangen war, erschien ihr immer noch wie ein Wunder.

»Taxi, Signora?«

Ein gut aussehender junger Mann mit einer perfekt gegelten schwarzen Haarpracht und wunderschönen braunen Augen sah sie fragend an und wies dabei auf die Taxischlange vor dem Bahnhof.

»Nein danke«, erwiderte sie und griff ihren Rollkoffer fester. »Ich gehe zu Fuß.«

»Dann vielleicht eine private Stadtführung? Fontana di Trevi, Kolosseum, Pantheon?«

»Nein, auch nicht, danke.«

Sie warf einen kurzen Blick auf ihr Handy und wandte sich nach rechts. Der junge Mann folgte ihr.

»Oder einen Ausflug nach Ostia ans Meer? Ich mache Ihnen einen guten Preis.«

Der Kerl war ja hartnäckig. Ob das jetzt immer so weiterging? Sah sie wirklich auf den ersten Blick wie eine unbeholfene Touristin aus? Vermutlich. Trotzdem, nein war nein. Aber offenbar schreckte das den Mann nicht ab. Im Gegenteil, ihre Zurückweisung schien ihn nur weiter anzustacheln.

»Ich kann Ihnen auch günstige Karten für die Oper besorgen. Die besten Plätze, versteht sich.«

Ophelia blieb stehen. »Hören Sie, ich danke Ihnen wirklich, aber ich bin nicht interessiert. Lassen Sie mich also bitte in Ruhe.«

»Wie wär's mit einer nächtlichen Tour durch Rom in einem echten Fiat Cinquecento inklusive eines Abstechers in den heißesten Klub der Stadt?« Er zwinkerte ihr auffordernd zu.

Ophelia stieß erschöpft die Luft aus. Wie sollte sie diesen aufdringlichen Kerl nur loswerden?

Offenbar war er immun gegen Absagen. So wie Marco, ihr Exfreund, dem sie vor einem halben Jahr den Laufpass gegeben hatte, weil er sie mit einer anderen betrogen hatte. Der Idiot hatte sich daraufhin ständig wieder bei ihr gemeldet und ihr die Hucke vollgejammert, dass es nur ein einmaliger Ausrutscher gewesen sei. Dummerweise hatte dieser einmalige Ausrutscher vier ganze Wochen gedauert. Noch heute bekam Ophelia einen dicken Hals, wenn sie an Marcos Vertrauensbruch zurückdachte. Und auch bei ihm hatte sie sich gescheut, ihm ihre Verachtung ins Gesicht zu schleudern und auf eine sofortige Funkstille zu pochen. Mit Konfrontationen konnte sie schlecht umgehen und wich ihnen meist aus. »Hasenblut« hatte ihr Vater das immer scherzhaft genannt und ihr dabei in die Wange gekniffen. Und damit hatte Anton Moroder den Nagel natürlich auf den Kopf getroffen.

In diesem Moment eilte eine bildschöne Frau auf hochhackigen Schuhen über den Platz, und gleich heftete sich ein weiterer Touristenfänger an ihre Fersen. Doch noch bevor dieser sein Sprüchlein aufsagen konnte, hob die Frau die Hand, ließ ein abfälliges Zungenschnalzen hören, und der Mann ging achselzuckend davon.

Ophelia sah ihr beeindruckt hinterher. Also so hielt man sich diese Kerle vom Leib!

Sie hatte vielleicht Hasenblut, war aber lernfähig, und als der Kerl neben ihr einen weiteren Versuch startete, ihr etwas aufzuschwatzen, wedelte sie ungeduldig mit der Hand und versuchte dabei, das gleiche Geräusch wie die andere Frau zu machen. Es klang zwar eher so, als würde sie einem Haflinger befehlen, anzutraben, aber der junge Mann schürzte daraufhin die Lippen und fragte: »No? Certo?«

Ophelia schüttelte bestimmt den Kopf, und der Kerl ließ, etwas Unfreundliches vor sich hin murmelnd, von ihr ab.

»Erste Hürde gemeistert«, sagte sie zu sich selbst und klopfte sich innerlich auf die Schulter. Dann marschierte sie zügig Richtung Via Carlo Cattaneo.

IV

»Wann musst du los?«

Isabella nippte an ihrem Espresso und blinzelte träge in die Morgensonne. Sie beschirmte ihre Augen mit der Hand und lehnte sich dann wohlig seufzend im Stuhl zurück.

Cesare sah auf die Uhr. »In einer halben Stunde. Ich werde in Stockholm übernachten und bin morgen Nachmittag wieder zurück. Und was hast du heute vor?«

»Nichts Besonderes. Amadeo kommt später noch vorbei. Wir wollen die nächste Ausstellung für die Galleria besprechen.«

Amadeo, Cesares zukünftiger Schwager, war ein Spross der adligen Colonnas, die wie die Orsinis auf eine wechselvolle Familiengeschichte zurückblicken konnten.

Der Palazzo Colonna im Herzen Roms befand sich seit dreiundzwanzig Generationen im Familienbesitz und war teilweise für die Öffentlichkeit zugänglich. Die in dem burgartigen Gebäude untergebrachte *Galleria Colonna* beherbergte eine herausragende Sammlung von Gemälden, Skulpturen und Raumdekorationen der bedeutendsten italienischen und ausländischen Künstler des fünfzehnten und sechzehnten Jahrhunderts.

Vor drei Jahren hatte Cesares Schwester angefangen, dort als Kuratorin zu arbeiten, und Amadeos Herz im Sturm erobert. Seit zwei Jahren waren sie verlobt und wollten nächstes Jahr heiraten.

Die Colonnas sahen der Verbindung der beiden aristokratischen Familien mit Wohlwollen entgegen, denn Amadeos Eltern gaben viel auf ihre adelige Herkunft. Und dass Ehen nur unter ihresgleichen geschlossen wurden, hielten sie für ihre heilige Pflicht. Nicht alle römischen Adelsfamilien teilten eben Cesares moderne Einstellung. Seiner Ansicht nach waren solche Regeln ein Relikt aus vergangener Zeit. Zum Glück war Amadeo in der Hinsicht weniger dünkelhaft. Er liebte Isabella innig und hätte sie vermutlich auch gegen den Willen seiner Familie geheiratet. Nächstes Jahr würde aus Isabella Orsini eine Prinzessin Colonna werden. Cesare freute sich für seine Schwester, auch wenn es bedeutete, dass sie die Villa Aurelia dann verließ.

»Wie viele neue Simonas kommen eigentlich noch?«, fragte Isabella in diesem Moment.

Cesare seufzte. »Drei. Morgen, am Mittwoch und die letzte nächsten Donnerstag.«

»Und?«

»Ihre Bewerbungen sind einwandfrei, aber das sind sie ja immer. Hoffen wir darauf, dass eine dabei ist, die uns überzeugt.«

Isabella nickte. »Alles verändert sich«, sagte sie daraufhin leise und blickte dabei in die Ferne.

Er sah sie überrascht an. »Und das gefällt dir nicht?«

»Nicht immer, nein. Zuerst verlassen uns Mamma und Papà, dann Simona, und schon bald muss auch ich hier weg.«

Ihre Augen glänzten, und er griff über den Tisch hinweg nach ihrer Hand. »Cara, was ist denn? Freust du dich denn nicht auf dein zukünftiges Leben als Ehefrau?«

»Doch, natürlich. Es ist nur …« Sie brach ab und seufzte. »Vorhochzeitliche Panik vielleicht?«

Er schmunzelte und drückte ihre Hand. »Natürlich, das ist verständlich. Aber alles wird gut werden, du wirst sehen.«

»Bestimmt. Ich mache mir eben Sorgen, weil ich dich hier allein zurücklasse. Wenn du doch nur auch endlich die Liebe finden würdest, dann hätte ich nicht so ein schlechtes Gewissen.«

»Nun hör aber mal auf! Falls du es nicht gemerkt haben solltest, ich bin seit ein paar Jahren erwachsen und werde schon nicht unter die Räder kommen, wenn meine ältere Schwester auszieht. Immerhin stolpere ich dann nicht mehr über herumliegende Stöckelschuhe.«

Er zwinkerte ihr zu, und Isabella lachte. Dann drückte er ihr einen Kuss auf die Hand und stand auf.

»Ich muss los. Wir sehen uns morgen, ciao.«

»Bring mir bitte ein Glas Hjortron-Marmelade mit!«, rief sie ihm hinterher. »Und zwar ein großes!«

»Alles klar. Noch etwas? Vielleicht einen Elch?«

Er hörte Isabella kichern und griff schmunzelnd nach seinem gepackten Rollkoffer neben dem Küchentisch. Dann schlüpfte er in die schwarze Uniformjacke und nahm seine Pilotenmütze.

Während er durch Roms Straßen Richtung Flughafen fuhr, dachte er an Isabellas Worte über ihre Eltern nach. Seit dem schrecklichen Unglück waren sich die Geschwister näher denn je. Um die Tragödie überhaupt überstehen zu können, hatten sie sich gegenseitig stützen müssen und teilten seitdem Kummer und Sorgen. Doch er hatte Isabella auch etwas verschwiegen. Kurz bevor seine Eltern zu dem Skiwochenende in Cortina d'Ampezzo aufgebrochen waren, hatte er seinem Vater nämlich mitgeteilt, dass er die Ausbildung zum Piloten abbrechen würde. Cesares damalige Freundin Gabriella hatte sich über seine unregelmäßigen Arbeitszeiten beschwert und ihn vor die Wahl gestellt: entweder sie oder die Fliegerei. In seiner Verliebtheit hatte er sich für die langbeinige Blondine mit der üppigen Figur entschieden.

Sein Vater war daraufhin fuchsteufelswild geworden und hatte ihm vorgehalten, seine glänzenden Zukunftsaussichten wegen eines Flittchens wegzuwerfen. Sie hatten sich angeschrien, und viele böse Worte waren gefallen, die Cesare heute noch schmerzten. Es gab wohl nichts Schlimmeres im Leben, als sich von einem Menschen im Streit zu trennen und nie mehr die Möglichkeit zu bekommen, sich mit ihm zu versöhnen. Dass dieser Mensch gerade der eigene Vater war, hatte Cesare die vergangenen Jahre nicht mehr losgelassen.

Trug er die Schuld am Tod seiner Eltern? Hatte sich sein Vater dermaßen über die Auseinandersetzung aufgeregt, dass er auf dem Flug nach Bozen einen Herzinfarkt erlitten hatte und die Maschine deshalb abstürzte? Dieser Gedanke beschäftigte ihn täglich und bestimmte seitdem Cesares Leben.

Von Gabriella hatte er sich nach dem Unglück getrennt. Er konnte ihr das Ultimatum nicht verzeihen. Sie hatte ihm nicht lange nachgetrauert und kurz darauf einen vermögenden Immobilienhai mit moderateren Arbeitszeiten geheiratet.

Cesare öffnete das Fenster und atmete tief durch. Wenn er eins aus der Vergangenheit gelernt hatte, dann dies, dass das Leben plötzlich vorbei sein konnte. Ja, er würde Isabella vermissen, doch er freute sich auch für sie, dass sie ihr Glück gefunden hatte.

V

Montag, 4. Juni 2018

Liebe Daheimgebliebene, ein Tipp vorneweg: Nehmt bequeme Schuhe mit, wenn ihr nach Rom fahrt!

»What are you doing?« Namiko, Ophelias Zimmergenossin in der Jugendherberge, sah ihr neugierig über die Schulter.

Ophelia hatte Glück gehabt und noch einen Platz in einem Zweibettzimmer ergattert. Ihre Befürchtung, dass sie sich in einem Massenverschlag wiederfinden würde, hatte sich glücklicherweise nicht bewahrheitet. Die Unterkunft entsprach jedoch nicht den Fotos auf der Webseite. Offenbar hatte jemand die Bilder mit Photoshop aufgehübscht, aber sie wollte schließlich nur hier schlafen und keinen Wellness-Urlaub verbringen. Trotzdem wäre ein anheimelndes Zimmer nett gewesen, doch wenigstens war das Bett einigermaßen bequem.

»Ich führe einen Blog«, erklärte Ophelia auf Englisch und drehte den Laptop in Namikos Richtung. »Normalerweise poste ich zwar nur Fotos von Südtirol, aber dieses Mal will ich einen Reisebericht veröffentlichen. Pro Tag einen Eintrag mit Fotos und Tipps für Rom-Besucher.«

»*Nice*«, war Namikos einziger Kommentar. Sie schenkte Ophelia ein flüchtiges Lächeln.

Namiko kam aus Tokio, studierte Kommunikationswissenschaften und hatte sich für ein halbes Jahr eine Auszeit vom Studium genommen, um Europa kennenzulernen. Die zierliche Japanerin mit den mandelförmigen Augen und den pechschwarzen Haaren, die sich wie eine dieser Manga-Figuren kleidete, war eine angenehme Gesellschaft. Sie setzte sich, wie meist, auf ihr Bett, stülpte sich überdimensionale Kopfhörer über und hörte Musik. Dabei schrieb sie ellenlange WhatsApp-Nachrichten an ihren Freund im fernen Japan.

Ophelia hatte es aufgegeben, sie zu gemeinsamen Unternehmungen aufzufordern. Bereits gestern, als sie in der Jugendherberge angekommen war, hatte Namiko alle ihre Vorschläge für ein Sightseeing zu zweit lächelnd, aber bestimmt abgelehnt. Ophelia grämte sich nicht deswegen. Sie war gern allein unterwegs, dann musste sie wenigstens auf niemanden Rücksicht nehmen.

Sie widmete sich wieder ihrem Blog-Eintrag und lud die Fotos ihres heutigen Tages hoch: das Kolosseum, ein Muss für jeden Touristen! Das von Kaiser Vespasian in Auftrag gegebene erste steinerne Amphitheater in Rom, das damals siebzigtausend Zuschauern Platz bot, war selbst als Ruine noch atemberaubend. Zwar waren gerade umfangreiche Renovierungsarbeiten im Gange – der vormals weiße Travertin war durch Abgase und die Luftverschmutzung schwarz und brüchig geworden – und gewisse Bereiche daher nicht zugänglich. Aber in jedem Winkel des antiken Bauwerks spürte man die Magie vergangener Tage. Möglicherweise lag das aber auch nur an Ophelias bildlicher Vorstellungskraft und daran, dass sie gleich morgens eine der ersten Besucherinnen gewesen war. Angeblich traten sich später am Tag die Touristen dort auf den Füßen herum, und dann fiel es bestimmt schwer, sich Gladiatorenkämpfe, Tierhatzen und sogar nachgespielte Seeschlachten vorzustellen.

... und jetzt noch ein paar Tipps: Geht vorher aufs Klo, die Wartezeiten am Eingang können lang sein. Dort gibt's eine Sicherheitskontrolle, wie man sie vom Flughafen her kennt. Jacken und Taschen müsst ihr in einen Behälter legen, der dann durchleuchtet wird. Danach geht's durch einen Metalldetektor. Große Rucksäcke sind im Kolosseum verboten sowie auch volle Wasserflaschen. Ihr könnt aber eine leere Pet-Flasche mitnehmen und sie danach an einem der nasoni *(Trinkwasserbrunnen) wieder auffüllen.*

Jeweils am ersten Sonntag im Monat ist für alle Besucher während der regulären Öffnungszeiten der Eintritt frei. Aber Achtung, an diesen Tagen kann es sehr voll werden!
Der Eintritt kostet für Erwachsene: 12,00 €, für EU-Bürger von 18 bis 25 Jahren: 7,50 € und für Personen unter 18: 0,00 €.

Ophelia las nochmals ihren Eintrag durch und klickte dann auf Veröffentlichen.

So, der erste Tag und die erste Sehenswürdigkeit waren abgehakt. Ob Selma vielleicht gerade damit beschäftigt war, ihren Artikel zu lesen? Es wäre schön gewesen, Rom mit ihrer Freundin zu erkunden, aber diese hatte keinen Urlaub bekommen – unmöglich im Juni.

Als Ophelia den Laptop zuklappte, knurrte ihr Magen, und nach einem Blick auf die Uhr stellte sie fest, dass es schon kurz vor sieben war. Für die Römer zu früh, um ans Abendessen zu denken, für sie gerade die richtige Zeit.

Sie stand auf und tippte Namiko auf die Schulter. Die Japanerin hob den Blick und schob einen der Kopfhörer zur Seite.

»Wollen wir zusammen essen gehen?«, fragte Ophelia, doch Namiko schüttelte lächelnd den Kopf und wies auf einen Beutel Orangen neben sich.

Ophelia nickte verstehend. Offenbar lebte die Japanerin nur von Luft, Liebe und Früchten.

Als Ophelia die Jugendherberge verließ, warf die tief stehende Sonne lange Schatten in die Via Carlo Cattaneo. Es war immer noch warm, die Temperaturen im Juni sanken selbst in der Nacht kaum unter zwanzig Grad. Essensdüfte, Abgase und der Geruch nach warmem Stein schlugen ihr entgegen: der Duft einer Metropole. In Rom roch es ganz anders als in Bozen, und Ophelia atmete tief durch. Sie wollte die Ewige Stadt mit allen Sinnen erfahren, und dazu gehörte auch dieses unverwechselbare Aromengemisch.

Ophelia zückte ihre Kamera, als sie in einer Nebenstraße ein sich leidenschaftlich küssendes Paar auf einer Treppe entdeckte. Selma hatte schließlich gesagt, dass sie alles sehen wollte, was ihre Freundin sah.

Diskret knipste sie ein paar Bilder und bog dann in die Via Carlo Alberto ein. An deren Ende erhob sich die Basilika Santa Maria Maggiore, von der sie ein paar Fotos im Abendlicht schießen wollte. Vielleicht erspähte sie auf dem Weg dorthin auch ein günstiges Lokal, denn mit dem Eintritt ins Kolosseum hatte sie den größten Teil ihres Tagesbudgets bereits verbraten.

Auf der Piazza vor der Basilika stand eine mächtige Säule aus weißem Marmor. Ophelia zog ihren Reiseführer aus dem Rucksack und schlug die entsprechende Seite auf. Bei dem Monument handelte es sich um die Mariensäule Colonna della Pace, die im Jahr 1614 als Dank für das Ende einer Pestepidemie errichtet worden war. Die Bronzestatue darauf stellte die Madonna dar, auf dem Sockel waren Adler und Drache abgebildet, die Wappentiere der Papstfamilie Borghese.

Sie fotografierte das monumentale Ding von allen Seiten und setzte sich dann auf die Treppe des Brunnens daneben, um sich die Bilder anzusehen.

Als sie ein helles Lachen hörte, wandte sie den Kopf. Auf der gegenüberliegenden Seite des Platzes befand sich ein hübsches Straßencafé. Eben servierte ein livrierter Kellner einer jungen Dame einen Aperitif auf einem Silbertablett. Offenbar lachte sie über das, was der Kellner zu ihr sagte. Irgendetwas hatte diese Frau an sich, das Ophelia vertraut vorkam und ihr ein gutes Gefühl gab, doch sie war zu weit weg, um mehr als einen vagen Eindruck zu bekommen.

Sollte sie dort zu Abend essen? Aber das Lokal mit den weißen Sonnenschirmen und den gediegenen Rattanmöbeln wirkte zu teuer für sie.

Wieder beugte sich der Kellner zu der Frau hinunter, und diese lachte erneut. Ein ansteckendes Lachen, das Ophelia zum Schmunzeln brachte. Sie hob die Kamera, knipste mehrere Fotos der beiden, stand dann auf und schlenderte über den Platz. Irgendwo würde sie sicher eine günstige Pizzeria finden. Bei dem Gedanken an geschmolzenen Mozzarella und würzige Tomatensoße lief ihr das Wasser im Mund zusammen.

VI

Cesare unterdrückte den Impuls, mehrmals die Hupe zu betätigen. Die Fahrerin vor ihm, die so langsam aus der Parkbucht fuhr, dass eine Schnecke an ihr hätte vorbeiziehen können, strapazierte seine Nerven. Er verspätete sich, Isabella würde ihn gehörig zusammenstauchen. Im Gegensatz zu ihren Landsleuten bestand seine Schwester nämlich auf Pünktlichkeit.

Endlich hatte die Frau ihren SUV herausmanövriert, und er fuhr rasant in die frei gewordene Parklücke. Seine Schwester und er trafen sich regelmäßig nach der Arbeit im *Antico Caffè Santamaria*. Roberto, der Besitzer, war ein Freund ihrer Eltern gewesen, und das Lokal lag auf Isabellas Heimweg.

Cesare stieg rasch aus, schnappte sich das Glas mit der Marmelade aus diesen komischen Beeren, die Isabella so mochte, und lief die Straße entlang.

Eine weitere Bewerberin für die Stelle der Haushälterin hatte ihn länger aufgehalten als geplant. Doch auch diese Dame hatte ihn nicht überzeugt. Natürlich konnte die Frau nichts dafür, dass sie sich anhörte wie ein kratzender Fingernagel auf einer Schiefertafel, aber wenn er sich vorstellte, dass er nach einem anstrengenden Flug nach Hause kam und ihn diese quiekende Stimme begrüßte, überfiel ihn eine Gänsehaut.

Cesare seufzte tief. Immerhin hatte er nach der Durchsicht der neuen Bewerbungen noch zwei Kandidatinnen im Köcher. Vielleicht würde eine von denen in die Villa Aurelia passen.

»Tut mir leid!«, rief er, als er Isabella erspähte, die mit hochgezogenen Augenbrauen im Gartenlokal saß und demonstrativ auf ihre Armbanduhr tippte. »Dafür habe ich dir das mitgebracht.«

Er stellte das große Marmeladenglas auf den Tisch und drückte seiner Schwester einen Kuss auf die Wange. »Der Elch wartet zu Hause im Garten und schlägt sich den Magen voll.«

Isabella lachte. »Du bist unmöglich.« Sie betrachtete das Mitbringsel. »Wenigstens hast du daran gedacht. Ich verzeihe dir also noch einmal.«

»Du bist zu gütig.« Cesare hob die Hand und winkte dem Kellner. »Campari Soda, per favore!«

»Haben wir eine neue Simona?«, fragte Isabella und holte ein Taschentuch aus ihrem Beutel.

»Leider nein. Außer, du würdest gern deine Nerven trainieren.«

Isabella runzelte fragend die Stirn, und Cesare winkte ab. Dann nieste sie mehrmals, und er sah sie besorgt an.

Er hatte schon bei dem Wangenkuss gespürt, dass sich ihre Haut heiß anfühlte. Als er seine Schwester näher betrachtete, fiel ihm auf, dass ihre Augen fiebrig glänzten. »Hast du dich erkältet?«

»Möglich. Ich friere schon den ganzen Tag und habe Kopfschmerzen. Das hat mir gerade noch gefehlt, jetzt, wo wir die neue Ausstellung vorbereiten.« Sie schnäuzte sich die Nase.

»Der Palazzo Colonna steht schon eine ganze Weile, er wird nicht gleich einstürzen, solltest du ein paar Tage fernbleiben.«

Isabella verzog den Mund. »Ich hasse es, krank und allein in der Villa zu sein. Wer leistet mir denn Gesellschaft, wenn ich das Bett hüten muss? Etwa der Elch?«

Cesare grinste. »Ich kann nachfragen, ob sie mich diese Woche nur für die Tagesflüge einteilen, dann wäre ich wenigstens am Abend immer zu Hause. Und schließlich hast du auch noch einen Verlobten, der sich um dich kümmern kann.«

»Amadeo muss morgen für ein paar Tage nach Florenz«, erklärte sie. »Diese Reise kann er unmöglich absagen.« Sie nieste noch einmal. »*Cavolo!* Verdammt, was hab ich mir da bloß eingefangen!«

»Du wirst schon nicht gleich daran sterben, meine kleine Hypochonderin.«

Isabella schnaubte beleidigt. Doch es stimmte, seine Schwester meinte schon beim kleinsten Schnupfen, dass sie gleich das Zeitliche segnen werde.

Diese seltsame Haltung hatte sie erst seit dem Unfalltod ihrer Eltern. Cesare wusste nicht, wie er damit umgehen sollte. Er hatte ihr einmal vorgeschlagen, mit einem Psychologen darüber zu sprechen, worauf Isabella höchst empfindlich reagiert hatte. Er hütete sich also davor, je wieder etwas Ähnliches anzudeuten, und versuchte es lieber mit Humor.

»Wollen wir gleich nach Hause fahren?«, schlug er vor, doch seine Schwester schüttelte den Kopf.

»Du hast doch bestimmt Hunger, nicht wahr?«

Als er nickte, fuhr sie fort: »Dann lass uns etwas Kleines essen. Unser Kühlschrank ist nämlich leer. Simona fehlt an allen Ecken und Enden.«

Der Kellner brachte Cesares Campari Soda, und sie verlangten die Speisekarte.

Die Nacht senkte sich über Rom und verwandelte den Himmel in ein flammendes Inferno aus Violetttönen.

Cesare saß auf der Terrasse und genoss den lauen Abend. Die Zikaden und Grillen sangen wie üblich ihr einförmiges Lied. Eine Fledermaus flog in halsbrecherischen Manövern um die Zypressen. Der Duft nach trockenem Gras und Pinienharz lag in der Luft.

Isabella hatte sich nach ihrer Heimkehr sofort zu Bett begeben. Sie war sehr blass gewesen, und Cesare hoffte, dass es sich wirklich nur um eine leichte Erkältung handelte. Obwohl er ein Jahr jünger war, fühlte er sich für seine große Schwester verantwortlich. Er hatte zum Glück seinen Dienst mit einem Kollegen tauschen können, aber dass er morgen in aller Frühe losmusste, lag ihm im Magen. Immerhin wäre er am späten Nachmittag aber wieder zurück und konnte sich dann um Isabella kümmern. Zudem hatten sie eine halbe Apotheke im Haus, und die Nummer ihres Hausarztes lag griffbereit.

Cesare nippte an dem Glas Frascati. Er machte sich gewiss zu viele Sorgen, doch der Tod ihrer Eltern hatte ihm vor Augen geführt, wie schnell das Leben vorbei sein konnte. Und schließlich gab es nur noch Isabella und ihn von diesem Zweig der Orsini-Dynastie.

Er atmete tief durch und verschränkte die Hände hinter dem Kopf. Jetzt fing er auch schon an durchzudrehen. Wer machte sich denn dermaßen Sorgen wegen eines Schnupfens? Hatte Isabella ihn womöglich mit ihrer Hypochondrie angesteckt? Das war doch Blödsinn! Trotzdem würde er, bevor er ins Bett ging, noch einen kurzen Blick in ihr Zimmer werfen. Sicher war sicher.

VII

Ophelia saß mit gekreuzten Beinen auf dem Bett und sortierte die Fotos des heutigen Tages auf ihrem Laptop. Sie schob diejenigen, die sie für den Blog-Eintrag verwendet hatte, in einen speziellen Ordner und besah sich die anderen noch einmal, bevor sie jene, die nicht ihren ästhetischen Ansprüchen entsprachen oder unscharf waren, löschte.

Namiko schlief bereits. Ihre gleichmäßigen Atemzüge erinnerten an die beruhigenden Klänge einer Entspannungs-CD.

Ophelia unterdrückte ein Gähnen. Sie hatte nicht damit gerechnet, wie ermüdend Städtereisen sein konnten. Obwohl sie heute ihre bequemsten Sneakers getragen hatte, schmerzten ihre Füße von den gelaufenen Kilometern. Vielleicht sollte sie sich eine Vespa mieten, damit käme sie viel schneller von A nach B. So ein altmodisches Modell wie in ihrem Lieblingsfilm mit Audrey Hepburn. Das würde zwar ein enormes Loch in ihre Urlaubskasse reißen, doch vielleicht fand sie eine Vermietung, die ihr einen günstigen Preis anbot. Sie würde morgen danach googeln.

Sie betrachtete die Fotos, die sie bei der Mariensäule geknipst hatte, und diejenigen vom Lokal mit der Frau mit dem ansteckenden Lachen, als sie stutzte. Sie zoomte das Bild größer, doch es war etwas verschwommen. Also klickte sie auf das nächste und schnappte nach Luft.

»Heilige Maria Mutter Gottes!«, rief sie und verzog den Mund, als Namiko im Schlaf hochfuhr und etwas auf Japanisch murmelte. »Sorry«, flüsterte Ophelia.

Namiko sah sie verschlafen an und kuschelte sich dann wortlos wieder in die Decke.

Ophelias Herzschlag verdoppelte sich. Hastig klickte sie auf alle Fotos, die sie von der attraktiven Dame gemacht hatte, und schüttelte dabei irritiert den Kopf. Unglaublich! Wie war das möglich? Eine Laune der Natur?

Sie schnitt das Gesicht der Römerin auf dem schärfsten Foto aus und platzierte es auf dem Desktop, dann öffnete sie den Ordner mit den Familienbildern und suchte das Hochzeitsfoto ihrer Eltern. Sie speicherte eine Kopie davon ebenfalls auf dem Desktop ab und stellte die Bilder nebeneinander.

Eine Gänsehaut überzog ihre bloßen Arme. Die beiden Frauen glichen sich beinahe aufs Haar.

Das Sandwich, gefüllt mit Mozzarella, Tomaten und einer leckeren Pestosoße, schmeckte göttlich. Ophelia saß auf der zweiten Terrasse der Scalinata di Trinità dei Monti, besser bekannt als die Spanische Treppe, und ließ sich ihr Mittagessen schmecken. Sie hatte gestern lange nicht einschlafen können und war heute Morgen erst gegen zehn Uhr aufgewacht. Namikos Bett war leer gewesen. Ophelia hatte nicht einmal gehört, dass die Japanerin das Zimmer verlassen hatte.

Während das Gedränge um Ophelia herum immer größer wurde, dachte sie erneut über die verblüffende Ähnlichkeit der lachenden Frau mit ihrer Mutter auf dem Hochzeitsbild nach. Sie sahen zwar nicht identisch aus, eher wie Schwestern, aber man hätte sie damals bestimmt verwechselt. Die Römerin hatte dunklere Haare, Ophelias Mutter war in ihrer Jugend blond gewesen. Doch die Symmetrie des Gesichtes, die Form der Augenbrauen und das etwas zu spitze Kinn – exakt wie Erika Moroder. Um die Augenfarbe der Fremden zu bestimmen, waren die Fotos nicht scharf genug, doch selbst wenn sie eine andere Farbe hatten, bestand immer noch eine verblüffende Ähnlichkeit.

Ophelia hatte einmal gelesen, dass es statistisch gesehen auf der ganzen Welt sieben Menschen gab, die genauso aussahen wie man selbst. Bei über 7,5 Milliarden Bewohnern dieser Erde war jedoch die Wahrscheinlichkeit, auf diese Menschen zu treffen, eher gering. Hatte sie zufällig eine Doppelgängerin ihrer verstorbenen Mutter gefunden?

Als ein beleibter Herr mit einer Baseballkappe der New York Rangers ihr versehentlich auf den Fuß trat und sich nicht einmal entschuldigte, packte Ophelia entnervt ihre Sachen zusammen. Sie stieg das letzte Stück der Treppe hinauf, die zur Kirche Santissima Trinità dei Monti führte. Als sie oben ankam, fotografierte sie die Sicht auf die Piazza di Spagna, die der Treppe den deutschen Namen gegeben hatte.

Im frühen achtzehnten Jahrhundert hatte sich zwischen der Piazza und der Kirche bloß ein wild bewachsener Hang befunden. Papst Innozenz XIII. hatte verfügt, dass an der Stelle eine Treppe gebaut werden sollte, damit ein feierlicher Aufstieg zur Kirche möglich wurde. Ophelia wusste aus ihrem Reiseführer, dass es beim Bau nicht ohne Konflikte zugegangen war. Da die Kirche seinerzeit vom französischen König finanziert worden war, verlangte der Sonnenkönig Ludwig XIV., dass die Treppe mit einem herrlichen Reiterstandbild seiner selbst abschloss und so zu einem französischen Denkmal wurde. Das missfiel dem Papst natürlich. Letzten Endes setzte sich der Vatikan durch, und die Treppe konnte im italienischen Stil gebaut werden.

Ob die Römerin wohl häufig in dem Lokal verkehrte? Die Sache ging Ophelia einfach nicht aus dem Kopf. Sie hätte die

Fremde gern nochmals fotografiert. Selma würde ausflippen, wenn sie ihr die Fotos zeigte. Und vielleicht konnte sie die Signora ansprechen und ihr von der Ähnlichkeit erzählen. Sie schien eine humorvolle Person zu sein und fand es eventuell witzig. Oder war das zu unverschämt? Höchstwahrscheinlich war es aber sowieso nur ein Zufall gewesen, dass sie beide sich zur selben Zeit am selben Ort befunden hatten. Trotzdem nahm sich Ophelia vor, gegen Abend wieder bei dem Lokal vorbeizuschauen.

Sie schlenderte an den vielen Straßenkünstlern und dem Obelisken vorbei und betrat die Kirche. Diese schloss ihre Tore zwischen dreizehn und fünfzehn Uhr, es blieb ihr also noch eine gute Stunde Zeit, sich die Gemälde und Fresken anzusehen.

»Sechzig Euro pro Tag für eine Vespa?« Ophelia schluckte trocken.

Der Angestellte nickte. »Wenn Sie über PayPal bezahlen, erhalten Sie zehn Prozent Rabatt. Und wir vertrauen unseren Kunden und verlangen auch keine Kaution.«

Sie warf einen letzten sehnsüchtigen Blick auf die originalgetreue rote Vespa und wandte sich dann einem moderneren Modell mit weniger Hubraum zu.

»Und wie teuer ist die?«

»Knapp dreißig«, erklärte der Mann. »Auch hübsch, nicht? Wenn natürlich auch nicht so authentisch.«

Sie nickte säuerlich. Also nichts mit Fünfzigerjahre-Feeling.

»Kann man noch handeln?«

Der Angestellte lachte. »Nein, tut mir leid. Wir sind hier nicht auf dem Markt. Die Preise sind fix.«

»Verstehe. Ich überlege es mir«, erklärte sie daraufhin resigniert und verließ den Motorroller-Verleih. Sie konnte sich unmöglich einen Roller für ihre gesamte Urlaubszeit leisten.

Aber vielleicht für ein, zwei Tage? Das müsste drin sein, wenn sie sich bei der Verpflegung zurückhielt. Also noch mehr selbst gemachte Sandwiches und weniger Pizza und Pasta.

Als ihr Handy klingelte, setzte sie sich auf einen Poller, der den Gehweg von der Straße trennte, und nahm den Anruf entgegen.

»Selma, wie geht's dir?«

»Nicht so toll. Seit du weg bist, regnet es in Strömen.«

Ophelia wischte sich den Schweiß von der Stirn. »Tja, die Sonne folgt den Engeln.«

Selma kicherte.

»Es ist einfach fantastisch hier!«, fuhr Ophelia fort. »Es wäre so toll, wenn ich das alles mit dir zusammen erleben könnte. Hast du meinen Blog-Eintrag gelesen?«

»Ja, logo. Alles ganz wunderbar, ich beneide dich. Hast du dir schon einen charmanten Römer angelacht?«

»Blödsinn, dafür habe ich keine Zeit. Aber ich muss dir etwas ganz Verrücktes erzählen.«

Ophelia berichtete Selma atemlos von der Römerin, die Erika Moroder so ähnlich sah.

»Du musst die Frau unbedingt ansprechen!«, befand Selma. »Und dann veröffentlichst du alles auf dem Blog. Das peppt die Sache enorm auf und bringt dir einen Haufen neuer Leser. Du weißt ja, wie neugierig die Leute sind.«

Ophelia schürzte die Lippen. Das war keine schlechte Idee. Geheimnisvolle Begebenheiten zogen die Leser an wie süßes Obst die Wespen. Zwar war es untersagt, ohne Zustimmung einer Person deren Foto im Internet zu veröffentlichen, doch vielleicht gab die Römerin ihre Einwilligung dazu, wenn sie es ihr erklärte.

»Ja, vielleicht mache ich das sogar«, gab Ophelia Selma zur Antwort. »Ich will heute Abend noch mal zu dem Lokal, und wenn Mamas jüngeres Double wieder dort sein sollte, fasse ich mir ein Herz und spreche die Frau an.«

»Gute Idee. Gib mir danach sofort Bescheid, ja? Ein richtiges Abenteuer! Ich beneide dich wirklich.«

Ophelia lächelte. Selma war so schnell zu begeistern. »Natürlich erfährst du es als Erste, keine Frage. Wir können heute Abend skypen, und ich erzähle dir, ob ich die Dame wiedergesehen habe.«

VIII

»Du hättest wirklich im Bett bleiben sollen.« Cesare schüttelte genervt den Kopf. »So verschleppst du die Grippe bloß und steckst deine Kollegen im Museum an.«

»Ja, Papà«, krächzte Isabella und rieb sich fröstelnd die Arme. »Aber ich kann im Moment einfach ...«

»Blödsinn!«, unterbrach er sie unwirsch. »Dein Pflichtbewusstsein in allen Ehren, aber wenn man krank ist, ist man eben krank, basta!«

»Du hast ja recht«, erwiderte sie kleinlaut. »Ich habe mich auch nur so durch den Tag geschleppt und konnte mich kaum konzentrieren.«

Wie immer, wenn Cesare am frühen Abend wieder in Rom war, hatten sie sich im *Santamaria* getroffen. Er lockerte die Krawatte und öffnete die obersten Knöpfe seines Hemdes. Die Pilotenuniform war eindeutig zu warm für Rom. Isabella zog derweil ihr Handy aus der Handtasche und tippte eine SMS.

»So, für morgen habe ich mich jetzt entschuldigt«, erklärte sie. »Ich lege mich also brav ins Bett, wie es mir mein kleiner Bruder befiehlt. Bist du nun zufrieden?«

Er nickte, beglich die Rechnung und stand auf. »Mein Wagen steht gleich um die Ecke«, erklärte er. »Soll ich dich mitnehmen?«

»Nein, es geht schon. Ich will mein Auto nicht hier stehen lassen.«

Er griff nach den vollgepackten Einkaufstüten. »Danke für den Einkauf«, sagte er, nachdem er einen flüchtigen Blick hineingeworfen hatte. »Ich hätte aber doch auch …«

»Schon gut.« Isabella strich sich mit einer müden Geste über die rot geschwollenen Augen. »Ich kaufe lieber selbst ein, dann sind die Früchte wenigstens frisch.«

Er knurrte etwas hoffentlich Unverständliches. Doch sie hatte natürlich recht; er besaß kein Talent fürs Einkaufen und ließ sich jeden Mist andrehen, was bedeutete, dass er auch schon mal faules Gemüse und Obst nach Hause brachte. Sie brauchten unbedingt eine neue Simona.

Isabella schwankte leicht, als sie aufstand, und hastig fasste er sie am Arm, um sie zu stützen. Offensichtlich ging es ihr wirklich schlecht.

Als sie um die Ecke bogen, bemerkte er aus dem Augenwinkel eine Bewegung. Er wandte den Kopf und sah, wie gegenüber bei der Mariensäule eine Frau mit langen braunen Haaren, einem weißen T-Shirt und Jeansshorts stolperte und dann aufs Kopfsteinpflaster fiel.

Autsch, das hatte bestimmt wehgetan!

* * *

»Sakra!«

Ophelia hob hektisch die Kamera auf, die ihr bei dem Sturz aus der Hand gefallen war. Sie drückte auf den Auslöser und stieß erleichtert die Luft aus, als das gewohnte Klicken ertönte. Der Apparat wies zwar neue Kratzer auf, aber offensichtlich hatte er den Sturz unbeschadet überstanden. Erst dann realisierte sie ihr blutendes Knie und den damit einhergehenden Schmerz.

Sie fischte ein sauberes Papiertaschentuch aus dem Rucksack und tupfte das Blut vorsichtig weg. Zum Glück war die Wunde nicht tief und verkrustete schon. Vermutlich gäbe es aber eine Narbe. Ein Feriensouvenir der besonderen Art.

Sie rappelte sich hoch und sah zum Lokal hinüber. Die Frau und ihr Begleiter waren verschwunden.

»Super!«, stieß sie zwischen den Zähnen hervor.

Sie hatte am Nachmittag beim Stöbern auf einem Flohmarkt die Zeit vergessen und war, als ihr einfiel, dass sie eigentlich nochmals nach Mamas Double Ausschau halten wollte, in Stress geraten. Das hatte sich dahingehend gerächt, dass sie beim Rennen über den Kirchplatz nicht auf das unebene Kopfsteinpflaster geachtet hatte und gestolpert war. Doch offensichtlich besuchte die hübsche Dame öfter dieses Lokal, und Ophelia beschloss, ihr Glück einfach morgen wieder zu versuchen.

Heute war Mamas jüngerer Zwilling jedoch nicht allein gewesen, das hatte Ophelia bei ihrem Sprint gerade noch mitbekommen. Ob der Mann in ihrer Begleitung ihr Freund war? Oder vielleicht der Ehemann? Sie hatte nur einen flüchtigen Blick auf ihn erhaschen können. Der typische Italiener: dunkle Haare, weißes Hemd, für einen lauen Sommerabend etwas zu konservativ gekleidet. Vielleicht ein Beamter oder ein Banker? Ob sie morgen den Mut fände, das Paar anzusprechen? Oder würden die beiden sie für aufdringlich halten? Vielleicht sogar für verrückt?

Der Duft nach geschmolzenem Käse und Tomatensoße stieg Ophelia in die Nase, und ihr Magen knurrte begehrlich. Sie warf einen letzten sehnsüchtigen Blick auf das Lokal, wo gerade ein Kellner mit zwei großen Pizzen durch die Tür trat und sie einem älteren Paar auf der Gartenterrasse servierte.

»Sandwiches sind auch nahrhaft«, murmelte sie verdrossen und trottete auf der Suche nach einem Supermercato davon.

»So ein Mist!« Selma schüttelte den Kopf. »Aber das ist so typisch für dich.«

Ophelia biss in einen Apfel und zog die Schultern hoch. Sie skypte mit ihrer Freundin und hatte ihr gerade von dem Sturz erzählt. »Ich gehe einfach morgen wieder hin. Vielleicht habe ich ja Glück.«

»Mit Betonung auf *gehen!*«, entgegnete Selma und grinste.

Ophelia lachte. »Eine Schramme reicht mir.«

Sie hatte sich in einem Supermercato mit Esswaren eingedeckt und genoss jetzt bereits das Dessert in Form frischer Früchte.

»Und bei euch alles in Ordnung?«, fragte sie kauend.

In den nächsten Minuten erzählte ihr Selma, was in Bozen los war, besser gesagt, dass nichts los war, und schwenkte dann auf das übliche Gejammer über ihre Geschwister ein.

Selmas Familie bestand aus sechs Kindern und ihren Eltern, die alle zusammen bei den Großeltern auf einem Bauernhof lebten. Da Selma die älteste Tochter war, musste sie oft auf ihre kleineren Geschwister aufpassen und war entsprechend genervt, wenn die Rasselbande wieder einmal einen Streich aussheckte.

Ophelia beneidete ihre Freundin heiß wegen ihrer Großfamilie. Wie schön musste es sein, wenn immer jemand zu Hause war, wenn man Menschen um sich hatte, die einen liebten und umsorgten! Ophelia hatte früher nicht oft mit ihrem Schicksal als Einzelkind gehadert, doch seit dem Tod ihrer Eltern vermisste sie eine Schwester oder einen Bruder schmerzlich. Selma verstand ihre Haltung nicht. Sie konnte es nicht erwarten, endlich vom elterlichen Betrieb wegzukommen und allein zu leben. Es war wie üblich, jede von ihnen wollte das, was die andere hatte.

Als Namiko ins Zimmer trat, ein Handtuch um ihren zierlichen Körper geschlungen und den Kulturbeutel in der Hand, verabschiedete sich Ophelia von Selma und schloss den Video-Anruf.

Sie war spät dran mit ihrem Blog-Beitrag, und sie wollte unbedingt heute noch mit dem ominösen Bericht über das Double ihrer Mutter anfangen. Doch ohne scharfe Fotos und die Einwilligung der Römerin konnte sie nichts ins Netz stellen. Also suchte sie die Bilder über den Flohmarkt heraus und begann ihren Tageseintrag.

IX

»Dottor Albisetti? Entschuldigen Sie bitte die späte Störung. Es geht um meine Schwester. Sie ist krank und die üblichen Erkältungsmittel schlagen nicht an. Bitte? Ja, Fieber. Und sie klagt auch über juckende Augen, geschwollene Lymphdrüsen und Kopfschmerzen. Wir dachten zuerst, es sei nur eine leichte Sommergrippe, aber jetzt mache ich mir doch langsam Sorgen. Sie kennen Isabella ja und wie sie ...« Cesare lachte leise, als er die Antwort des Arztes hörte. »Das ist sehr freundlich von Ihnen, vielen Dank. Also bis gleich.«

Er legte den Hörer auf und trat auf die Terrasse. Die Lichter der Stadt erhellten den nachtblauen Himmel und beleuchteten eine einsame Wolke über dem Petersdom. In Rom wurde es auch nachts nicht richtig dunkel, und Sterne sah man fast nie. Um diese Zeit war der Verkehr nur noch als leises Summen hörbar. Der Gesang der Insekten im Garten übertönte die anderen Geräusche und wirkte monoton. Cesare unterdrückte ein Gähnen. Es war kurz vor zweiundzwanzig Uhr.

Er trug immer noch seine Pilotenuniform. Nachdem sie nach Hause gekommen waren, hatte er Isabella ins Bett gesteckt und die üblichen Erkältungsmedikamente aus ihrer umfangreichen Hausapotheke hervorgekramt. Sie hatte sie brav geschluckt und war daraufhin sofort eingeschlafen. Danach hatte er die Einkäufe verstaut, die Post durchgesehen und ein paar E-Mails geschrieben. Sein Vermögensverwalter hatte ihn um einen Termin gebeten, um das Portfolio der Geschwister durchzugehen, und die Vermittlungsagentur für Hausangestellte hatte den Vorstellungstermin der vorletzten Kandidatin für den Haushälterinnenjob für morgen abgesagt. Wunderbar! Also blieb nur noch die Kandidatin vom Donnerstag, die sich selbst auf das Stelleninserat hin beworben hatte. Eigentlich nicht die perfekte Bewerberin, aber in der Not frisst der Teufel bekanntlich Fliegen.

Als Cesare gerade auf dem Weg ins Badezimmer gewesen war, hatte Isabella nach ihm gerufen. Sie sah noch kränker aus, ihre Haare waren verschwitzt, die Augen rot geschwollen, und sie klagte über heftige Kopfschmerzen. Vielleicht hatte ihre Hypochondrie auf ihn abgefärbt, aber ihr Zustand beunruhigte ihn wirklich. Darum hatte er schließlich doch den Hausarzt angerufen. Dottor Albisetti behandelte die Orsinis seit Jahren und genoss ihr vollstes Vertrauen. Er würde wissen, was zu tun war.

Cesare sah auf die Uhr. Wenn er sich beeilte, konnte er noch schnell duschen, bevor der Arzt kam.

»Und?«

Albisetti schloss seine altmodische Arzttasche und fuhr sich durch die mittlerweile ergrauten Haare. Der Arzt war trotz des späten Hausbesuchs wie immer tadellos gekleidet und sah so aus, als würde er danach noch in die Oper gehen wollen. Er wies mit dem Kopf zur Tür, und Cesare nickte.

Dottor Albisetti hatte Isabella untersucht, ihr Blut abgenommen und nochmals eine Tablette gegeben. Sie schien bereits wieder eingeschlafen zu sein. In dem großen Doppelbett wirkte sie auf einmal wie ein kleines Kind, und Cesares Herz krampfte sich zusammen. Er hatte nur noch sie. Hoffentlich war es nichts Ernstes.

Er führte Albisetti ins Wohnzimmer und wies stumm auf die Reihe Flaschen in dem aufklappbaren Globus.

»Danke, aber nein«, entgegnete der Arzt, stellte seine Tasche auf den Boden und setzte sich ächzend in einen Ledersessel vor dem Panoramafenster.

Cesare schenkte sich einen Campari ein und nahm auf dem Sofa gegenüber Platz.

»Wir müssen das Labor abwarten«, erklärte Albisetti und verschränkte seine langen, schlanken Finger wie zum Gebet. »Aber höchstwahrscheinlich hat Isabella die Röteln.«

Cesare hob verwundert die Augenbrauen. »Die Röteln? Aber das ist doch eine Kinderkrankheit. Und ich habe auch gar keinen Ausschlag bemerkt. Sind wir als Kinder nicht dagegen geimpft worden?« Er nippte an dem bitteren Getränk und streckte die Beine aus.

»Ja, eine Kinderkrankheit, an der aber auch Erwachsene erkranken können. Und der typische rote Ausschlag erscheint auch nicht immer«, erklärte Albisetti. »Aber ich will nichts verschreien. Warten wir die Laborwerte ab. Und ja, ich dachte auch, dass ich Sie beide als Kinder dagegen geimpft habe.« Der Arzt schlug die Beine übereinander. »Aber für einen kompletten Schutz braucht es zwei Impfungen. Möglicherweise wurde die zweite aus irgendeinem Grund vergessen. Ich erinnere mich nicht mehr daran, es ist ja auch schon eine Weile her.« Er zwinkerte Cesare über den Rand seiner Brille hinweg zu. »Ich wäre Ihnen aber verbunden, wenn Sie bis morgen Ihre Impfpässe heraussuchen, damit wir das kontrollieren können. Wenn die zweite Impfung bei Ihnen beiden vergessen wurde, haben Sie sich möglicherweise angesteckt. Oder hatten Sie die Röteln schon?«

Cesare überlegte. »Nein, daran kann ich mich nicht erinnern. Na toll!« Er stieß frustriert die Luft aus. »Das heißt also, dass ich besser nicht fliegen sollte, oder?«

Der Arzt schüttelte den Kopf. »Das Risiko, dass Sie Ihre Kollegen und Passagiere anstecken, ist zu groß.« Er sah Cesare aufmerksam an. »Sie selbst fühlen sich gesund?«

Er nickte. »Nur etwas müde. Doch ich bin auch schon lange auf den Beinen.« Er stürzte den Campari hinunter. »Aber die Krankheit ist nicht gefährlich, oder?«

»Für Kinder ist sie meist ungefährlich, und die überstehen sie auch schnell und problemlos. Im Erwachsenenalter kann es schon mal zu Komplikationen kommen. Vor allem deshalb, weil man sie eben mit einer harmlosen Erkältung verwechselt und dann zu lange wartet, um Gegenmaßnahmen zu ergreifen. Doch wie gesagt, wir wollen nicht die Pferde scheu machen, bevor wir nicht ganz sicher sind. Und Isabella ist jung und stark, machen Sie sich keine unnötigen Sorgen. Sie ist aber nicht schwanger, oder?«

Cesare riss die Augen auf.

Der Doktor lächelte. »Eine reine Routinefrage. Ich will nur sichergehen.« Er klopfte sich auf die Schenkel und stand auf. »Rufen Sie mich an, wenn sich ihr Zustand verschlechtern sollte, egal zu welcher Zeit. Die Tablette, die ich Isabella gegeben habe, senkt das Fieber und vertreibt die Schmerzen. Ihre Schwester braucht jetzt vor allem Ruhe und viel Schlaf. Und keine Besuche, bis wir die Diagnose bestätigt haben. Zur Vorsicht, Sie verstehen? Oder nur Personen, die geimpft sind oder die Röteln als Kind hatten. Fragen Sie jeden Besucher danach, das ist wichtig.« Er bückte sich nach seiner Tasche. »Das wird schon wieder, keine Angst.«

Cesare nickte und begleitete den Arzt bis zur Tür.

»Ich schau morgen auf dem Weg zur Praxis wieder nach ihr«, sagte Albisetti. »Neun Uhr?«

»Ja, danke, Dottore. Sehr freundlich, dass Sie so schnell vorbeigekommen sind.«

Der Arzt winkte ab. »Nicht der Rede wert.«

Sie schüttelten sich die Hände, und Cesare sah zu, wie der ältere Mann in seinen Wagen stieg und davonfuhr.

Na toll, dachte er, während er die Haustür schloss. Simona pensioniert und Isabellas Zukünftiger in Florenz. Er musste also selbst für seine Schwester sorgen.

Entschlossen ging er zurück ins Wohnzimmer und griff nach seinem Handy, um die Einsatzzentrale anzurufen. Schon der zweite Flugplanwechsel für Cesare Orsini in dieser Woche, die würden sich freuen.

X

Am frühen Morgen wirkte Rom wie eine in die Jahre gekommene Diva. Was in der Nacht noch gestrahlt und gefunkelt hatte, sah jetzt schäbig und ein bisschen heruntergekommen aus. Der städtische Reinigungsdienst war noch dabei, die Gassen und Plätze vom Unrat des vergangenen Tages zu befreien, und das Kopfsteinpflaster schimmerte feucht. Nur wenige Einheimische waren um diese Zeit unterwegs, als die Morgensonne gerade die Spitzen der Häuser küsste und in den Straßenschluchten noch die Kühle der Nacht lag.

Ophelia hatte den Wecker gestellt, um ganz früh am Trevi-Brunnen zu sein, bevor die Touristenmassen ihn in Beschlag nahmen. Sie unterdrückte ein Gähnen, als sie durch die Via del Lavatore ging, und hielt Ausschau nach einem Café, das schon geöffnet hatte. Wenigstens das musste sein: ein richtig guter Morgenkaffee und dazu ein Cornetto. Doch die meisten Lokale waren noch geschlossen. Also kein Koffein und kein süßes Hörnchen. Sie seufzte enttäuscht – dann also zuerst die Fotos.

Als sie um die Ecke bog, lag der wohl berühmteste Brunnen der Welt vor ihr, und einen Moment lang verschlug es ihr den Atem. Seit seiner Komplettrestaurierung vor ein paar Jahren schimmerten der weiße Marmor und der Travertin wieder, als wären sie eben erst aus dem Steinbruch geschlagen worden. Gerade beendeten die Angestellten der Stadt, die jeden Tag das Kleingeld aus dem Wasser fischten, ihre Arbeit. Der Legende nach brachte es Glück, Münzen in den Brunnen zu werfen. Aber nur mit der linken Hand und über die rechte Schulter. Eine geworfene Münze sollte einen noch einmal nach Rom bringen, wenn man zwei warf, verliebte man sich in einen Römer oder eine Römerin, und bei drei geworfenen Münzen würde man die Person sogar heiraten. Selma würde vermutlich gleich ihr ganzes Portemonnaie in den Brunnen schmeißen, denn es war ihr sehnlichster Wunsch, so bald wie möglich eine pompöse Hochzeit zu feiern.

Ophelia grinste bei der Vorstellung vor sich hin und beschloss, es bei einer Münze zu belassen. Liebe brachte nur Scherereien mit sich, und fürs Heiraten fehlte ihr der passende Kandidat. Zudem hatte sie keine Lust, sich gleich wieder fest zu binden. Die Jungmädchenträume von einer Hochzeit in Weiß und ewigem Liebesglück hatte ihr Marco gründlich ausgetrieben.

Sie erklomm die kleine Treppe gegenüber dem Brunnen und knipste ihn zuerst als Ganzes mit der Fassade des Palazzo Poli im Hintergrund, bevor sie sich den einzelnen Elementen widmete. In der Mitte thronte der Meeresgott Oceanus auf einem Karren, der von zwei Tritonen gezogen wurde. Diese Gruppierung verkörperte einen Teil der Naturgewalten und Fabelwesen, die das Volk bedrohten. Das Relief darüber stellte die Soldaten in den Sabiner Bergen dar, die unter Marcus Agrippa im Jahr 19 vor Christus mit dem Bau des Aquäduktes begonnen hatten. Zwischen den Säulen im Hintergrund standen die Statuen der Tugenden als Allegorien der Fruchtbarkeit der Natur. Den oberen Abschluss bildete das Wappen von Papst Clemens XII.

Ophelia konnte sich an dem Kunstwerk kaum sattsehen. Was für ein fantastisches Meisterwerk des Spätbarocks!

Als der Ansturm der Touristen einsetzte und das Grummeln in ihrem Magen nicht mehr zu ignorieren war, trat sie an den Rand des Brunnens, drehte ihm den Rücken zu und warf einen Euro über ihre Schulter. Auch wenn sie nicht abergläubisch war, nach Rom wollte sie auf alle Fälle wieder einmal kommen, und dieser Wunsch wurde mit dem Wurf besiegelt. Beschwingt verließ sie die Piazza di Trevi und suchte sich ein hübsches Lokal für ihren ersten Kaffee des Tages.

* * *

Leise öffnete Cesare die Schlafzimmertür und spähte hinein. Isabella schlief noch, und er zog sich daher wieder zurück. Es war kurz vor neun Uhr, der Doktor würde gleich kommen. Cesare hatte vorhin im Wust der Papiere im Schreibtisch seines Vaters ihre beiden Impfpässe gefunden und festgestellt, dass Isabella tatsächlich nur eine Rötelimpfung erhalten hatte, er selbst jedoch zwei. Also würde er sich nicht anstecken. Aber da er sich gestern bereits vom Dienst abgemeldet hatte, wollte er nicht noch mal anrufen und Entwarnung geben. Schließlich musste sich jemand um seine Schwester kümmern. Ein paar Urlaubstage würden die Fluglinie schon nicht gleich in den Ruin treiben.

Er ging in die Küche, stellte die Kaffeemaschine an und sah zum Fenster hinaus. Ein leichter Dunst lag noch über der Stadt, der sich aber, sobald die Sonne höher stieg, verflüchtigen würde.

Vorhin hatte Amadeo ihn angerufen, da sein zukünftiger Schwager Isabella auf dem Handy nicht hatte erreichen können. Cesare hatte ihm die aktuelle Situation erklärt, und einen Moment war er versucht gewesen, ihn zu fragen, ob Isabella eventuell schwanger sei. Doch die Frage erschien ihm dann doch zu direkt. Seine Schwester hätte ihm die frohe Botschaft bestimmt mitgeteilt. Wobei – so froh wäre sie vermutlich nicht gewesen, denn die Colonnas hätten auf eine vorhochzeitliche Schwangerschaft nicht mit einem Freuden-Feuerwerk reagiert. Isabella und Amadeo durften offiziell nicht einmal unter demselben Dach schlafen.

Während köstlicher Kaffeeduft die Küche erfüllte, schlug Cesare zwei Eier in die Pfanne und setzte sich dann zum Essen auf die Terrasse.

Seine Joggingrunde war heute kürzer als üblich ausgefallen, denn er wollte im Haus sein, wenn Isabella aufwachte. Doch sie hatte bei seinem Weggang wie auch beim Heimkommen immer noch geschlafen. Trotzdem hatte er sich beeilt und das Laufen daher nicht so genießen können, wie er es sonst tat.

Ob er eine Krankenschwester engagieren sollte? Er hatte zwar ein paar Tage frei, doch nächste Woche musste er unbedingt wieder zum Dienst, und er hatte auch keinen Schimmer, wie lange so eine Röteln-Erkrankung dauerte. Doch wo bekam er auf die Schnelle eine Pflegefachkraft her? Vielleicht konnte ihm Dottor Albisetti einen Tipp geben. Als es von der nahen Kirche neun Uhr schlug, erklang im selben Moment auch die Haustürglocke, und Cesare sprang auf.

»Es geht mir gut«, krächzte Isabella, »nun fahr schon.«

Cesare sah seine Schwester skeptisch an. Sie hatte praktisch den ganzen Tag geschlafen und war erst am späten Nachmittag aufgewacht. Albisetti hatte heute Morgen nur einen kurzen Blick auf sie geworfen und ihm dann im Flüsterton mitgeteilt, dass sie kaum die Laborwerte abwarten mussten, um seine gestrige Diagnose bestätigt zu sehen. Kleine rötlich braune Flecken prangten auf Isabellas Haut, die von den Ohren aus langsam ihr Gesicht eroberten. Albisetti hatte ihm weiterhin erklärt, dass der Ausschlag sehr schnell den ganzen Körper überziehen, nach ein bis drei Tagen aber wieder verschwinden würde.

»Ich habe das Handy griffbereit, wenn etwas sein sollte«, erklärte Cesare.

Isabella verdrehte die Augen. »Ich bin zu erschöpft, um zu sterben. Also geh endlich, im Museum brauchen sie die Unterlagen!«

Sie drehte sich um und war vermutlich schon wieder eingeschlafen, bevor ihr Kopf das Kissen berührte.

Cesare schmunzelte. Solange Isabella noch Witze machen konnte, bestand keine Gefahr.

Sie hatte ihm aufgetragen, ein paar Unterlagen, die sie zum Überarbeiten mit nach Hause genommen hatte, bei ihren Kollegen abzugeben. Zudem wollte er auswärts eine Kleinigkeit essen, da Isabella jedweder Essensduft Übelkeit bereitete. Alles in allem würde er kaum mehr als anderthalb Stunden weg sein, trotzdem plagte ihn das schlechte Gewissen, als er ihr Schlafzimmer verließ. Sie allein in der Villa zurückzulassen, gefiel ihm gar nicht.

XI

»Hier bremsen, so kuppeln und so Gas geben. Ganz einfach.«

Ophelia nickte konzentriert. Es war schon eine Weile her, dass sie auf einem Motorroller gesessen hatte. Meist war Marco gefahren, aber ab und zu war sie selbst mit seiner kleinen Maschine herumgekurvt.

»Alles klar.« Sie setzte den Helm auf und zog den Riemen unter dem Kinn fest. Der Sturzhelm roch nach Desinfektionsmittel, und sie schob hastig das Visier nach oben.

Der Angestellte der Verleihfirma blickte auf sein Klemmbrett. »Dann sehen wir uns am Samstag um die gleiche Zeit wieder. Gute Fahrt und viel Vergnügen!«

Er gab ihr den Führerschein zurück und verschwand im Laden.

Ophelia hatte ein günstiges Arrangement für drei Tage ergattert, das ein nicht allzu großes Loch in ihre Urlaubskasse riss. Trotzdem hatte sie vor, jede Minute mit dem gemieteten Roller auszukosten. Morgen wollte sie einen Ausflug nach Ostia ans Meer unternehmen und unterwegs alle Sehenswürdigkeiten, die etwas außerhalb von Rom lagen, abklappern.

Noch etwas wackelig fuhr sie los und würgte den Motor prompt an der ersten Ampel ab. Wütendes Gehupe hinter ihr erklang, und sie verzog den Mund.

»Ist ja gut!«, knurrte sie und startete den Roller erneut. Mit einem Satz fuhr sie an und überquerte die Kreuzung etwas zu schnell. Sie drosselte das Tempo und begann sich ein wenig zu entspannen.

Mit einem fahrbaren Untersatz bekamen Roms Straßen ein ganz neues Flair. Obwohl die meisten anderen Roller in halsbrecherischer Manier an ihr vorbeipreschten, ließ sie sich nicht aus der Ruhe bringen und hielt die Geschwindigkeitsbegrenzung akribisch ein. Ein Knöllchen wegen zu schnellen Fahrens würde sie sich nicht auch noch leisten können.

Das Licht des späten Nachmittags vergoldete die Palazzi entlang der Straßen und ließ deren Fenster aufleuchten. Ein unverwechselbares Farbenspiel, und sie bedauerte, keine Fotos davon schießen zu können. Doch sie brauchte alle ihre Sinne, um das Gefährt zu lenken und den richtigen Weg zu finden. Fotos während der Fahrt zu knipsen, könnte sie sich nur als Sozia leisten.

Als sie die Mariensäule erreichte, stellte sie den Roller daneben und stieg ab. Sie entledigte sich des Helms und warf einen Blick zum Lokal hinüber. Mamas jüngerer Zwilling war nicht da. Mist! Es wäre aber auch ein riesiger Zufall gewesen, wenn die Frau jeden Abend um die gleiche Zeit dort sitzen würde.

Sollte sie die Idee mit der ominösen Doppelgänger-Story aufgeben? Immerhin hatte sie genug Material, um ihren Blog mit Bildern und Einträgen über Rom zu füllen. Selma wäre zwar enttäuscht, aber im Grunde war es doch eine Schnapsidee, eine wildfremde Person auf eine zufällige Ähnlichkeit hin anzusprechen.

Sie wollte den Helm bereits wieder aufsetzen, als sie den Begleiter der Dame aus dem Lokal treten sah. Er verstaute gerade seine Geldbörse in der Gesäßtasche und bog dann schnellen Schrittes in die Via Merulana ein.

Sollte sie ihm folgen? Ophelia zögerte.

Ein leichtes Kribbeln breitete sich in ihrem Magen aus. Das war doch absurd. Was versprach sie sich davon? Doch eine plötzliche Erregung erfasste sie. Vielleicht führte sie der Mann zu Mamas jüngerem Double. Und wenn? Was sollte sie dann tun? Doch ihr blieb keine Zeit, um länger darüber nachzudenken, denn in diesem Moment verschwand der groß gewachsene Mann um die Ecke.

Jetzt oder nie, sonst würde sie ihn verlieren!

Kurzerhand stülpte sich Ophelia den Helm über den Kopf und stieg wieder auf den Roller. Sie fühlte sich auf einmal wie in einem Gangsterfilm. Eine Observation, wie aufregend!

Zum Glück startete die Maschine gleich, und nach einem kurzen Blick über die Schulter bog sie ebenfalls in die Via Merulana ein.

Der Mann war verschwunden.

»Na toll!«, knurrte sie. Da hatte sie sich für ein Abenteuer entschieden, und bevor es begann, endete es auch schon wieder. Egal, sie würde morgen ihr Glück noch mal versuchen, und wenn die Doppelgängerin dann nicht im Lokal auftauchte, die ganze Sache vergessen.

Sie wollte schon umkehren, als ein schnittiger Sportwagen rasant aus einer Parkbucht fuhr und sich in den Verkehr einfädelte. Ob das der Begleiter der Römerin war? Der Wagen befand sich gut dreißig Meter vor ihr. Wegen des dichten Verkehrs kam er jedoch nur im Schritttempo voran. Ob sie ihm hinterherfahren sollte?

Ohne lange zu überlegen, drängelte sie sich mit dem Roller an den Autos vorbei, ganz im Stil der Einheimischen. Als sie den silbrigen Sportwagen eingeholt hatte, warf sie einen Blick hinein. Bingo!

Was sie von dem Mann sehen konnte, gefiel ihr. Schwarze Haare, modisch geschnitten und aus der Stirn gekämmt. Ein markantes Kinn, klassisches Profil. Er trommelte mit den Fingern aufs Lenkrad. Ob wegen der Stop-and-go-Fahrt oder weil er Musik hörte, konnte sie nur vermuten. Auf alle Fälle ein attraktiver Mann, der gut zu der schönen Römerin passte. Das Paar erregte vermutlich einiges Aufsehen, wenn es irgendwo auftauchte.

In ihrem Magen bildete sich plötzlich ein kleiner Knoten. Was war das denn jetzt? Etwa Eifersucht? Lachhaft! Sie kannte weder den Mann noch seine Partnerin. Neid? Ja, das konnte gut sein, war aber genauso albern. Wenn sie sich vorstellte, was dieser Sportwagen gekostet haben musste, spielte das Paar sowieso in einer ganz anderen Liga als sie.

Ophelia atmete tief durch und richtete die Augen wieder nach vorne. Gerade noch rechtzeitig, sonst hätte sie die Bekanntschaft mit einem halb auf die Fahrbahn gerollten Kehrichtcontainer gemacht. Sie bremste scharf ab, und der Sportwagen neben ihr gewann an Vorsprung.

»Sakra!«, stieß sie ärgerlich hervor und schwankte bedrohlich, was ihr ein Hupen des Fahrzeugs hinter ihr bescherte. Sie hob zur Entschuldigung die Hand und fuhr jetzt brav in der Kolonne mit. Ein Unfall war das Letzte, was sie sich bei ihrer verrückten Verfolgungsjagd einhandeln wollte.

Sie folgte dem Sportwagen über die Piazza della Repubblica, weiter nördlich an der Kirche Santa Maria della Vittoria vorbei und umrundete die Anlagen der Villa Borghese.

Wo fuhr der Kerl denn hin?

Als sie das Nationale Kunstmuseum passierten, überlegte sie, die Verfolgung abzubrechen. Das war doch idiotisch, was sie hier tat. Zudem hatte sie Hunger, und sie sollte nicht sinnlos Benzin verschwenden.

Die Gegend änderte sich merklich. Immer öfter sah man große Villen hinter mächtigen Zäunen beidseits der Fahrbahn. Das Paar lebte augenscheinlich in einem noblen Viertel. Ophelia hatte es aufgegeben, sich zu orientieren. Sie kannte Rom zu wenig, um festzustellen, wo sie sich gerade befand. Auf alle Fälle lebten in dieser Gegend keine armen Leute. Hochgewachsene Pinien, Zypressen und vereinzelte Palmen standen links und rechts hinter den Mauern und Zäunen. Einige der Anwesen waren sogar mit Gegensprechanlagen und Securitypersonal gesichert. Wer viel hatte, hatte eben auch viel zu verlieren.

Zuhinterst in einer Sackgasse hielt der Sportwagen unvermittelt vor einem hölzernen Eingangstor an. Ophelia stoppte ein paar Meter hinter ihm. Hier ging es nicht weiter. Nach einem kurzen Moment öffnete sich das Tor wie von Geisterhand, und der Wagen verschwand in der dahinterliegenden Auffahrt.

Ophelia schaltete den Roller aus, zog den Helm ab und überquerte die Straße. Während sich das Tor langsam wieder schloss, sah sie an der Fassade eines rosafarbenen Gebäudes hoch. Mit dem zweigeschossigen Wohnturm und dem flachen Ziegeldach wirkte es maurisch. Sehr gediegen und vermutlich wahnsinnig teuer. Vier imposante Zypressen bewachten den Eingang wie hölzerne Bodyguards. Ophelia konnte infolge der hohen Mauer ringsum nicht viel erkennen, aber offensichtlich gehörte ein ausgedehnter Park zu dem Besitz. Da sie seit einiger Zeit stetig bergauf gefahren waren, lag die Villa offenbar auf einem Hügel. Befand sie sich vielleicht gerade auf einem der berühmten sieben Hügel Roms? Sie konnte sich nur annähernd vorstellen, welch spektakuläre Aussicht man von hier oben über die Stadt haben musste.

Betont gelangweilt schlenderte sie zu dem jetzt geschlossenen Tor und bemerkte die Kamera darüber. Super, jetzt wurde sie bestimmt auch noch gefilmt. Daher blieb sie nur einen

Moment vor dem Briefkasten stehen, damit es nicht so aussah, als wollte sie das Anwesen ausbaldowern.

Isabella und Cesare Orsini stand auf dem Schild. Also ein Ehepaar.

Ophelia schnalzte mit der Zunge. Schön, jung, reich und vermutlich Nachfahren der berühmten Orsinis, eine der wichtigen Adelsfamilien in Rom. Manchen gab es der Herr eben im Schlaf.

Sie drehte sich um und lief zum Roller zurück. Wieso fühlte sie sich plötzlich so enttäuscht?

»Ich habe bloß Hunger«, murmelte sie trotzig vor sich hin, während sie den Motorroller wendete und den Weg zurück einschlug. Sie bekam immer schlechte Laune, wenn sie hungrig war.

* * *

»Hast du die Papiere Fabrizio geben können?«

Cesare unterdrückte ein Schmunzeln. Isabella sah mittlerweile wie eine reife Tomate aus.

Er räusperte sich. »Alles erledigt. Dein ganzes Team wünscht dir eine baldige Genesung. Wie fühlst du dich?«

»Krank und einsam.«

Er lachte. »Hat sich Amadeo gemeldet?«

Seine Schwester nickte und verzog dabei stöhnend das Gesicht. »Diese Kopfschmerzen sind wirklich abartig! Er hat mich natürlich gebührend bedauert. Ich hatte aber das Gefühl, dass er ganz froh ist, im Moment nicht in meiner Nähe zu sein. So ein Feigling!«

Cesare griff nach dem mittlerweile kalt gewordenen Tee auf Isabellas Nachttisch. »Das kannst du ihm nicht verdenken. Bei Ansteckungsgefahr hört die Liebe auf.«

Sie schnaubte beleidigt.

»Möchtest du etwas essen?«, fragte er und zog die Vorhänge zu.

»Himmel, nein! Allein bei dem Gedanken wird mir schlecht.«

Er runzelte besorgt die Stirn. Obwohl er verstehen konnte, dass seine Schwester keinen Appetit hatte, war es doch sicher nicht gut für sie, wenn sie nichts aß.

»Ich bereite dir etwas Hühnerbrühe zu«, erklärte er bestimmt, »nicht, dass du mir noch austrocknest.«

Sie krauste die Nase, nickte aber brav, und er marschierte in die Küche.

»Hühnerbrühe«, murmelte er vor sich hin, als er die Küchenschränke aufriss. »Irgendwo muss doch noch Tütensuppe sein.«

Bevor Simona ihre Arbeit aufgegeben hatte, hatte sie noch mal einen Großeinkauf getätigt und Konserven, Pasta und diverse andere nach ihrer Meinung lebensnotwendige Vorräte eingekauft. Zwar war es unter Simonas Würde als Köchin gewesen, Tütensuppe zu verwenden, aber die Geschwister hatten dahingehend weniger Skrupel. Und tatsächlich fand Cesare in einem Winkel ein paar Suppenbeutel. Hühnerbrühe war zwar nicht darunter, aber etwas, das sich Frühlingssuppe nannte, würde bestimmt auch gehen. Er griff nach einem Kochtopf und setzte Wasser auf.

Es gefiel ihm, sich um Isabella zu kümmern, auch wenn der Grund dafür ihr vermutlich weniger zusagte. Sie sahen sich so selten, manchmal eine Woche lang nicht, und wenn sie nächstes Jahr auszog, würde er seine Schwester noch weniger zu Gesicht bekommen. Die Colonnas waren im Gegensatz zu Cesares Familie auf den roten Teppichen in ganz Italien so präsent wie die Paparazzi. Irgendetwas gab es immer einzuweihen oder jemand musste als Schirmherr eine Laudatio halten. Und Isabella mit ihrer Schönheit und Klugheit würde der adligen Familie weiteren Glanz verleihen. Ob sie sich dieser Verpflichtungen bewusst war? Und ob ihr die Colonnas erlaubten, ihren Job im Museum weiterhin auszuüben?

Cesare schnaubte. Ihre Eltern hatten sie zu selbstständigen Menschen erzogen und Wert darauf gelegt, dass sie einem Beruf nachgingen und nicht bloß in den Tag hinein lebten und das Familienvermögen verprassten. Und obwohl die Colonnas mehrere Firmen unterhielten – dazu gehörte auch das eigene Museum –, konnte er sich vorstellen, dass die hübsche Schwiegertochter eher für die Zeugung eines Stammhalters und Repräsentationszwecke bestimmt war und nicht ihrer eigenen Karriere nachgehen sollte.

Er riss den Beutel auf, gab das Suppenpulver in den Kochtopf und rührte es mit dem Schneebesen um. Nun denn, Amadeo setzte sich hoffentlich für seine zukünftige Ehefrau und deren Bedürfnisse ein. Sonst würde Cesare ein ernstes Wörtchen mit den Colonnas reden müssen. Wobei Isabella trotz ihres grazilen Äußeren einen unbeirrbaren Willen besaß. Cesare schmunzelte bei dem Gedanken, wie sie ihre zukünftigen Schwiegereltern in die Schranken wies, wenn sich diese über ihre Wünsche hinwegsetzen sollten. Er wollte jedoch nicht schwarzmalen. Möglicherweise tat er den Colonnas unrecht, und sie hatten mit den Jahren etwas mehr Weltoffenheit erlangt und ihren Dünkel abgelegt.

»Cesare?«, tönte es aus Isabellas Schlafzimmer. »Ich habe jetzt doch etwas Hunger. Kommt denn diese Hühnersuppe noch, oder muss ich das Huhn erst selbst schlachten?«

Er grinste. Wenn sie schon wieder Befehle erteilen konnte, würde sie die Röteln bestimmt schadlos überstehen.

XII

Das Meer! Ophelia sog tief die salzhaltige Luft ein, die nach Jod und Tang roch. Gab es etwas Schöneres?

Sie saß am kilometerlangen Strand von Ostia auf ihrem kleinen Handtuch und genoss die warme Sonne, das Glitzern des Meeres und das Geräusch der sanften Brandung. Die Berge ihrer Heimat in allen Ehren, aber gegen das Meer kamen sie einfach nicht an.

Lido di Ostia, knapp dreißig Kilometer von Rom entfernt, an der Tibermündung ins Tyrrhenische Meer gelegen, war der beliebteste Naherholungsort der stressgeplagten Römer. Im Hochsommer musste es hier von Menschen wimmeln, jetzt, Anfang Juni an einem Wochentag, war das Gewusel noch erträglich.

Ophelia zog ihre Kleider aus und begann sich einzucremen. Sie würde jetzt ein wenig sonnenbaden, schwimmen gehen und später noch das antike Theater von Ostia besichtigen. Die Ausgrabungsstätte lag vier Kilometer vom Meer entfernt und war nach Pompeji in Kampanien angeblich die eindrucksvollste in Italien. Der Reiseführer versprach, dass man in den Ruinen ein anschauliches Bild vom Alltagsleben der Römer aus dem zweiten Jahrhundert nach Christus vermittelt bekam.

Ophelia streckte sich genüsslich im warmen, grobkörnigen Sand aus, legte sich ihr T-Shirt über das Gesicht und versuchte, sich zu entspannen.

Nach fünf Minuten gab sie seufzend auf und setzte sich wieder hin. Ihr gingen Mamas jüngeres Double und deren attraktiver Partner einfach nicht aus dem Kopf. Sie wusste jetzt zwar, wo das Paar wohnte, mehr aber auch nicht. Selma, mit der sie gestern Abend wieder geskypt hatte, hatte sie gedrängt, bei der Villa einfach mal zu klingeln.

Was für eine absurde Idee! Was sollte sie denn sagen, wenn ihr jemand öffnete? Hi Leute, kann ich mal reinkommen und nachsehen, wie sehr Isabella Orsini meiner verstorbenen Mutter in ihren jungen Jahren ähnelt?

Ophelia kicherte. Nein, Selma würde das vielleicht tun. Ihre Freundin eckte mit ihrer direkten Art manchmal unangenehm an, doch Ophelia war nicht so spontan. Sie würde sich das niemals trauen. Dann lieber noch mal vor dem Lokal darauf lauern, die Römerin allein anzutreffen. Sie wirkte sehr sympathisch. Im Gegensatz zu ihrem Mann. Ophelia hatte von ihm zwar nur einen kurzen Eindruck erhalten, der hatte aber ausgereicht, um sie zu verunsichern. Er wirkte ziemlich einschüchternd. Was, wenn er sie abkanzelte oder auslachte, wenn sie unangemeldet an der Haustür auftauchte?

Sie schüttelte sich. Darauf konnte sie wirklich verzichten. Und sogleich meldete sich die Stimme ihres Vaters: »Hasenblut, meine Kleine?«

»Und wenn schon«, murmelte sie trotzig. Kein normaler Mensch machte so etwas Verrücktes. Im schlimmsten Fall würde das Paar die Polizei rufen, und dann wäre der Schlamassel perfekt. Nein, auf keinen Fall würde sie bei der Villa klingeln. Eine ganz blöde Idee!

Trotz ihrer Bedenken stand Ophelia ein paar Stunden später mit laufendem Motor erneut vor der prächtigen Villa.

Sie betrachtete mit klopfendem Herzen das geschlossene Tor. Sollte sie den Roller nicht besser wenden und in die Jugendherberge zurückfahren? Als ihr ein Schweißtropfen ins Auge lief, stellte sie den Motor ab, zog den Helm vom Kopf und rieb sich das brennende Auge. Sie war durchgeschwitzt, ihre Haare rochen nach Meerwasser und klebten ihr wie eine schlecht sitzende Perücke am Kopf.

Von Ostia aus war sie direkt zur Mariensäule gefahren, hatte eine halbe Stunde dort gewartet, aber weder die Römerin noch ihr Mann waren aufgetaucht. Aus einem unerklärlichen Grund war sie danach wieder den Hügel hinaufgefahren. Doch jetzt verließ sie der Mut.

Sie strich sich über die bloßen Arme. Am Strand von Ostia hatte sie es nicht für nötig gehalten, sich das Salz abzuwaschen, doch langsam fing ihre Haut an zu jucken. Sie sollte besser in ihre Unterkunft fahren, sich duschen und an ihrem Reisebericht arbeiten. Zudem war ihr etwas schwindelig. Vermutlich hatte sie heute zu viel Sonne abbekommen. Der Gedanke, in ihrem dämmrigen Zimmer auf dem Bett zu sitzen, Namikos stumme Gegenwart zu genießen und die Fotos vom Tage zu sichten, wurde immer verlockender.

Gerade als sie den Roller starten wollte, öffnete sich das hölzerne Tor auf der gegenüberliegenden Straßenseite, und der Fahrer des Sportwagens trat heraus. Er trug dunkle Jeans und ein weißes, kurzärmeliges Hemd. Ungeduldig sah er auf die Uhr und blickte dann suchend die Straße hinunter.

Ophelia schluckte. Sollte sie ihn ansprechen? Eigentlich war das *die* Gelegenheit. Doch ihr Hasenblut siegte. Sie konnte nicht so dreist agieren, das lag ihr einfach nicht. Daher startete sie den Roller und wendete. Allerdings hatte sie in der Aufregung vergessen, den Helm wieder aufzusetzen. Beim Anfahren purzelte er von ihrem Schoß und kullerte über die Straße direkt vor die Füße des Mannes. Verdammt!

Dieser wandte den Kopf und runzelte die Stirn, dann hob er den Helm auf und überquerte langsam die Straße.

»Ich mag es nicht, wenn jemand unpünktlich ist«, zischte er und drückte ihr den Motorradhelm in die Hände. »Also kommen Sie jetzt, ich habe nicht den ganzen Abend Zeit!«

Er sah sie aus seinen dunkelbraunen Augen finster an, ließ seinen Blick dann über ihr derangiertes Äußeres gleiten und hob missbilligend die Augenbrauen.

Ophelia starrte ihn die ganze Zeit über an, ohne etwas zu erwidern. Ihr Hasenblut pumpte wie eine sprudelnde Ölquelle durch ihren Körper, und ihr wurde abwechselnd heiß und kalt.

Was redete der Mann denn da? Und wohin sollte sie ihm folgen? In die Villa? Aber wozu?

»Signora? Kommen Sie nun oder nicht?«

Ophelia nickte automatisch, schaltete den Roller aus und stieg vom Gefährt. Der Mann drehte sich kopfschüttelnd um und ging auf das offene Tor zu, während sie den Motorroller vor der hohen Mauer parkte.

»Lassen Sie ihn nicht hier stehen, es kann sein, dass er danach weg ist. Sie können ihn in die Auffahrt stellen.«

Noch immer hatte Ophelia keinen Laut von sich gegeben. Was passierte hier gerade? Verwechselte sie der Mann mit jemandem? Offenbar, aber mit wem?

»Eine Frage«, sagte er in diesem Moment, und sie zuckte zusammen. »Hatten Sie jemals die Röteln?«

»Bitte?«, krächzte sie verwirrt.

War das vielleicht ein Code? Bilder von entführten Opfern schossen ihr durch den Kopf. Möglicherweise handelte es sich bei dem Typ um einen Mädchenhändler, und sie war gerade dabei, in seine Falle zu tappen.

Der Mann verschränkte die Arme vor der Brust. Ophelia registrierte, dass dunkle feine Härchen auf seinen wohlgeformten Unterarmen wuchsen. Ihr Mund wurde trocken.

»Wir haben einen Krankheitsfall in der Familie«, erklärte er und betrachtete dabei ihre zerzausten Haare.

Unwillkürlich strich sie sich eine Strähne hinters Ohr. Sie musste scheußlich aussehen.

»Die Röteln. Und niemand darf ins Haus, der nicht geimpft ist oder die Krankheit nicht schon hatte. Also?«

In Ophelias Kopf wirbelten die Gedanken durcheinander. Röteln? Was?

»Ja, die hatte ich als Kind«, gab sie schließlich zur Antwort. »Und die Masern auch.«

Der Mann nickte. »Gut, also kommen Sie jetzt.«

Er hielt ihr einen Torflügel auf, und Ophelia schob den Roller hindurch. Dahinter erstreckte sich ein Plattenweg, gesäumt von mannshohen, schmiedeeisernen Laternen, der zum Vordereingang der Villa führte. Neben dem Tor standen drei offene Garagenboxen. In einer konnte sie den silbrigen Sportwagen erkennen, daneben stand ein kleinerer Wagen, ebenfalls ein Modell der gehobenen Preisklasse.

Links und rechts des Plattenweges wuchsen Zypressen, Pinien, Nadelgehölz, dazwischen blühende Sträucher und stark duftende Blumen. Eine grüne Oase inmitten Roms.

»Ein sehr schönes Anwesen«, sagte Ophelia bewundernd, während sie den Helm auf den Sitz legte und ihren Rucksack schulterte.

Der Mann nickte. »Grazie.« Er streckte die Hand aus. »Cesare Orsini.«

Sie ergriff seine Hand. Warme, kräftige Finger umschlossen die ihren. »Ophelia Moroder.«

»Ach?«, entgegnete er. »Ich hatte einen anderen Namen in Erinnerung. Aber egal, ich zeige Ihnen jetzt die Villa und erkläre, was Sie zu tun haben. Morgen rufe ich Sie an und teile Ihnen mit, ob Sie die Stelle bekommen. Wann könnten Sie denn anfangen, sollten wir uns für Sie entscheiden? Ich würde einen sofortigen Arbeitsantritt bevorzugen.«

Arbeit? Stelle? Ophelia verstand nur Bahnhof.

Cesare Orsini sah sie fragend an und schüttelte dann wieder den Kopf. »Ich mag es zwar, wenn Bedienstete nicht viel reden, doch hätten Sie eventuell die Höflichkeit, meine Fragen zu beantworten?«

Sein Tonfall war eisig geworden.

Was für ein eingebildeter Gockel! Ophelia schnaubte verhalten und unterdrückte ein Grinsen. Offenbar verwechselte sie der Herr mit einer Arbeitssuchenden. Das war so witzig wie ungewöhnlich. Und sie bezweifelte stark, dass sich irgendjemand freiwillig hier anstellen ließ, wenn es andere Möglichkeiten gab. Cesare Orsini benahm sich gerade so, als wären sie noch im Mittelalter und sie ein Teil des Gesindes.

Sie wollte gerade richtigstellen, dass es sich um eine Verwechslung handelte, als ihr bewusst wurde, dass dies vermutlich ihre einzige Chance war, seine Ehefrau kennenzulernen. Vielleicht sollte sie das Verwirrspiel mitmachen, zumindest für den Moment. Immerhin würde sie dieser Orsini durch die Villa führen. Das allein war schon Grund genug, das Missverständnis nicht sofort aufzuklären. So ein Anwesen kannte sie nur aus der Klatschpresse …

Ophelias Neugier siegte. Was hatte sie schon zu verlieren? Nach dem Rundgang würde sie einfach verschwinden und niemand kam zu Schaden. Oder die tatsächliche Stellenbewerberin tauchte auf, und sie könnte sich als naive Touristin outen. Selma würde sich totlachen, wenn sie ihr davon erzählte. Was für ein Abenteuer!

»Ein sofortiger Arbeitsbeginn wäre mir recht«, erwiderte Ophelia deshalb und reckte das Kinn.

Sie würde sich von diesem attraktiven Mann nicht einschüchtern lassen. Der Fehler lag eindeutig bei ihm, und wenn er jeden in seine Villa ließ, der zufällig vor dem Tor stand, war er selbst schuld.

»Gut«, sagte er daraufhin und marschierte zum Eingang.

XIII

»Das hier ist die Küche. Wir essen normalerweise nur morgens und abends hier und das auch nicht regelmäßig. Am Mittag bin ich meist unterwegs, und Isabella nimmt ihr Mittagessen in der Stadt ein. Manchmal haben wir am Wochenende Gäste, dann müssen Sie in der Lage sein, mindestens ein viergängiges Menü zuzubereiten. Ist das ein Problem?«

Die junge Frau betrachtete mit riesengroßen Augen die geräumige Küche mit den modernen Gerätschaften. Cesare hatte beinahe den Eindruck, dass sie noch nie etwas Derartiges gesehen hatte, obwohl sie in ihrem Lebenslauf angegeben hatte, dass sie bereits für andere Adelshäuser tätig gewesen war. Sie schien ihm auch ein wenig jung für die angegebenen dreiunddreißig Jahre. Seltsam, seit wann machte sich eine Frau denn älter? Ob das ein Trick gewesen war, um zu einem Vorstellungsgespräch eingeladen zu werden?

Normalerweise hätte er die zerzauste Frau gar nicht hereingebeten, wenn er nicht derart in der Klemme gesteckt hätte. Die Einsatzzentrale hatte ihn benachrichtigt, dass er morgen wieder zum Flugdienst zu erscheinen hatte. Offenbar litt eine größere Anzahl Piloten an einem Darmvirus, und da von ihm selbst keine Ansteckungsgefahr ausging, hatte man ihm kurzerhand die freien Tage gestrichen. Was ihn in eine schwierige Lage brachte, denn Isabella wehrte sich vehement gegen eine Krankenschwester, und allein wollte er sie nicht in der Villa lassen. Also hatte er beschlossen, wenn die letzte Bewerberin einigermaßen annehmbar wäre, würde er sie sofort einstellen, bis Isabella wieder auf dem Posten war. Immerhin gab es auch für Hausangestellte eine Probezeit, sollte sich diese *Simona* als Fehlgriff erweisen. Und davon ging er aus, als er die junge Dame betrachtete, wie sie mit den Fingerspitzen über den weißen Marmor der Arbeitsplatten strich und beim Blick aus dem Fenster ein beeindrucktes Seufzen ausstieß. Natürlich war die Aussicht sensationell. Aber die Frau war hier, um zu arbeiten, und nicht, um den Blick über Rom zu genießen.

Und wie sie aussah! Wer ging denn in Shorts, T-Shirt und Turnschuhen zu einem Vorstellungsgespräch? Ihre langen, hellbraunen Haare waren so verstrubbelt, als hätte sie gerade eine Achterbahnfahrt hinter sich, und sie roch nach Meer und Sonnenmilch. Sollte er sie wirklich für kurze Zeit einstellen, müsste sich das sofort ändern. Es ging nicht an, dass die Orsinis ungepflegtes Hauspersonal beschäftigten.

»Signora? Ist das ein Problem?«, fragte Cesare noch einmal. Himmel noch mal, hörte die Frau schlecht, oder war sie zu dumm zum Antworten?

»Wie? Nein, kein Problem. Viergängige Menüs sind meine Spezialität.«

Sie drehte sich um und schenkte ihm ein strahlendes Lächeln, das ihm ein Kribbeln in der Magengegend bescherte. Offenbar log sie ihn gerade völlig ungerührt an.

»Wie schön.« Er räusperte sich. »Gehen wir also weiter. Ich zeige Ihnen nun die Bäder. Es sind mehrere, aber wir benutzen nur zwei davon, außer, wir haben über Nacht Gäste. Der Aufwand, sie zu putzen, hält sich also in Grenzen. Aber natürlich müssen sie täglich kurz gereinigt werden.«

»Natürlich«, stimmte ihm diese Ophelia mit einem leichten Kräuseln der Lippen zu.

Machte sie sich etwa gerade lustig über ihn? Und was war das überhaupt für ein Name? Ophelia! So hieß doch niemand außerhalb einer Shakespeare-Tragödie. Ob der Name auch gelogen war?

Cesare betrachtete sie aus schmalen Augen. Vielleicht stand ihm gerade eine Hochstaplerin, die die Villa für einen Diebeszug auskundschaftete, gegenüber. Gefährlich wirkte sie zwar nicht, aber möglicherweise lauerten zehn schwergewichtige Bandenmitglieder im Hinterhalt, und sie war nur der Köder. Er würde später ihre Bewerbung nochmals auf Herz und Nieren prüfen.

Er straffte die Schultern und trat in den Flur, der die Küche mit dem Speisezimmer verband.

»Hier essen wir normalerweise, wenn Gäste da sind. Ansonsten, wie schon erwähnt, in der Küche oder auf der Terrasse. Das Servieren der Speisen gehört ebenfalls zu Ihren Tätigkeiten.«

Das Speisezimmer war mit edlem Parkett ausgelegt. Ein langer, dunkel gebeizter Esstisch beherrschte den Raum. Darauf standen zwei riesige silberne Kandelaber, die ihre Mutter mit in die Ehe gebracht hatte. An der Längsseite befand sich ein aus Marmor gefertigter Kamin, der aber mehr als Dekoration diente. Cesare konnte sich nur an wenige Gelegenheiten erinnern, zu denen man ihn benutzt hatte. An den mit weißem Damast bespannten Wänden hingen Ölbilder bekannter italienischer Künstler aus der Renaissance – Landschaftsgemälde und ein paar Porträts von längst verblichenen Orsinis, meist im Habit eines Geistlichen. Durch die geöffneten, bodentiefen Bogenfenster, die einen Blick in den Garten gewährten, wehte eine leichte Brise herein.

»Wow!«, stieß Ophelia an seiner Seite hervor. »Das ist ja fantastisch!«

»Schön, dass Ihnen der Raum gefällt«, gab Cesare verwundert zur Antwort.

Offenbar war die Frau leicht zu beeindrucken. Ihm erschien das Speisezimmer immer zu überladen, und er hatte sich schon mehrmals überlegt, es anders einzurichten. Wenn Ophelia die Küche und das Speisezimmer schon so überwältigend fand, was würde sie dann erst zu den vergoldeten Armaturen in den Bädern, zum Whirlpool, der Sauna und zum Fitnessraum sagen? Auf der einen Seite fand er ihre Begeisterung befremdlich, auf der anderen Seite auch rührend. Als wäre sie Alice im Wunderland.

Gerade griff sie in ihren Rucksack und holte ein Gummiband hervor, mit dem sie ihre zerzausten Haare zu einem Pferdeschwanz zusammenband. Dabei hob sie die Arme, und unter ihrem T-Shirt zeichneten sich die Konturen von zwei perfekt geformten Brüsten ab.

Cesare sah schnell weg und bedeutete ihr, ihm zu folgen. Er war nicht unempfänglich für weibliche Reize, und diese Ophelia wäre – gewaschen, frisiert und angemessen gekleidet – bestimmt ein erfreulicher Anblick. Ihre langen Beine in den kurzen Shorts ließen, wie auch ihre sonstige Figur, solche Schlüsse zu. Doch wenn sie hier zu arbeiten begann, war sie als Frau für ihn tabu. Techtelmechtel mit den Angestellten, das hatte ihm sein Vater stets eingebläut, waren eines Orsinis nicht würdig.

Sie gingen die Treppe in den ersten Stock hinauf. Hier befanden sich die Schlafräume der Geschwister. Cesare wies auf die Tür zu seiner Rechten.

»Das sind die Räume von Isabella. Sie ist, wie ich schon sagte, krank, und wir wollen sie daher nicht stören. Sie braucht viel Ruhe.« Er deutete auf die Tür gegenüber. »Das sind meine Räume. Für die Schmutzwäsche gibt es einen Schacht, der direkt in den Keller führt, wo die Waschmaschine steht. Es ist also nicht nötig, dass Sie sich länger als erforderlich in unseren Privaträumen aufhalten. Weiter den Flur entlang befinden sich die Gästezimmer. Wenn sie nicht benutzt werden, bitte ich Sie, sie gelegentlich zu lüften und Staub zu wischen. Mehr ist nicht notwendig.«

Ophelia nickte, sagte aber nichts. Auch gut, wenigstens war sie keine Quasselstrippe.

»Und jetzt zeige ich Ihnen Ihre Räume.« Er drehte sich um, um in den zweiten Stock hinaufzugehen.

»Moment«, stieß sie hervor. »Was heißt denn *meine* Räume?«

Er sah über seine Schulter. »Ich verstehe nicht.«

Sie starrte ihn aus tiefblauen Augen verstört an. »Ich soll hier wohnen?«

»Aber ja, so steht es doch im Inserat.« Er sah, wie sie trocken schluckte. »Alle unsere Haushälterinnen wohnen in der Villa. Wobei ich mich nur an eine erinnere, sie war jahrelang hier beschäftigt. Doch jetzt ist sie leider pensioniert. Nur der Gärtner fürs Grobe wohnt nicht auf dem Gelände und kommt einmal die Woche vorbei.«

»Ach ja, das Inserat«, sagte Ophelia schnell und schlug sich mit der flachen Hand an die Stirn. »Natürlich, das habe ich irgendwie … vergessen.«

Cesares Entschluss, sie vorläufig einzustellen, bis er eine bessere Lösung gefunden hatte, kam ins Wanken. Entweder war sie nicht das schärfste Messer im Kasten, oder sie tat absichtlich so dumm, damit sie nicht eingestellt wurde. Aber warum war sie dann gekommen?

Sie erreichten die zweite Etage, und er öffnete die Tür zu den Räumen, in denen vorher Simona gewohnt hatte. Zu dem großen Schlafzimmer gehörte ein eigenes Bad.

Hinter seinem Rücken fing Ophelia an zu kichern. Was war denn so komisch? Natürlich, der Raum war nicht ganz so geräumig wie die Zimmer der Familie, aber doch auch recht hübsch.

»Entspricht es nicht Ihren Vorstellungen?«, fragte er scharf und drehte sich um.

Ophelia strahlte ihn an. »Und wie es meinen Vorstellungen entspricht! Das ist ja wie im Märchen. Und ich muss nicht mal einen Frosch küssen.«

Wieder hatte Cesare das Gefühl, dass sie sich über ihn lustig machte, und er wurde langsam ärgerlich. Er vergeudete nur seine Zeit mit dieser Frau und wollte sie so schnell wie möglich wieder loswerden.

»Nun, dann ist ja alles klar, nicht? Über das Gehalt müssten wir zwar noch sprechen, aber es ist großzügig bemessen. Ich habe jetzt noch einen wichtigen Termin und keine Zeit mehr. Sie sind ja schließlich zu spät gekommen. Ich rufe Sie also morgen an.«

Ophelia nickte. Bevor sie die Tür wieder schloss, warf sie noch einen langen Blick zurück und seufzte tief. Was für eine seltsame Person.

Sie waren schon beinahe im Erdgeschoss angekommen, als oben Isabellas Schlafzimmertür aufging.

»Cesare, ist das vielleicht die neue Simona? Stellst du sie mir vor?«

Er biss sich auf die Lippen. Verdammt! »Sie wollte gerade wieder gehen«, rief er zurück.

»So eilig habe ich es nicht«, sagte Ophelia an seiner Seite und wirkte plötzlich aufgeregt. »Ich sage gern mal Hallo.«

Er knurrte verstimmt. »Aber nur kurz. Sie braucht Ruhe.« Und eine durchgeknallte Rollerfahrerin mit einem eigenartigen Dialekt war genau das Gegenteil, dachte er genervt.

Sie gingen also abermals die Treppe hoch und traten in Isabellas Zimmer. Die Vorhänge waren immer noch zugezogen. Es roch nach abgestandener Luft und Pfefferminztee.

»Wie fühlst du dich?«, fragte Cesare leise.

»Es geht«, erwiderte seine Schwester und stieg wieder ins Bett. »Der Hals tut weh, und meine Haut juckt wie verrückt.« Sie lehnte sich ans gepolsterte Kopfteil ihres Bettes. »Und Sie sind also möglicherweise unsere neue Haushälterin?«

Ophelia trat aus Cesares Schatten. »Ophelia Moroder. Erfreut, Sie kennenzulernen, Signora Orsini.«

»Sagen Sie doch Isabella zu mir. Wo kommen Sie her? Ihrem Dialekt nach aus Südtirol, nicht wahr?«

»Aus Bozen, genau.«

Cesare überfiel es heiß und kalt. Bozen? Auch das noch! Das war der Zielflughafen seiner Eltern gewesen, als ihre Maschine abgestürzt war. Er schluckte eine scharfe Erwiderung hinunter, denn Isabella meinte in diesem Moment: »Wie schön. Ich liebe die Berge. Und jetzt wohnen Sie also in Rom und wollen uns mit Ihren Künsten das Leben erleichtern.«

Ophelia lachte. »Das wäre schön, wobei ich nicht sicher bin, ob Ihr Mann mir das zutraut.«

Isabella kicherte und fing dann an zu husten.

»So, das reicht jetzt«, knurrte Cesare und bugsierte die Südtirolerin aus dem Schlafzimmer. »Ich habe doch gesagt, dass sie Ruhe braucht.«

Er schloss die Tür vor Ophelias Nase und ließ sie einfach davor stehen. Sollte sie doch seinetwegen etwas klauen.

Isabella keuchte, und mit zwei Schritten war Cesare an ihrem Bett.

»Hier, nimm einen Schluck Tee.«

Isabella japste nach Luft. »Mein Ehemann? Hast du die Kleine denn nicht aufgeklärt?«

»Warum sollte ich das tun? Die Frau ist unmöglich! Hast du gesehen, wie sie angezogen ist? Wenn die eine Haushälterin ist, dann fresse ich einen Besen samt der dazugehörenden Putzfrau.«

Isabella nippte am Tee und ließ sich dann wieder in die Kissen zurücksinken. »Ich finde sie nett. Und ich mag nicht allein hierbleiben, wenn du morgen fliegst. Lass es uns doch mit ihr versuchen.«

»Ich glaube, das Fieber ist wieder gestiegen. Wie kannst du so eine Person im Haus haben wollen? Am Ende lässt sie noch das Familiensilber mitgehen.«

»Ach, der alte Kram. Der hat mir noch nie gefallen. Komm schon, Brüderchen. Mir ist eine peppige Südtirolerin allemal lieber als eine steife Krankenschwester.«

Er seufzte und öffnete das Fenster einen Spalt. »Nun gut, auf deine Verantwortung hin und auch nur, weil ich im Moment keine Alternative sehe. Aber nur so lange, bis ich einen besseren Ersatz gefunden habe.«

Als Cesare wenig später Isabellas Zimmer verließ, war Ophelia Moroder verschwunden. Auch gut, dachte er grimmig, dann hatte sich das erledigt. Offenbar wollte sie die Stelle nicht, sonst hätte sie die paar Minuten bestimmt gewartet. Doch als er in die Küche trat, sah er einen Zettel auf dem Tisch liegen.

Ich musste leider weg, würde aber sehr gern für Sie arbeiten. Rufen Sie mich doch an, Ophelia Moroder.

Darunter stand eine Handynummer. Auf dem i von Ophelia prangte statt des Punkts ein Herzchen. Grundgütiger!

XIV

Ophelia warf ihren Rucksack aufs Bett und schmunzelte. Das war ja mal eine abgedrehte Episode gewesen! Obwohl sie nicht vorhatte, für den Orsini-Gockel und seine kranke Frau zu arbeiten, hatte sie es nicht unterlassen können, eine Nachricht zu hinterlassen. Mit einem Herzchen auf dem I. Sie hatte noch nie ein Herzchen auf das I ihres Namens gemalt, aber in dem Moment hatte sie der Übermut gepackt.

Sollte Orsini sie – was sie nicht in Betracht zog, aber man wusste ja nie – tatsächlich anrufen und ihr die Stelle anbieten, würde sie ihm gehörig die Meinung geigen. So unfreundlich ging man doch nicht mit einer Bewerberin um. Auch nicht, wenn diese ein Fake war.

Was für ein arroganter Kerl! Sie bemitleidete seine kranke Frau außerordentlich. Schade, dass es in deren Zimmer so dämmrig gewesen war und sie nicht zweifelsfrei hatte feststellen können, ob sie Mama wirklich so ähnelte, wie es auf dem Foto ausgesehen hatte.

Ophelia zog ihre verschwitzten Sachen aus und griff nach dem Duschtuch und ihrem Kulturbeutel. Als sie sich umdrehte, registrierte sie, dass Namikos Sachen verschwunden waren. Die Japanerin hatte sie nicht darüber informiert, dass sie abreisen würde. Aber sie war ja auch sonst nicht sehr gesprächig gewesen. Hoffentlich entpuppte sich die neue Mitbewohnerin ebenfalls als angenehm.

Ophelia schlang sich das Duschtuch um den Körper und huschte über den Flur in die Waschräume. Zum Glück fand sie gleich eine freie Kabine. Sie war so aufgedreht, dass sie nicht anders konnte, als unter der Dusche zu singen. Sehr laut und sehr falsch, aber das war ihr egal. Sie brannte darauf, gleich danach mit Selma zu skypen und ihr vom heutigen Tag zu erzählen. Ihre Freundin würde ausflippen.

* * *

Cesare starrte mit gefurchter Stirn auf das Bewerbungsschreiben. Was zum Henker hatte das zu bedeuten? Die Namen waren komplett unterschiedlich. Beworben hatte sich eine Amelia Moretti, vorbeigekommen war eine Ophelia Moroder. Er hatte doch gewusst, dass der Name auf dem Bewerbungsschreiben anders lautete, auch wenn sie sich vom Klang her ähnelten. Und auch das Alter stimmte überhaupt nicht, wie er schon vermutet hatte. Diese Ophelia schätzte er auf Mitte zwanzig – höchstens. War er das Opfer eines Betrugs geworden? Doch zu welchem Zweck?

Kurzerhand griff er nach dem Telefonhörer und rief bei Amelia Moretti an. Nach zweimaligem Klingeln hob jemand ab, sagte aber nichts.

»Hallo? Spreche ich mit Signora Moretti?« Im Hintergrund hörte er Babygeschrei. »Hallo? Wer ist denn am Apparat?«, fragte er weiter.

»Paolo.«

Die Stimme eines Kindes.

»Hallo, Paolo, hier spricht Cesare, gibst du mir mal deine Mamma?«

Schweigen.

»Paolo?«

»Sì?«

»Ist dein Papà da?«

»Sì.«

»Holst du ihn mal ans Telefon?«

Der Junge ließ den Telefonhörer fallen, und Cesare zuckte zusammen. Nach einer Weile hob jemand den Hörer auf, es raschelte und eine gehetzte Stimme erklang: »Pronto?«

»Signor Moretti?«

»Ja, wer ist denn dran? Lass das, Paolo!« Weiteres Babygeheul war zu hören, jetzt eine Oktave höher. »Entschuldigen Sie, hier ist gerade die Hölle los. Worum geht's denn?«

Cesare fuhr sich mit der Hand durch die Haare. »Es ist so«, begann er. »Ihre Frau hat sich auf eine von uns ausgeschriebene Stelle gemeldet, ist heute aber nicht zum Vorstellungstermin erschienen.«

»Oh! Mi dispiace, sie musste kurzfristig zu ihrer Mutter. Das Herz. Sie hat es wohl vergessen.«

»Verstehe, das tut mir natürlich leid. Kann es sein, dass sie eine Bekannte an ihrer Stelle zu uns geschickt hat?«

»Come? Eine Bekannte? Warum sollte sie das tun?«

»Das frage ich Sie.«

Wieder erklang Geschrei, diesmal so laut, dass Cesare befürchtete, dass gerade jemand mit einem Messer abgestochen wurde.

»*Mannaggia*, Paolo, es setzt gleich was!«, brüllte Moretti, und Cesare hielt den Hörer auf Abstand. »Das muss ein Missverständnis sein, Signore. Meine Frau hat's einfach vergessen. Jemand anderen hat sie nicht geschickt. Auf Wiederhören.«

Cesare betrachtete nachdenklich den Telefonhörer und legte ihn dann langsam auf die Gabel. Er konnte sich keinen Reim auf die Geschichte machen. Wie hatte Ophelia Moroder von der ausgeschriebenen Stelle erfahren? Er hatte alles unter einer Chiffre-Nummer abgewickelt, denn wenn der Name Orsini in einem normalen Stelleninserat auftauchte, hätte sie eine Flut von Bewerbungen überrollt. Es galt immer noch als Auszeichnung, in einer Adelsfamilie angestellt zu sein. Ob Simona eventuell jemanden auf gut Glück vorbeigeschickt hatte? Aber nein, ihre ehemalige Bedienstete hätte ihnen das vorher mitgeteilt und auch ganz bestimmt nicht eine Person wie Ophelia Moroder vorgeschlagen. Eine sehr mysteriöse Angelegenheit.

Er warf einen Blick auf die Uhr. Bald elf. Die Zeit drängte, er sollte sich endlich entscheiden. Morgen musste er früh los, und um eine Krankenschwester zu organisieren, war es schon zu spät. Er konnte natürlich jemanden aus der weitläufigen Familie anrufen. Eine der Cousinen würde sich bestimmt bereit erklären, bei Isabella zu bleiben, bis es ihr wieder besser ging. Doch aus irgendeinem Grund, der ihm im Moment nicht ganz klar war, wollte er wissen, was hinter Ophelias Auftauchen steckte. Die Kleine würde ihm einiges erklären müssen. Isabella hatte sie nett gefunden, und sie sah nicht wie eine Verbrecherin aus. Aber das taten die selten. Ging er ein zu großes Risiko ein, wenn er die Südtirolerin einstellte? Sie war schließlich eine Wildfremde.

Die Informationen, die sie über sich preisgegeben hatte, waren marginal. Sie kam offenbar aus Bozen, wenn das denn den Tatsachen entsprach. Gab es in Südtirol Verbrecherbanden, die sich auf teure Anwesen in Rom spezialisiert hatten? Er durchforstete sein Hirn nach Schlagzeilen über Einbrüche, die in der letzten Zeit durch die Presse gegeistert waren, konnte sich aber an nichts Spezielles erinnern. Was sollte er also tun?

Er stand auf und öffnete ein Fenster. Vom Arbeitszimmer aus sah man direkt auf den Tiber hinunter, der um diese Uhrzeit nur noch als dunkle Schlange zu erkennen war. Straßenlaternen säumten beide Ufer und spiegelten sich im Wasser. Über die

Ponte del Risorgimento brauste der nächtliche Verkehr ins Della-Vittoria-Viertel.

Er hatte Isabella gegenüber eine Verantwortung und gegenüber dem Namen Orsini und seinem guten Ruf ebenfalls. In der Villa befanden sich eine Menge Antiquitäten, und wenn Ophelia eine Gaunerin war oder sie Isabella in Gefahr brachte, würde er sich ein Leben lang Vorwürfe machen. Doch die Kleine hatte auch eine Seite in ihm angesprochen, die er verloren zu haben glaubte. Sie war ihm wie ein Kind vorgekommen, das staunend vor den Wundern der Welt steht. Wann hatte er zuletzt so staunen können? War das alles nur gespielt gewesen, um ihn in Sicherheit zu wiegen?

Er griff in die Hosentasche und holte sein Handy hervor. Einen Augenblick überlegte er, durchsuchte dann den Kurzwahlspeicher und drückte entschlossen auf das grüne Hörersymbol.

»Sandro? Hier Cesare. Was treibst du gerade?«

Sein Freund aus Jugendtagen wohnte nicht weit von der Villa Aurelia entfernt und war Maler. Die meiste Zeit werkelte er in seinem Atelier. Bestimmt würde er damit einverstanden sein, morgen im Laufe des Tages Isabella zu besuchen.

»Hör mal, alter Junge, du musst mir einen Gefallen tun. Aber zuerst eine Frage: Hattest du die Röteln schon?«

XV

Eine überdimensionale Wespe jagte Ophelia durch den mit knorrigen Kiefern bewachsenen Hang vor dem Aussichtsturm Kohlern oberhalb von Bozen. Das Insekt hatte bedrohlich seinen Stachel gezückt wie ein mittelalterlicher Ritter sein Langschwert. Ophelia keuchte. Schon konnte sie die von der Witterung ausgebleichte Konstruktion des hölzernen Turms erkennen. Dort wäre sie in Sicherheit, das wusste sie, doch ihre Schritte wurden schwerfälliger und das bedrohliche Surren immer lauter.

Ophelia schreckte hoch und rieb sich die Augen. Es war dunkel. Sie hatte nur geträumt! Das Surren kam von ihrem Handy auf dem Nachttisch. Wer um Himmels willen rief sie denn um diese Zeit an?

Sie griff nach dem Handy und blinzelte. Die Nummer kannte sie nicht, und die Uhr zeigte Viertel nach sechs Uhr morgens an. Wenn das so ein blöder Werbeanruf war, konnte sich der Anrufer aber auf etwas gefasst machen.

»Moroder!«, meldete sie sich forsch. »Was gibt's denn?«

Einen Moment blieb es auf der anderen Seite still, dann hörte sie ein Räuspern.

»Hier spricht Cesare Orsini. Signora Moroder, sind Sie immer noch an der Stelle interessiert?«

»Ich bin verrückt«, murmelte Ophelia, während sie ihre Kleider in den Koffer stopfte. »Komplett durchgedreht.«

»Redest du mit mir?« Die spindeldürre Französin namens Céline auf dem Bett gegenüber sah sie aus ihren dick mit Kajal umrandeten Augen fragend an.

Ihre neue Zimmergenossin, die gestern spätnachts hereingeschlüpft war, wühlte in einer riesengroßen Stofftasche und zog dann triumphierend ein Päckchen Zigarettenfilter hervor.

»Nein«, erwiderte Ophelia nur.

Die ganz in Schwarz gekleidete junge Frau zuckte gelangweilt mit den Achseln.

Ophelia hatte nichts gegen Gothic-Anhänger, auch wenn sie deren Look ein wenig albern fand, aber die Französin stank schrecklich nach Zigaretten. Alle zehn Minuten stürmte sie aus dem Zimmer, weil sie rauchen musste. Und vermutlich befand sich in den selbst gedrehten Zigaretten auch nicht nur Tabak.

»Wo kann man hier denn Party machen?«, fragte Céline und verschränkte die Hände hinter dem Kopf.

»Keine Ahnung«, erwiderte Ophelia auf Englisch. Ihr Schulfranzösisch war dermaßen eingerostet, dass sie sich damit höchstens noch einen Kaffee hätte bestellen können. »Ich bin abends nie ausgegangen.«

Céline sah sie an, als hätte Ophelia ihr gerade mitgeteilt, dass sie vorhatte, ins Kloster zu gehen.

»Nie?«

Ophelia schüttelte den Kopf. »Ich war meist zu müde dazu. Man läuft ja einige Kilometer, wenn man sich die Sehenswürdigkeiten ansieht.«

»Ach ja, das alte Zeugs«, erwiderte Céline gelangweilt. »Steine und Touristenmassen. Wie öde!«

Sie verzog spöttisch den Mund. Offensichtlich kamen die Besucher aus unterschiedlichen Gründen in die Ewige Stadt.

»Also dann.« Ophelia schulterte den Rucksack und zog den Griff aus dem Rollkoffer. »Viel Spaß noch in Rom!«

»Lauf nie zurück zu dem, was dich gebrochen hat.« Céline rollte unheilschwanger die Augen.

Ophelia sah sie konsterniert an. »Okay … danke für den Rat.«

Die Französin nickte zufrieden und begann eine Zigarette zu drehen, und Ophelia verließ fluchtartig das Zimmer.

Der Rollkoffer ließ sich mithilfe von zwei Gummibändern, die ihr ein australischer Rucksacktourist geschenkt hatte, einigermaßen sicher auf dem Gepäckträger des Motorrollers befestigen. Trotzdem nahm sie sich vor, die Kurven nicht zu scharf anzufahren. Der Rucksack war sowieso kein Problem, und mit dem Kauf von Souvenirs hatte sie sich zurückgehalten. Die wollte sie erst in der letzten Woche aussuchen.

Cesare Orsini hatte ihr aufgetragen, um neun Uhr ihren Dienst in der Villa anzutreten und frisches Brot mitzubringen. Die Auslagen würden ihr natürlich ersetzt.

Ophelia wusste nicht, welcher Teufel sie geritten hatte, ihm zuzusagen. Vermutlich war sie einfach noch zu schläfrig gewesen, um die Tragweite ihrer Entscheidung zu realisieren. Und vielleicht hatte auch der Wochenlohn, den Orsini ihr beiläufig mitgeteilt hatte, den Ausschlag gegeben. Ihre Urlaubskasse war damit mehr als gerettet! Vielleicht war aber auch die kettenrauchende Gothic-Lady schuld daran. Oder doch die Neugier auf Isabella Orsini?

Ophelia startete den Roller. Es war trotz der vielen guten Gründe eine närrische Entscheidung. Für zwei Blog-Einträge hatte sie noch genug Material, dann würde es schwierig werden.

Aber bestimmt musste sie nicht vierundzwanzig Stunden in der Villa arbeiten. Dennoch wären ihre Tage mit reichlich Beschäftigung gefüllt. Nebst der Betreuung der kranken Hausherrin war allein schon das Staubwischen in der Riesenvilla eine Sisyphusarbeit.

Sie hatte wirklich nicht mehr alle Tassen im Schrank, so etwas Verrücktes zu tun! Kein normal denkender Mensch verbrachte seinen Urlaub damit, den Dreck anderer Leute wegzuputzen.

Selma war natürlich total von der Rolle gewesen, als sie ihr vorhin von den Ereignissen berichtet und ihr ihren Entschluss mitgeteilt hatte. Ihre Freundin wollte sie daraufhin gleich am Wochenende in Rom besuchen, um sich selbst ein Bild zu machen. Zum Glück hatte Ophelia ihr diese Idee ausreden können. Die Orsinis würden kaum entzückt darüber sein, wenn sie gleich zwei Südtirolerinnen beherbergen mussten, selbst wenn in Ophelias Zimmer ein Doppelbett stand und es so riesig war, dass Selma sogar ihre Geschwister hätte mitbringen können.

Ophelia schmunzelte bei dem Gedanken, wie sie Selma und ihre Orgelpfeifen durch die Villa führen würde. Das wäre ein Spaß!

Sie warf einen Blick über die Schulter und fuhr los. Das Herz klopfte ihr vor Aufregung bis zum Hals.

»Da staunst du, Papa, nicht?«, murmelte sie vor sich hin, als sie in die Via Principe Amedeo einbog, das Acquario Romano umrundete und nach einer Bäckerei Ausschau hielt. »Von wegen Hasenblut!«

Der automatische Toröffner lag unter dem dritten Ziegel rechts vom Tor, so wie Orsini es ihr beschrieben hatte. Ophelias Finger zitterten ein wenig, als sie ihn betätigte. Sollte sie einfach wieder verduften? Noch war niemand zu Schaden gekommen. Die Orsinis kannten jetzt zwar ihren richtigen Namen – sie hatte gar nicht darüber nachgedacht, gestern einen erfundenen anzugeben –, doch sie würden sie kaum belangen, wenn sie nicht auftauchte.

Ophelia hatte sich in ihrem bisherigen Leben noch nie als etwas ausgegeben, das sie nicht war, und jetzt gab sie vor, eine Haushälterin zu sein? Gerade sie, die mit Haushaltsführung kaum etwas am Hut hatte. Zwar hatte sie, als ihre Mutter krank geworden war, deren Pflichten automatisch übernommen, aber mehr schlecht als recht.

Kochen konnte Ophelia nur einfache Gerichte, und wenn die Orsinis in den nächsten Wochen Gäste bewirten wollten, war sie aufgeschmissen. Andererseits hatte die Hausherrin die Röteln. Es bestand also kaum Gefahr, dass das Haus plötzlich vor extravaganten Gästen überquoll. Immerhin waren Röteln äußerst ansteckend. Zum Staubwischen und -saugen brauchte man keine speziellen Kenntnisse, das würde Ophelia hinbekommen, in der Krankenpflege war sie geübt, und die wenigen Augenblicke, die sie mit Isabella Orsini erlebt hatte, gaben ihr ein gutes Gefühl. Die Dame schien sympathisch zu sein ... ganz im Gegensatz zu ihrem Gatten! Vor dem hatte Ophelia gehörigen Respekt. Zum Glück war er heute nicht da. Er hatte ihr erklärt, dass er Pilot war und erst morgen wieder in Rom sei.

Ein Pilot also. Sie schürzte missbilligend die Lippen. Natürlich. Das passte zu diesem eingebildeten Kerl. Sie konnte sich lebhaft vorstellen, wie er seine Crew herumscheuchte.

Cesare Orsini hatte ihr heute Morgen auch mitgeteilt, dass ihr Arbeitsvertrag auf dem Küchentisch lag, und sie gebeten, ihn durchzulesen und zu unterschreiben. Er bräuchte dann noch ihren Ausweis und die Angaben für die Sozialversicherung. Das war ein Knackpunkt. Schließlich war sie schon bei einem anderen Arbeitgeber versichert. Doch da die Mühlen der italienischen Ämter langsam mahlten, würde sie sich mit ein bisschen Schwindeln bestimmt herausreden können.

Sie hatte sich vorgenommen, eine Woche in der Villa zu bleiben und sich dann, gemäß der Vereinbarung über die Probezeit, zu verabschieden. Die letzten Tage in Rom würde sie dann noch so richtig genießen und alle Sehenswürdigkeiten, die sie noch besichtigen wollte, besuchen. Am Geld konnte es dann nicht mehr scheitern.

Natürlich meldete sich ihr schlechtes Gewissen, dass sie die Orsinis hinterging. Aber schließlich hatte sie nicht um diese Anstellung gebeten. Die Verwechslung war die Schuld des Hausherrn und nicht die ihre.

Ophelia öffnete das Tor und schob den Roller hindurch. Sie stellte ihn in die dritte leere Garagenbox und griff nach ihrem Gepäck.

Beim Gang über den Plattenweg bewunderte sie wieder die Schönheit des Gartens. Man sah, dass sich jemand darum kümmerte, aber es war nicht alles akkurat in Form geschnitten. Eher wirkte der Garten wildromantisch. Das gefiel ihr. Natur musste sich entfalten und sollte nicht in Form gezwängt werden. Das Gras hätte zwar einen Schnitt vertragen können, war durch die längeren Halme aber auch nicht so bräunlich verfärbt wie manch andere Rasenfläche in Rom, die in der Hitze verdorrte. Es roch intensiv nach warmem Stein und Buschwerk. Eine silbrig glänzende Eidechse huschte über den Plattenweg und verschwand im Gehölz. Ihre Mutter hatte immer gesagt, das bringe Glück. Ophelia lächelte. Das würde sie bei ihrem Abenteuer gut gebrauchen können.

XVI

»Andere reißen sich dafür den Arsch auf, und du lässt dich freiwillig zurückstufen? Steckt da vielleicht eine Frau dahinter?«
Jordano zog den Kopfhörer halb vom Ohr und warf Cesare
einen kurzen Blick zu. Der Kapitän Mitte fünfzig, mit dem
Cesare schon ein paar Mal als Co-Pilot geflogen war, hatte ein
schiefes Grinsen aufgesetzt.

Jordano hatte recht, ein Co-Pilot brannte eigentlich darauf,
für Langstreckenflüge eingesetzt zu werden, denn das brachte
ihn auf der Karriereleiter zum Kapitän ein gutes Stück voran.
Doch Langstreckenflüge waren auch anstrengend und zeitin-
tensiv. Da war man vom Aufstehen bis zum Ziel schon mal dreißig Stunden auf den Beinen. Natürlich gab es Ruhepausen. Von
den drei Piloten bei Überseeflügen ruhte sich immer einer aus.
Aber richtig schlafen konnte man dabei nicht. Das ging an die
Substanz. Und jetzt, da Isabella krank war, wollte Cesare nicht
so lange von zu Hause wegbleiben. Deshalb hatte er darum gebeten, nur für Kurzstreckenflüge eingeteilt zu werden.

Wie es seiner Schwester wohl ging? Und war diese Ophelia
auch wirklich aufgetaucht? Heiß überfiel ihn die Vorstellung,
dass in diesem Moment eine Truppe Schläger die Villa stürmte,
seine Schwester fesselte und das Haus ausräumte.

Er schüttelte den Kopf. Die Fantasie ging mit ihm durch. Es würde schon alles gut laufen.

Es war jetzt kurz vor elf, gegen Mittag wollte Sandro Isabella besuchen. Konnte man in drei Stunden etwas Verhängnisvolles anstellen? Natürlich konnte man! Er musste heute Morgen von Sinnen gewesen sein, als er Ophelia Moroder angerufen hatte. Der Schweiß brach ihm aus, und er wischte sich mit dem Handrücken über die Stirn.

»Alles okay?«, fragte Jordano mit gerunzelter Stirn. »Machst du jetzt etwa auch noch schlapp? Sag bitte nicht, dass dich dieser Darmvirus erwischt hat.«

Cesare schüttelte den Kopf. »Alles in Ordnung.« Er lockerte seine Krawatte und stellte die Klimaanlage eine Stufe kühler.

»Gott sei Dank.« Jordano stieß erleichtert die Luft aus. »Also, was ist los?«, fuhr er fort und setzte seine Pilotenbrille auf. »Steckt eine hübsche Signorina dahinter?« Er zwinkerte anzüglich.

»Du hast mich mal wieder durchschaut, alter Fuchs. Sie ist wunderschön, klug, gebildet, eine richtige Traumfrau und rot wie eine Tomate.«

»Ha! Wusste ich's doch. Gratuliere, es wurde aber auch langsam Zeit.«

Cesare unterdrückte ein Augenrollen.

Jordano hielt inne und runzelte die Stirn. »Tomate? Du willst mich wohl auf den Arm nehmen, was? Check lieber mal das Wetter in Prag, du Witzbold.«

Cesare stellte grinsend die Funkfrequenz des ATIS, des Automatic Terminal Information Service, ein und stülpte die Kopfhörer über. »Es handelt sich um meine Schwester«, erklärte er. »Sie hat die Röteln, ansonsten gibt es niemanden. Entschuldige, wenn ich dich enttäuschen muss.«

Jordano knurrte. »Scherzkeks«, murmelte er und wandte sich dann wieder den Instrumenten zu. »Dann bringen wir das Baby mal runter.«

Er griff zum Mikrofon und informierte die Passagiere, dass sie jetzt mit dem Sinkflug auf Prag beginnen würden.

* * *

Ophelia tippte den Code für die Haustür ein, den ihr Orsini genannt hatte, und trat in die geräumige Eingangshalle. Sie stellte den Rucksack und den Rollkoffer ab und stieß beeindruckt die Luft aus.

Im strahlenden Sonnenlicht sah die Halle noch schöner als gestern Abend aus. Der Boden bestand aus marmorierten weißen Fliesen, die Wände waren in einem warmen Ockerton gestrichen, und an der Decke prangte aufwendiger Stuck. Die Orsinis mussten wirklich mit einem dicken Bankkonto gesegnet sein. Aber sehr helle waren sie offenbar nicht. Anders konnte sich Ophelia nicht erklären, dass sie einer wildfremden Person so einfach Einlass in ihr Heim gewährten.

Sie schaute sich um. Dort drüben ging es zur Küche, das wusste sie noch. Die Treppe hinauf und dann links lagen die Räume des Ehepaares und eine Etage höher ihr Zimmer. Ophelia grinste. Das würde eine nette Woche werden.

Sollte sie jetzt gleich das Frühstück für die Hausherrin vorbereiten oder zuerst ihre Sachen auspacken?

»Hallo? Sind Sie das, Ophelia?«

Also war Isabella Orsini schon wach.

»Ja, Signora, ich bin's. Möchten Sie Frühstück? Ich habe frisches Brot dabei.«

»Kommen Sie doch schnell herauf, dann muss ich nicht so schreien.«

Ophelia hörte ein Husten und lief die Treppe hinauf. Die Tür zu Isabellas Schlafzimmer stand offen. Wie gestern waren die Vorhänge zugezogen, und der Raum lag im Dämmerlicht.

Ophelia klopfte und trat ins Zimmer. »Buongiorno. Wie geht es Ihnen?«

»Besser, danke. Ich habe sogar Hunger.« Isabella lachte. »Würden Sie bitte die Vorhänge einen Spalt öffnen?«

»Natürlich.«

Ophelia zog die schweren Samtvorhänge zurück und öffnete ein Fenster. Warme Luft, die nach trockener Vegetation und leicht nach Autoabgasen roch, strömte herein. Sie drehte sich um. Isabella Orsini lehnte am Kopfteil ihres Bettes und sah sie aufmerksam an.

Ophelia schluckte trocken. Jetzt, bei Licht betrachtet, war die Ähnlichkeit der Römerin mit ihrer Mutter als junge Frau nicht mehr zu leugnen. Die Fotos hatten also nicht getäuscht. Das war vielleicht unheimlich. Eine Gänsehaut überzog Ophelias Haut.

»Kommen Sie, setzen Sie sich zu mir ans Bett und erzählen Sie mir ein wenig über sich.« Auffordernd klopfte Isabella auf die Matratze.

Ophelia wurde es heiß und kalt. Was sollte sie der Hausherrin denn erzählen? Gleich alles beichten? Dann würde es bestimmt ein kurzes Gastspiel in dieser schönen Villa werden.

Während Ophelia den Raum durchschritt, tobten die verschiedensten Gefühle in ihr. Lügen war noch nie ihre Stärke gewesen, also beschloss sie, so nahe an der Wahrheit zu bleiben, wie es eben ging. Sie wollte nicht gleich wieder hinausgeworfen werden. Immerhin hatte sie Selma versprochen, ihr Abenteuer auf dem Blog zu publizieren. Und solange sie ihre Arbeit hier ordentlich erledigte, würde niemand zu Schaden kommen. Was danach geschah, hatte sie sowieso nicht mehr in der Hand. Oder gab es ein Gesetz gegen Vorspiegelung falscher Tatsachen bei einer Anstellung?

Sie setzte sich vorsichtig aufs Bett und zupfte an ihrer Bluse herum. Sie hatte extra ihre besten Kleider angezogen und schwitzte jetzt erbärmlich in der langen Hose. Ob die Orsinis wollten, dass sie so eine altmodische schwarze Uniform und ein weißes Häubchen trug? Hoffentlich nicht.

Isabella Orsini war eine wahre Schönheit, abgesehen von dem roten Ausschlag. Sie glich zwar Ophelias Mutter wie eine jüngere Schwester, aber so von Angesicht zu Angesicht registrierte Ophelia auch die Unterschiede zwischen den beiden Frauen. Isabellas Haare waren dunkler, die Augen ebenfalls, die Lippen voller. Auch der Busen, der sich unter dem lilafarbenen Spitzennachthemd abzeichnete, unterschied sich frappant von dem ihrer Mutter.

»Wir sind eben platt wie Holland«, hatte Erika Moroder der pubertierenden Ophelia immer erklärt, wenn diese sich über ihren kleinen Busen beschwert hatte. Das war damals für sie kein Trost gewesen, weil alle ihre Freundinnen bereits einen BH trugen und sie nicht. Doch abgesehen von der Körbchengröße war die Ähnlichkeit zwischen Isabella Orsini und ihrer Mutter verblüffend.

»Ich muss Ihnen sagen, dass es mich sehr erstaunt, dass Cesare Sie eingestellt hat«, begann Isabella das Gespräch und strich die feine Damastdecke über ihrem Schoß glatt. »Normalerweise ist er nämlich nicht so der spontane Typ.«

Sie lächelte, und Ophelia fand sie immer sympathischer.

»Ehrlich gesagt, mich wundert es auch«, erwiderte sie verschmitzt. »Also, was möchten Sie über mich wissen?«

»Verflixtes Ding!«

Ophelia drückte nacheinander alle Knöpfe an der Kaffeemaschine, aber die wollte partout nichts von sich geben. Das fing ja gut an!

Die vergangene halbe Stunde hatte sie Isabella erzählt, dass sie bei einem Fotowettbewerb gewonnen und deswegen nach Rom gekommen war. Das entsprach zumindest der Wahrheit.

Natürlich wollte Isabella daraufhin das Siegerfoto sehen, und Ophelia hatte es ihr auf der Kamera gezeigt. Die Hausherrin hatte es gebührend bewundert und ihr dann von ihrer Arbeit im Museum der Colonnas berichtet. Was musste es für eine Freude sein, in einer so berühmten Galerie zu arbeiten und jeden Tag von diesen Meisterwerken umgeben zu sein! Ophelia stellte sich das furchtbar interessant vor.

Der Toaster spuckte zwei Scheiben aus. Isabella hatte sich für Toast und eine kleine Portion Rührei entschieden. Warum hatte Ophelia dann ein Brot kaufen müssen? Sie schüttelte den Kopf, öffnete den Kühlschrank und holte die Butter heraus.

Sie hatte Isabella vorhin auch gebeichtet, dass sie nicht vorgehabt hatte, sich für die Stelle der Haushälterin zu bewerben; sie habe nur zufällig vor dem Tor gestanden. Den Grund für diesen *Zufall* hatte Ophelia jedoch verschwiegen. Und auch die Ähnlichkeit mit Erika Moroder hatte sie nicht erwähnt. Sie wollte schließlich nicht, dass die kranke Isabella sie für verrückt hielt und sich unnötig aufregte oder sie wegen Stalkens bei der Polizei anzeigte.

Isabella hatte auf ihre Beichte hin Tränen gelacht und gemeint, das sei ja besser als in einem Film. »Das wird Cesare gar nicht gefallen«, hatte sie gekichert. Er sei sehr auf den guten Ruf ihrer Familie bedacht und hätte sich der Suche nach einem Ersatz für Simona mit einer solchen Hingabe gewidmet, als müsste er einen neuen Papst wählen.

Ophelia hatte den Eindruck gehabt, dass Isabella es ein bisschen genoss, wie die neue Angestellte ihren Gatten an der Nase herumführte. Ob ihre Ehe nicht glücklich war? Das wäre schade, die beiden waren so ein hübsches Paar. Aber manchmal reichten viel Geld und Attraktivität eben nicht aus, um glücklich zu sein.

Ophelia drapierte das Rührei auf einem Teller und suchte in den Schränken nach einem Serviertablett. Hinter jeder Tür fand sie nur das Feinste vom Feinen: schweres Porzellangeschirr, eine Unmenge von Schüsseln und Platten, Silberbesteck, und in einer Schublade lagen elegante Leinenservietten. Sie zog eine heraus und fand schließlich in einer der unteren Laden ein silbernes Tablett mit zwei Henkeln.

Vorsichtig balancierte sie das Frühstück die Treppe hinauf und stellte es in Isabellas Zimmer auf den Nachttisch. Diese schlug die Augen auf.

»Ich bin wohl wieder eingeschlafen«, erklärte sie und unterdrückte ein Gähnen. »Ich bin ständig müde.«

»Natürlich, das ist die Krankheit, das geht auch wieder vorbei.« Ophelia reichte ihr die Serviette. »Wie kriegt man die Kaffeemaschine eigentlich zum Laufen? Ich bin wohl zu blöd dazu.«

Isabella schmunzelte. »Einfach ein bisschen am Kabel rütteln. Das alte Mädchen ist manchmal etwas zickig.«

Ophelia nickte und drehte sich um.

»Leisten Sie mir doch gleich beim Frühstück Gesellschaft, Ophelia. Sie trinken doch sicher auch Kaffee, oder?«

»Unmengen«, gab sie grinsend zu.

»Fein. Für mich nur einen Ristretto. Und wenn es nicht zu viel Mühe macht, ein Glas Wasser dazu.«

XVII

»Tatsächlich?« Cesare lauschte Sandros Bericht über die neue Haushaltshilfe mit gerunzelter Stirn. Offenbar war sein Freund von Ophelia Moroder regelrecht hingerissen. Er hatte ihm erzählt, dass in der Villa alles seinen gewohnten Gang ging, niemand gemeuchelt worden war und das Familiensilber immer noch an seinem Platz lag. »Und hat sie erwähnt, weshalb sie von der freien Stelle wusste?«

Sandro lachte. »Das soll sie dir selbst erklären«, sagte er. »Du, ich muss los, ein wichtiger Termin. Mach dir keine Sorgen, die Kleine ist zuckersüß, und Isabella mag sie auch. Ciao!«

Zuckersüß? Cesare verzog den Mund und legte das Handy auf den Tisch. Er wartete in der Lounge des Prager Flughafens auf den Rückflug und hatte die Zeit genutzt, um seinen Freund anzurufen. Offenbar gab es in Rom also keine Probleme. Gott sei Dank! Er hatte sich bereits schwere Vorwürfe gemacht, so unbedarft eine Fremde ins Haus gelassen zu haben. Das sah ihm auch gar nicht ähnlich. Normalerweise plante er jeden Schritt in seinem Leben und wog das Für und Wider sorgfältig ab. Wäre er wegen seines heutigen Einsatzes nicht so in Zugzwang geraten, würde jetzt nicht eine zweifelhafte Südtirolerin in der Villa herumgeistern.

Nun gut, offensichtlich stand das Haus nicht in Flammen, Isabella ging es den Umständen entsprechend gut, und heute Abend war er wieder in Rom und konnte sich erneut der Personalsuche widmen. Ophelia würde ein Intermezzo sein, das die Orsinis hoffentlich ohne größere Blessuren überstanden.

* * *

»Das ist ja wohl ein Witz!«

Fassungslos stand Ophelia vor dem Riesenhaufen Schmutzwäsche im Keller und stieß frustriert die Luft aus. Hatten die Orsinis eigentlich noch frische Kleider im Schrank?

Nachdem Sandro Bertolotti, ein Freund der Familie, der gegen Mittag vorbeigekommen war, um Isabella einen Krankenbesuch abzustatten, sich verabschiedet hatte, hatte sich Ophelia in die Waschküche begeben, um sich nützlich zu machen. Bis zu diesem Moment hatte sich ihr erster Tag in der Villa gar nicht wirklich wie Arbeit angefühlt. Bertolotti hatte frisch zubereitete Bruschette mitgebracht, die sie gemeinsam auf der Terrasse verputzt hatten. Isabella hatte zwar keinen Hunger gehabt, sich aber einen Moment zu ihnen an die frische Luft gesetzt. Nach einer halben Stunde hatte sie sich jedoch entschuldigt und war, ihrer Miene nach zu urteilen, froh gewesen, sich wieder hinlegen zu können.

Bertolotti war ein lustiger Typ. Ophelia hatte sich glänzend mit ihm unterhalten. Er hatte ihr eine Menge über Malerei erzählt und sogar ein bisschen mit ihr geflirtet. Er sah toll aus: groß, muskulös, volles hellbraunes Haar, und natürlich, wie es einem Maler zustand, trug er einen gepflegten Bart. Beinahe bedauerte sie es, nicht zwei Münzen in den Trevi-Brunnen geworfen zu haben, damit sie sich in einen Römer verliebte. Sie schmunzelte, doch nach einem weiteren Blick auf die vielen schmutzigen Kleidungsstücke seufzte sie tief.

»Na dann!«, knurrte sie und begann, die Wäsche nach Farben zu sortieren.

»Signora Moroder! Wo stecken Sie?«

Ophelia schreckte auf, und ein Schwall Badewasser ergoss sich auf den marmorierten Fußboden. War sie etwa eingeschlafen?

Nach der vielen Wäsche am Nachmittag hatte sie sich erschöpft gefühlt und sich in ihrem eigenen Bad eine Wanne eingelassen. Orsini war offensichtlich bereits wieder da und seinem Tonfall nach zu schließen ein wenig ungehalten.

»Ich komme!«

Sie rappelte sich hoch, griff nach dem flauschigen Badetuch und wickelte sich darin ein. Auf bloßen Füßen rannte sie auf den Flur und prallte gegen Cesare Orsinis breite Brust.

»*Mannaggia*!«, stieß er ärgerlich hervor und trat einen Schritt zurück.

Sie kicherte, als sie jedoch sein finsteres Gesicht bemerkte, senkte sie den Blick, nahm aber dennoch wahr, dass der Mann in seiner Pilotenuniform äußerst attraktiv aussah. Sie hatte schon immer ein Faible für Männer in Uniform gehabt. Sogar Marco, der bei der freiwilligen Feuerwehr in Bozen Dienst tat, hatte für sie in seiner Feuerwehrkluft immer eine Spur erotischer gewirkt.

»Schon wieder unpassend gekleidet?«, knurrte Orsini und wischte sich dabei das Badewasser von der Brust. »Haben Sie etwa schon alles im Haushalt erledigt? Oder wie darf ich das verstehen, dass Sie sich dem süßen Nichtstun hingeben?«

Ophelias gute Laune sank in den Keller. Was für ein arroganter Mistkerl! Sie hatte den ganzen Tag geschuftet wie ein Esel, während er durch die Luft geflogen war und vermutlich nicht mehr zu tun gehabt hatte, als mit den Flugbegleiterinnen zu flirten. Arme Isabella, da hatte sie sich ja ein sauberes Früchtchen geangelt.

Ophelia straffte die Schultern, reckte kämpferisch das Kinn und versuchte, soweit ihr spärliches Outfit es zuließ, souverän zu wirken.

»Es ist alles erledigt, Signore«, blaffte sie zurück. »Ihre Gattin wünschte kein Abendessen. Es steht jedoch eine Lasagne im Ofen parat, falls Sie hungrig sind. Zudem habe ich den ganzen Nachmittag gewaschen, getrocknet, gebügelt und zusammengefaltet.«

Dass fünf seiner weißen Hemden jetzt einen Graustich aufwiesen, weil sie eine schwarze Socke in der Maschine vergessen hatte, verschwieg sie lieber. »Des Weiteren habe ich …«

»Schon gut«, zischte er und hob abwehrend die Hände. »Sie müssen mir nicht von jedem Handgriff erzählen.«

Er zerrte am Knoten seiner Krawatte und öffnete die obersten Knöpfe seines blütenweißen Hemdes. Ophelia erhaschte einen kurzen Blick auf den Ansatz einer braun gebrannten Brust und dunkle, gekräuselte Haare.

Schnell wandte sie die Augen ab. Langsam fing sie an zu frieren, deshalb schlang sie das Badetuch enger um sich.

»Kann ich mich jetzt anziehen?«, fragte sie und wischte sich mit dem Handrücken einen Wassertropfen von der Wange.

»Ich bitte darum«, erwiderte er spöttisch und steuerte auf die Treppe zu.

Sie schaute ihm nach, wie er kopfschüttelnd die Stufen hinabging.

Zugegeben, der Mann sah gut aus, aber sonst war er ein richtiger Kotzbrocken. Zum Glück befand er sich nur selten in Rom, sonst hätte sie gleich heute Abend wieder das Weite gesucht. Immerhin verstand sie sich aber blendend mit seiner kranken Ehefrau, und die Villa war einfach klasse. Sie hatte noch nicht alle Zimmer besichtigt, wollte das aber morgen nachholen und war gespannt, was sie noch alles entdecken würde.

Sie drehte sich um, als Orsinis Stimme sie zurückhielt: »Signora Moroder, kommen Sie bitte in einer Stunde ins Arbeitszimmer, wir müssen etwas besprechen.« Als er ihre gerunzelte Stirn registrierte, rollte er mit den Augen und fügte hinzu: »Der Raum neben dem Speisezimmer.«

XVIII

Cesare klopfte an Isabellas Schlafzimmertür. Er hatte kurz geduscht, bequeme Kleidung angezogen und wollte jetzt nach seiner Schwester sehen.

»Sì?«

Im Raum brannte nur die Nachttischlampe. Isabella saß ans Kopfteil ihres Bettes gelehnt, eine aufgeschlagene Zeitschrift im Schoß.

»Cesare, du bist schon zurück?« Sie legte das Magazin beiseite und streckte die Hand aus.

»Wie geht's dir, Schwesterherz?«

»Ich lebe noch«, gab sie seufzend zur Auskunft. »Aber schau mich an!« Wie ein trotziges Kind schob sie die Unterlippe nach vorne.

Er schmunzelte. »Rot stand dir schon immer.« Dann setzte er sich auf die Bettkante und ergriff ihre Hand. Sie war kühl. »Kein Fieber mehr?«

Sie schüttelte den Kopf. »Sandro war heute hier. Sein unangemeldeter Besuch hat nicht zufällig etwas mit Ophelia zu tun?«

»Durchschaut. Aber ich hatte plötzlich furchtbare Angst um dich.«

Isabella hob erstaunt die Augenbrauen. »Wegen Ophelia?«

Er nickte. »Sie hat uns von vorne bis hinten belogen«, erklärte er grimmig. »Eine Hochstaplerin, wie sie im Buche steht. Gott sei Dank aber offenbar nicht gefährlich. Ich spreche nachher mit ihr und entlasse sie umgehend. Morgen habe ich erst am Nachmittag Dienst. Es bleibt mir also genügend Zeit, eine andere Lösung zu finden.«

»Du willst sie entlassen?«

Wieder nickte er. »Es geht nicht an, dass so eine Person bei den Orsinis beschäftigt ist. Unser Ruf ...«

»Jetzt mach aber mal halblang«, erwiderte Isabella scharf. »Du tust ja gerade so, als wäre sie die Inkarnation des Teufels. Ich mag sie. Sie bringt mich zum Lachen. Ich will nicht, dass du sie hinauswirfst.«

»Aber ...«

»Kein Aber. Gut, sie hat dich beschwindelt, aber doch nur, weil sie die Villa besichtigen wollte.«

Isabella gab ihm einen kurzen Abriss über die Umstände, weshalb Ophelia sich gestern als Haushaltshilfe ausgegeben hatte.

Cesare schüttelte ungläubig den Kopf. »Ein Zufall? Das glaubst du doch selbst nicht!«

»Ein witziger Zufall«, entgegnete Isabella kichernd. »Ich hätte nie gedacht, dass meinem korrekten Bruder so ein Lapsus unterläuft. Allein deshalb musst du ihr eine Chance geben.«

Cesare stieß ein nicht gerade salonfähiges Wort aus und stand auf. »Aber sie hat keine berufliche Qualifikation, kann bestimmt keine Zeugnisse und Referenzen vorweisen, und vielleicht lebt sie sogar unangemeldet in Rom. Möglicherweise arbeitet sie ja auch für die Klatschpresse. Hast du daran schon mal gedacht?«

Isabella winkte ab. »Wir kennen genug Anwälte, die all so etwas schnell aus der Welt schaffen können. Sei mal ein bisschen spontan, Brüderchen.«

»Was würden deine zukünftigen Schwiegereltern dazu sagen?«

Isabellas Lächeln erlosch, und sie senkte den Kopf. »Das ist nicht fair, Cesare, und das weißt du.«

Mit drei Schritten war er wieder an ihrem Bett und griff nach ihrer Hand. »Tut mir leid, ich wollte dich nicht verletzen.« Er atmete einmal tief durch. »Also gut, wenn dir die Kleine so am Herzen liegt, dann gebe ich ihr eine Chance. Aber sollte nur das Geringste passieren, ist sie weg, verstanden?«

Isabella strahlte. »Alles klar. Und jetzt muss ich schlafen. Diese ständige Müdigkeit bringt mich noch um.« Sie zwinkerte ihm zu und strich ihm dann zärtlich über die Wange. »Du bist ein toller kleiner Bruder. Ti amo.«

»Ich dich auch. Schlaf gut.«

Er drehte sich um und ging zur Tür.

»Cesare?«

»Ja?«

»Sei nett zu ihr.«

Die Lasagne duftete verführerisch, und Cesares Bauch grummelte voller Vorfreude. Er setzte sich an den Küchentisch und goss sich ein Glas Barolo ein.

Endlich Feierabend!

Er streckte die Beine aus und nahm einen Schluck Wein. Wunderbar, es gab nichts Besseres als ein Glas Rotwein aus dem Piemont nach einem anstrengenden Tag. Durch das geöffnete Fenster drangen die nächtlichen Geräusche der Stadt herein. Auf dem Hügel war der Verkehr jedoch nur noch als ein fernes Rauschen zu vernehmen. Jemand in der Nähe spielte Klavier. Eine Interpretation des Liedes *Sara* von Antonello Venditti.

Cesare mochte diesen Song wie auch den Urheber, der zu den großen Cantautori Italiens zählte. Zudem war der Mann Römer, daher war es schon fast eine patriotische Pflicht, seine

Werke zu mögen. Er hatte ihn einmal bei einer Benefizgala kennengelernt und sich prächtig mit ihm verstanden.

Cesare summte das Lied mit, während er sich ein ordentliches Stück Lasagne auf den Teller lud. Immerhin konnte diese Ophelia kochen. Er nahm einen herzhaften Bissen und riss dann entsetzt die Augen auf.

Ihm war, als hätte er flüssiges Feuer im Mund. Hastig griff er nach dem Glas und stürzte fast den ganzen Wein auf einmal runter.

»Was zum Teufel ...?«, stieß er keuchend hervor.

Die Lasagne sah zwar köstlich aus, duftete auch hervorragend, war aber so scharf wie ein japanisches Samuraischwert. Und erst jetzt registrierte er die kleinen Samen in dem Gericht. Diese Verrückte hatte Chilischoten hineingeschnipselt! Hatte sie das etwa bewusst getan, um ihn zu ärgern?

Er stand auf und öffnete den Kühlschrank. Salami, seine Rettung! Er schnitt zwei Scheiben ab, nahm sich etwas Brot dazu und aß gleich im Stehen. Das war bestimmt Absicht gewesen. Kein normaler Mensch tat Chili in eine Lasagne. Na, die konnte was erleben!

Er hörte eine Tür ins Schloss fallen und sah auf die Uhr am Backofen. Fein, es war Zeit, ein ernstes Wörtchen mit der Signorina zu wechseln.

* * *

Die vergangene Stunde hatte Ophelia überlegt, was sie zu dem Gespräch mit Orsini anziehen sollte. Gediegen musste es sein, und sie durfte nicht zu viel Haut zeigen. Der Kerl war offensichtlich eher der altmodische Typ. Leider gab ihre Garderobe in dieser Richtung nicht viel her. Ihre besten Klamotten hatte sie heute schon getragen. Sie lagen zerknüllt am Fuß ihres Bettes. Und sonst hatte sie vorwiegend nur Shorts und T-Shirts dabei.

Sie hatte in Rom ja auch Urlaub machen wollen und nicht vorgehabt, einen Opernball zu besuchen. Letztendlich entschied sie sich für eine graue dreiviertellange Hose, die einigermaßen bieder wirkte, und ein spitzenbesetztes gelbes Hängerchen. Ihre Haare waren noch nicht ganz trocken, daher fasste sie sie am Oberkopf zu einem lockeren Knoten zusammen. Schnell noch etwas Puder und Lipgloss, einen Hauch Parfüm und fertig. Dann lief sie die Treppe hinunter, orientierte sich kurz in der Eingangshalle und marschierte erhobenen Hauptes in Richtung Arbeitszimmer.

Wahrscheinlich würde sie ab morgen in keiner solch luxuriösen Bleibe mehr residieren, denn sie vermutete, dass Orsini sie gleich vor die Tür setzte. Aber selbst dann hatte sich dieses Abenteuer gelohnt, und im Kopf hatte sie ihren Blog-Eintrag bereits in Worte gefasst. Natürlich würde sie nicht die richtigen Namen verwenden. Sie wollte schließlich keine Klage am Hals haben. Aber auch mit ausgedachten Namen würde die Story bei ihren Lesern wie eine Bombe einschlagen.

Ophelia klopfte an die mit Perlmutt reich verzierte Holztür und trat ein.

Orsini saß hinter einem mächtigen Schreibtisch aus edlem Holz. Er trug ein graues T-Shirt und wirkte im Gegensatz zu vorher eher leger gekleidet. Seine Haare waren ebenfalls noch feucht. Mit dem dunklen Bartschatten auf den Wangen sah er beinahe verwegen aus. Ein bisschen wie ein Pirat. Seine verschränkten Hände lagen locker auf der Tischplatte. Er wies mit dem Kopf auf einen einsamen Stuhl vor dem Schreibtisch.

Die Guillotine wartete also bereits. Wenigstens konnte sie bei der Hinrichtung sitzen.

Sie verbiss sich ein Lachen, obwohl die Situation wenig erheiternd war. Zwar klopfte ihr das Herz bis zum Hals, und ihre Handflächen wurden feucht, aber wirkliche Angst hatte sie vor Isabellas Mann nicht. Das war seltsam, weil er sie gestern doch ziemlich eingeschüchtert hatte. Doch im Moment genoss sie die Szene sogar. Sie würde sich nicht in die Rolle des verängstigten Mäuschens drängen lassen, und Papa wäre bestimmt stolz auf sie.

»Hat Ihnen die Lasagne geschmeckt?«, fragte sie, als sie sich setzte und die Beine übereinanderschlug.

»Ist die Frage ernst gemeint?« Orsinis Augen waren schmal geworden.

Sie hatte nach dem Rezept gegoogelt und als sie nicht alle Zutaten in der Küche gefunden hatte, ein bisschen improvisiert. Also ja, die Frage war ernst gemeint.

»Hören Sie, Signora Moroder«, begann er, bevor sie dazu kam zu antworten. »Ich weiß nicht, was für eine Show Sie hier abziehen, aber eins sage ich Ihnen, ich lasse mich nicht für dumm verkaufen. Aus irgendeinem Grund, der mir offen gesagt schleierhaft ist, mag Isabella Sie. Also werde ich Sie nicht gleich wieder entlassen. Aber sollten Sie sich auch nur das Geringste zuschulden kommen lassen, weise ich Ihnen umgehend die Tür. Ist das klar?«

Ophelia schluckte trocken. Die dunklen Augen ihres Gegenübers funkelten sie ärgerlich an. Der Mann sah wie eine hungrige Raubkatze aus, die sich gerade überlegt, ob sie zum tödlichen Sprung ansetzen soll. Automatisch zog sie den Kopf ein. Doch dann siegte ihr Kampfwille.

»Klar«, gab sie eisig zur Antwort und reckte das Kinn. »Wie der Herr wünscht. Ist das denn alles?«

»Für den Moment, ja.«

Ophelia stand auf, ging zur Tür und spürte dabei Orsinis Blick im Rücken.

Was für ein Affe! Und ihr war wie üblich keine schlagfertige Antwort eingefallen. Sie ärgerte sich über sich selbst.

»Signora Moroder, noch etwas. Sollte ich in nächster Zeit eine Geschichte über uns in der Klatschpresse lesen, mache ich Ihnen das Leben zur Hölle.«

Sie wirbelte herum und starrte ihn wütend an. Der Mann wirkte absolut ruhig, als würde er mit ihr gerade das Menü für morgen durchgehen, doch sie registrierte seine angespannten Wangenmuskeln. Er meinte es todernst.

»Keine Sorge, Signor Orsini, so interessant sind Sie nun auch wieder nicht.«

XIX

»Mache ich Ihnen das Leben zur Hölle«, äffte Ophelia Orsinis Worte nach, während sie sich abschminkte und in ihren Schlafanzug schlüpfte. »Blödmann!«

Sie ging zum Fenster und öffnete es. Der Ausblick über das nächtliche Rom war atemberaubend und besänftigte ihren Ärger ein wenig. Eine funkelnde Fläche voller Verheißung, überstrahlt vom illuminierten Petersdom. Schnell holte sie die Kamera und schoss ein paar Bilder.

Sie hatte eigentlich vorgehabt, noch mit Selma zu skypen, doch auf einmal scheute sie sich davor, das Geschehene gleich in die Welt hinauszuposaunen. Wobei Bozen natürlich nicht die Welt war. Aber ihre Freundin würde vermutlich sofort alles herumerzählen.

Was sollte sie jetzt mit ihrer geplanten Story anfangen? Es war zwar unwahrscheinlich, dass Orsini zufällig auf ihren Blog stieß, aber womöglich googelte er ihren Namen und fand über das Impressum ihr Internet-Tagebuch. Wenn er es nicht schon getan hatte. Im Moment standen zwar nur ein paar Einträge über Roms Sehenswürdigkeiten darin, aber wenn sie mit der Mama-Double-Geschichte anfing, wäre bestimmt Feuer unterm Dach.

Ophelia legte die Kamera auf die Kommode neben dem Fenster und lehnte sich mit verschränkten Armen auf das Sims. Die Nachtluft strich über ihr erhitztes Gesicht wie die zärtliche Berührung eines Liebhabers. Sie seufzte wohlig.

Ob Céline ihre ultimative Party gefunden hatte? Plötzlich hatte Ophelia Lust auszugehen. Junge Leute zu treffen, Musik zu hören, zu lachen und Spaß zu haben. Was hielt sie zurück? Sie hatte bis morgen Abend noch einen fahrbaren Untersatz und außerdem Feierabend. Niemand konnte ihr vorschreiben, das Anwesen nicht zu verlassen. Sie war schließlich keine Gefangene.

Kurz überlegte sie, sich wieder anzuziehen und hinunter in die Altstadt zu fahren. Es war Freitagnacht, die Straßen bestimmt voller Leute, die sich amüsierten. Doch der Gedanke, sich in Schale werfen zu müssen, vergällte ihr die Idee. Im Grunde fühlte sie sich komplett erschlagen. Es war nur die Wut auf Orsini, die sie noch wach hielt. Sie würde vermutlich gleich einschlafen, wenn sie sich hinlegte.

Unter ihrem Fenster öffnete sich die Terrassentür, und das Objekt ihres Unmuts trat heraus. Er hielt ein Weinglas in der Hand und sah über die Stadt. Von hier oben konnte sie nur sein dunkles Haar erkennen, das er sich gerade mit einer Hand aus der Stirn strich.

Wäre sie Orsini in einer anderen Situation begegnet, hätte sie ihn bestimmt angeschmachtet. Er sah wirklich gut aus, wenn für ihren Geschmack auch etwas zu konventionell. Selma wäre ihm bestimmt gleich an den Hals gesprungen. Ihre Freundin ergriff gern die Initiative, auch wenn sie sich dadurch oft eine Abfuhr einhandelte. Ganz im Gegensatz zu Ophelia, die immer zuerst Pro und Kontra abwog. Meist so lange, bis die Gelegenheit verstrich.

Sie wäre gern etwas offener für neue Bekanntschaften gewesen, aber niemand konnte eben aus seiner Haut. Zudem verblasste Orsinis Attraktivität erheblich, wenn er den Mund aufmachte. Dann kamen nur Beleidigungen heraus.

Ob er zu allen Frauen so herablassend war? Selbst zu Isabella? Doch was ging Ophelia dieser Mann eigentlich an? Er war verheiratet und ein Kotzbrocken. Je weniger sie über ihn nachdachte und mit ihm zu tun hatte, desto besser.

Ich könnte jetzt auf ihn hinunterspucken, ging es ihr durch den Kopf. Sie biss sich auf die Lippen. Das war kindisch, aber der Kerl benahm sich auch dermaßen widerlich. Ob sie von sich aus das Handtuch schmeißen sollte? Ophelia konnte Isabella gut leiden, im Gegensatz zu ihrem Mann, was offensichtlich auf Gegenseitigkeit beruhte. Aber ob sich dieser Ärger wirklich lohnte?

Orsini setzte sich auf einen Stuhl und legte die Füße auf einen anderen.

»Schickt sich das denn, die Schuhe auf ein Polster zu legen?«, murmelte Ophelia und duckte sich schnell, als er den Kopf in ihre Richtung drehte. Mist, hoffentlich hatte er sie nicht gehört.

Sie krabbelte auf allen vieren zum Bett und schlüpfte unter die Decke. Dann knipste sie das Licht aus und kuschelte sich in die nach Lavendel duftende Bettwäsche. Ein weiterer Tag in der Villa Aurelia würde sie schon nicht umbringen, beschloss sie, während sie bereits wegdämmerte. Neuer Tag, neues Glück.

* * *

Ein Geräusch über Cesare ließ ihn den Kopf heben. Aus Ophelias Zimmer schien noch Licht, das jedoch kurz darauf erlosch.

Zuckersüß?

Er schüttelte den Kopf und nahm noch einen Schluck Wein. Zugegeben, die Kleine hatte sowohl halb nackt in dem feuchten Badetuch als auch vorhin angezogen doch recht hübsch ausgesehen. Sie hatte auch besser gerochen als gestern bei ihrem ersten Zusammentreffen. Aber konnte es wirklich sein, dass sie sich nur zufällig vor der Villa aufgehalten hatte? Das war doch mehr als seltsam. Und wenn es Absicht gewesen war, was führte sie im Schilde?

Er stellte das Glas auf den Tisch und verschränkte die Hände hinter dem Kopf. Obwohl er nicht an die Kleine denken wollte, stand ihm immer noch ihr entsetzter Blick vor Augen, als er ihr gedroht hatte. Sie hatte ehrlich überrascht gewirkt, und für einen Moment hatte ihn das schlechte Gewissen geplagt. Doch nur kurz. Er musste Isabella und sich schützen. Seit dem Tod der Eltern fühlte er sich für seine Schwester und ihren guten Namen verantwortlich. Sobald Isabella verheiratet war, würde Amadeo diesen Job übernehmen, aber jetzt war es noch seine Aufgabe. Und der würde er sich mit allem Einsatz widmen. Auch wenn das bedeutete, die reizvolle Südtirolerin zu brüskieren. Solange er eine Intrige hinter Ophelias Auftauchen vermutete, würde sie halt mit seinem Misstrauen klarkommen müssen. Ganz einfach.

Er stand auf und trug das Weinglas in die Küche. Bevor er hineinging, sah er nochmals zu ihrem Fenster hinauf.

»Zuckersüß, vielleicht«, murmelte er, »aber ich mag nur ganz spezielles Naschwerk.«

XX

Verschlafen räumte Ophelia am Samstagmorgen die Überreste der Lasagne weg. Orsini hatte kaum etwas davon gegessen.

»Scheint dem Herrn wohl nicht gemundet zu haben«, murmelte sie ärgerlich und kratzte die Reste vom Teller in den Abfalleimer. Wie zur Bestätigung stieß die Kaffeemaschine in dem Moment einen zischenden Laut aus. »Du stimmst mir also zu?« Sie nickte grimmig. »Kein Wunder, dass du ab und zu zickst. Ich kann dich gut verstehen.«

»Mit wem reden Sie denn da?«

Ophelia wirbelte herum. Orsini stand in der Tür. Vor Schreck über sein plötzliches Auftauchen fiel ihr der schmutzige Teller aus der Hand und zersprang auf dem Fußboden in tausend Stücke.

»Den ziehe ich Ihnen vom Gehalt ab.«

Er trug eine kurze Jogginghose und ein dazu passendes T-Shirt, das am Ausschnitt einen V-förmigen Schweißfleck aufwies. Ein paar Handykopfhörer baumelten um seinen Hals. Er wischte sich mit dem Handrücken über die Stirn und holte eine Packung Orangensaft aus dem Kühlschrank, schüttelte sie und wirkte zufrieden.

»Mit niemandem«, erklärte sie errötend und bückte sich schnell nach den Scherben.

»Hinter Ihnen im Schrank.«

»Bitte?«

»Der Besen. Er steht hinter Ihnen im Schrank.« Orsini setzte sich an den Küchentisch. »Ist Isabella schon wach?«

Ophelia schüttelte den Kopf und holte Besen und Schaufel hervor.

»Sie müssen heute fürs Wochenende einkaufen«, befahl er und trank direkt aus der Packung. »Ich lege Ihnen das Geld bereit. Am besten nehmen Sie dazu Isabellas Auto. Der Schlüssel liegt in der Schale neben der Eingangstür.«

»Haben Sie und Ihre Frau spezielle Wünsche?«

Er runzelte kurz die Stirn, setzte dann die Packung nochmals an und trank in langen Zügen. Ophelia betrachtete dabei fasziniert seinen auf und ab hüpfenden Adamsapfel.

Orsini joggte also. Sie hatte nicht mitbekommen, dass er das Haus verlassen hatte. Dabei war sie heute zeitig aufgestanden und hatte angenommen, dass das Ehepaar noch schlief. Ob die Orsinis immer in getrennten Zimmern nächtigten? Oder nur jetzt, da Isabella krank war?

»Kaufen Sie Orangensaft«, sagte er in diesem Moment. »Der ist nämlich alle.« Er stellte die leere Packung auf den Küchentisch. »Isabella wird Ihnen auftragen, was Sie sonst noch besorgen müssen. Wir haben da … nun ja, gewisse Präferenzen. Ich gehe duschen. Würden Sie mir bitte das Frühstück in einer halben Stunde auf der Terrasse servieren? Zwei Spiegeleier, gut gebraten, dazu zwei Scheiben Toast und ganz viel Kaffee.«

Sie nickte stumm. Im ersten Moment schien es, als wolle er noch etwas hinzufügen, zuckte dann aber mit den Achseln und verließ die Küche.

Ophelia sah ihm nach. Seine muskulösen, braun gebrannten Beine waren mit einem dunklen Flaum überzogen. Auch der Hintern war ganz nett.

Ihr wurde plötzlich warm. Sie wollte den arroganten Kerl nicht anziehend finden, das hatte er nicht verdient. Doch war es überhaupt möglich, einen attraktiven Menschen nicht ansprechend zu finden?

»Ja, ist es«, murmelte sie und kehrte die Scherben zusammen. Knackiger Hintern hin oder her, Orsinis Äußeres spielte absolut keine Rolle für sie.

»Von dem Parmaschinken dreihundert Gramm bitte.« Ophelia sah auf die Einkaufsliste. »Hauchdünn geschnitten«, fügte sie hinzu.

Der untersetzte Fleischer mit der Halbglatze nickte und langte nach dem Parmaschinken in der Vitrine.

Die Macelleria in der Via della Maddalena war lang und schmal wie ein Schlauch, und es herrschte ein Andrang wie beim Sommerschlussverkauf. Ophelia hatte eine halbe Stunde warten müssen, bevor sie an die Reihe kam. Aber wenigstens war es angenehm kühl. Jetzt stand sie vor der Theke und war von dem reichhaltigen Angebot überwältigt: luftgetrockneter Schinken aus Parma, der Toskana oder vom Appenin, Büffelmozzarella aus Kampanien, unzählige Wurstsorten und in Öl eingelegtes Gemüse. Des Weiteren lagen Rindfleisch, Kalbfleisch, Geflügel und Lamm in allen Stadien der Verarbeitung und natürlich Fisch sowie Krustentiere in der Vitrine. Sogar Soja-Hamburger gab es.

»Sonst noch etwas, Signorina?«

Sie deutete auf die mit Speck ummantelten Filetstücke, die in einer mit Olivenöl bepinselten Schale lagen. Das Kilo kostete fünfzig Euro! Offenbar hatten es die Orsinis nicht nötig, auf den Preis zu achten.

»Drei von denen.« Ob das reichte? Die sahen so lecker aus. »Scusi, vier.«

Der Mann nickte wieder und wickelte die Stücke in rosa-farbenes Wachspapier. Sie zog gerade die Geldbörse hervor, als ihr Handy klingelte.

»Warte einen Moment, Selma.« Ophelia reichte dem Metzger das Geld über die Theke und verließ das Geschäft. »So, jetzt kann ich sprechen. Wie geht's dir denn?«

»Der übliche Wahnsinn, Süße. Was machst du gerade? Liegst du am Pool und lässt dich massieren?«

Ophelia lachte. »Ich kaufe für die Orsinis ein. Nur vom Feinsten natürlich! Die haben es richtig dicke.«

Sie wich einer vierköpfigen Familie aus, die wild gestikulierend die Gasse versperrte.

»Ah ja, der geheimnisvolle Orsini. Schickst du mir ein Foto von ihm?«

»Ein Foto? Wieso das denn?«

Ophelia hatte ihrer Freundin über WhatsApp bereits ein paar Schnappschüsse von der Villa Aurelia geschickt, aber natürlich befriedigten die Selmas Neugier nicht.

»Ich will sehen, mit wem du dich rumtreibst.«

»Rumtreiben? Ich treibe mich mit gar niemandem herum. Mit dem schon grad gar nicht. Er ist verheiratet. Aber gut, ich schaue mal, ob ich ihn unbemerkt fotografieren kann.«

»Ist er heiß?«

Ophelia verzog den Mund. »Er sieht nicht schlecht aus, wenn man auf diesen Typ steht.« Sie errötete und dachte an heute Morgen zurück, als sie Orsini auf den Hintern gestarrt hatte. »Na gut, ich geb's zu, er ist attraktiv. Aber das wiegt seinen miesen Charakter nicht auf.«

»Egal, man kann auch mit einem Idioten Spaß haben!«

Ophelia lachte. »Wie gesagt, der Mann ist in festen Händen. Soll sich seine Ehefrau mit ihm rumschlagen. Ich muss weiter, Selma. Wir skypen heute Abend, einverstanden? Gruß an die Berge, ciao.«

Ophelia sah auf ihren Einkaufszettel und stöhnte. Das konnte dauern, bis sie alle Geschäfte abgeklappert hatte. Und heute Nachmittag musste sie auch noch den Roller zurückbringen. Aber sie hatte es ja so gewollt.

Sie atmete tief durch und trabte los.

XXI

»Das darf ja wohl nicht wahr sein!« Cesare betrachtete entsetzt das verfärbte Hemd. Das konnte er unmöglich anziehen. Er warf es aufs Bett und griff nach dem nächsten. Auch dieses wies einen hässlichen Grauton auf. »Was zum Teufel …?«

Hastig schob er die Bügel in seinem Schrank hin und her. Kein einziges Hemd war mehr weiß. Sie waren zwar ordentlich gebügelt, glichen aber von der Farbe her nicht mehr einem weißen Schwan, sondern eher einem grauen Entlein.

»Ich bringe sie um!«, wetterte er und riss die Schlafzimmertür auf. »Ophelia!«, rief er, stützte sich aufs Geländer und sah abwechselnd in die Eingangshalle und in den zweiten Stock hinauf. »Signora Moroder!«

Er hörte ein Scheppern, das von unten kam. Kurz darauf erschien Ophelias Gestalt am Fuß der Treppe.

»Ja?« Sie strich sich mit dem Handrücken eine Strähne aus der Stirn. »Was ist denn?«

Als er registrierte, wie sich ihre Augen weiteten, wurde ihm bewusst, dass er nur seine engen Boxershorts trug. Egal, sie hatte bestimmt schon mal einen Mann in Unterwäsche gesehen.

»Was zum Henker haben Sie mit meinen Hemden angestellt?« Sie wirkte schuldbewusst, sagte aber nichts. »Also?«

»Tut mir leid. Es war keine Absicht. Vielleicht kann man sie bleichen? Ich …«

»Sie sind ja verrückt!« Er drehte sich abrupt um und ließ sie stehen. »Bleichen, so ein Schwachsinn!«, stieß er zwischen den Zähnen hervor und knallte die Schlafzimmertür hinter sich zu. Unschlüssig stand er vor seinem Kleiderschrank. Er war schon spät dran, die Zeit würde nicht reichen, um sich auf der Fahrt zum Flughafen ein neues Hemd zu besorgen.

Cesare fuhr sich mit beiden Händen durch die Haare. Also improvisieren. Irgendwo würde hoffentlich noch ein altes Hemd herumliegen.

Die Tür ging auf, und er wirbelte herum. Sie würde es doch nicht wagen …!

»Was ist das denn für ein Geschrei?«

Isabella schaute ihn verwundert an, während sie den Gürtel ihres Morgenmantels enger schnallte. Sie sah, abgesehen von dem Ausschlag, schon viel besser aus.

»Diese Verrückte hat alle meine Hemden ruiniert!«, gab er zur Antwort und wühlte in seinem Kleiderschrank herum. »Das geht so einfach nicht, Isa. Sie hatte ihre Chance, aber was zu viel ist, ist zu viel.«

Er zog ein Hemd hervor, das ihm zu eng geworden war und eigentlich in die Altkleidersammlung gehörte. Wenigstens war es blütenweiß. Besser als nichts. Er öffnete die oberen Knöpfe und drehte sich um, als er ein Glucksen hörte.

»Du findest das also witzig?«

Isabellas Mundwinkel zuckten. Sie setzte sich aufs Bett und schlug die Beine übereinander. »Ach, komm schon. Das kann passieren. Immerhin sind sie toll gebügelt.« Sie griff nach dem Ärmel des Hemdes auf dem Bett und schnupperte daran. »Und gut riechen sie auch.«

Cesare knurrte. »Das war ja klar, dass du diese Verrückte verteidigst. Du musst ja auch nicht in einer Zwangsjacke einen

Jet fliegen. Ich kann mir nicht erklären, wieso du so einen Narren an der Kleinen gefressen hast.«

Er konnte die Knöpfe zwar schließen, doch über der Brust spannte das Hemd unangenehm.

»Ich schicke Ophelia später in die Stadt, damit sie dir neue Hemden kauft, einverstanden?«

Er schlüpfte in die Hose und setzte sich zu seiner Schwester aufs Bett, um die Socken anzuziehen.

»Lass mal, am Ende kommt sie noch mit einem Stapel Hawaiihemden zurück. Der traue ich alles zu.«

Isabella lachte. »Sie bringt dich ganz schön auf die Palme, was? Ich finde das sehr erheiternd. Mein kleiner Bruder gerät wegen einer hübschen jungen Dame derart aus der Fassung.«

Cesare schnaubte und band sich die Krawatte um. »Mach du nur deine Witze. Aber seit sie hier ist, geht alles drunter und drüber. Und das sind erst zwei Tage. Stell dir mal vor, was sie in einer Woche alles ruiniert. Die Orsinis gibt es schon seit dem elften Jahrhundert, und sie haben Kriege, Kreuzzüge, Epidemien und Intrigen überlebt. Aber vermutlich werden sie eine Ophelia Moroder nicht überstehen.«

Isabella kicherte und schlug ihm auf den Arm. »Du übertreibst, Brüderchen.« Sie stand auf. »Wird es heute spät?«

Er nickte.

»Dann heben wir dir vom Essen etwas auf. Oder vielleicht besser nicht. Du solltest dein Gewicht reduzieren, dieses Hemd spannt doch recht unvorteilhaft.«

Cesare drohte ihr mit einem Schuh, und Isabella lief lachend aus dem Zimmer.

* * *

»Es war bestimmt nicht meine Absicht. Ich wollte Ihren Mann nicht …«

Isabella winkte ab. »Keine Sorge. Das war ein Missgeschick. Cesare beruhigt sich schon wieder, machen Sie sich keine Sorgen.«

Ophelia nickte. Isabella war so viel netter als ihr arroganter Ehemann. Sie hatte die blöde schwarze Socke einfach übersehen. Dass dabei Orsinis Pilotenkluft zu Schaden gekommen war, war zwar misslich, aber schließlich auch nicht der Weltuntergang. Immerhin nagte das Ehepaar nicht am Hungertuch, und Orsini könnte sich vermutlich eine eigene Hemdenfirma kaufen.

Langsam entspannte sie sich wieder. Sie und Isabella saßen auf der Terrasse und genossen den lauen Sommerabend, und Ophelia hatte eine Südtiroler Spezialität zubereitet: Risotto mit Speck, Äpfeln und Käse.

Isabella hatte jedoch nur wenig davon gegessen und sich mit Appetitlosigkeit entschuldigt. Zwar war das Risotto ein bisschen versalzen, aber die Römerin hatte es trotzdem gebührend gelobt.

»Ophelia«, begann Isabella und griff nach dem Wasserglas. »Ich muss Sie jetzt über etwas aufklären, das ich schon längst hätte tun sollen. Also es ist so, Cesare ist nicht mein Mann.« Sie lächelte verschmitzt. »Witzig, dass Sie das angenommen haben, aber wir wollen Sie auch nicht weiter im Unklaren lassen.«

Ophelia starrte sie mit offenem Mund an. »Ist er nicht?«

Isabella schüttelte den Kopf. »Er ist mein jüngerer Bruder.«

In Ophelias Kopf wirbelten die Gedanken wild durcheinander. Die Orsinis waren Geschwister? Wie war das möglich, sie hatten doch …

»Ich hoffe, Sie sind uns nicht böse, dass wir es nicht sofort gesagt haben. Wie kamen Sie eigentlich auf den Gedanken, dass wir verheiratet sind? Benehmen wir uns etwa wie ein altes Ehepaar?« Sie lachte leise.

»Böse?« Ophelia schüttelte den Kopf.

Seltsamerweise war sie über diese neue Entwicklung eher erleichtert als verärgert. Cesare Orsini war nicht verheiratet, sie konnte seinen Hintern also ohne schlechtes Gewissen knackig finden. Und das erklärte auch die getrennten Schlafzimmer. Plötzlich ergab vieles einen Sinn.

»Und?«

Ophelia sah Isabella fragend an. »Und was?«

»Wie kamen Sie darauf, dass Cesare und ich verheiratet sind?«

»Ich weiß nicht. Ich las die beiden Vornamen und denselben Nachnamen am Briefkasten und bin wohl automatisch davon ausgegangen, dass hier ein Ehepaar wohnt.«

Isabella nickte. »Natürlich. Und wir haben uns den Spaß erlaubt, Sie in dem Glauben zu belassen. Dafür entschuldige ich mich. Das war nicht nett.«

Ophelia winkte ab. »Ist schon gut.« Sie lachte. »Manchmal bin ich einfach zu naiv.«

»Wollen wir uns nicht duzen?«, schlug Isabella vor. »Ich darf das vorschlagen, ich bin schließlich die Ältere.«

»Gern.« Ophelia hob das Weinglas, Isabella das Wasserglas.

»Auf dass es keine Geheimnisse mehr zwischen uns gibt!«, rief Isabella fröhlich.

Ophelia schluckte betreten. Vielleicht sollte sie jetzt mit der Wahrheit, wieso sie diese Stelle überhaupt angenommen hatte, herausrücken. Doch Isabella stand in diesem Moment auf und entschuldigte sich, sie sei müde und wolle sich zurückziehen. Die günstige Gelegenheit, um reinen Tisch zu machen, war vorüber.

Während Ophelia das schmutzige Geschirr abräumte, nahm sie sich fest vor, morgen mit Isabella zu sprechen. Die Orsinis hatten sich mit ihr einen Scherz erlaubt, und wenn sie ihnen jetzt ihre wahren Beweggründe darlegte, wären sie damit quitt.

XXII

Lautes Vogelgezwitscher weckte Ophelia am Sonntagmorgen. Sie schlug die Bettdecke zurück und öffnete die Vorhänge. Zwei braun gefiederte Vögel flogen erschrocken aus der Zypresse vor ihrem Fenster in das wässrige Blau des frühen Morgens. Dunst hing noch über dem Tiber, doch es versprach auch heute wieder ein strahlender Tag zu werden. Das übliche Summen des Verkehrs fehlte nahezu. Offenbar schliefen die Römer sonntags gerne lang.

Ophelia atmete tief ein und streckte genüsslich den Rücken durch. Sie schlief herrlich in dem großen Bett und würde seine Bequemlichkeit zu Hause vermissen.

Gestern vor dem Schlafengehen hatte sie noch mit Selma geskypt. Ihre Freundin hatte sich zu Recht über mangelnde Neuigkeiten in ihrem Blog beklagt. Selma war richtiggehend darauf versessen, Orsini zu begutachten und ihren Kommentar zu ihm abzugeben. Sie hatte sogar nach dem Geschwisterpaar gegoogelt, aber nichts Brauchbares an Fotomaterial gefunden. Offenbar versuchten Isabella und ihr Bruder, so wenig wie möglich öffentlich in Erscheinung zu treten. Von Isabella gab es zwar ein paar Fotos von Vernissagen in der *Galleria Colonna*, von Cesare existierte jedoch kein aktuelles Foto im Netz.

119

Ophelia hatte daher Selma nochmals versprechen müssen, ihr ein paar Schnappschüsse zu schicken. Doch merkwürdigerweise scheute sie sich jetzt davor. Zugegeben, sie hielt Cesare für einen eingebildeten, herablassenden und arroganten Fatzke, aber es war etwas anderes, wenn ihre Freundin ihr Urteil womöglich bestätigte.

War das albern? Bestimmt. Selma könnte über Orsini lediglich anhand seines Äußeren urteilen, denn Fotos gaben keine spitzen Bemerkungen von sich. Daher würde Selmas Kommentar bestimmt vorteilhaft ausfallen. Trotz seiner charakterlichen Mängel war er eben ein schöner Mann. Das musste auch Ophelia zugeben.

Sie hatte Cesare Orsinis Rückkehr gestern Nacht nicht mitbekommen. In dem weichen Bett schlief sie wie ein Stein, und im zweiten Stock hörte man sowieso keinen Laut aus den unteren Etagen. Die Villa bot nebst ihrem verschwenderischen Luxus auch eine gute Schallisolierung. Trotzdem spürte sie seine Gegenwart. Es war, als stehe das Haus infolge seiner Anwesenheit unter Spannung, als würde in Kürze etwas Bedeutendes geschehen und die momentane Situation wäre bloß die Ruhe vor dem Sturm. Ein Zustand, der Ophelia frösteln ließ.

Sie spähte in den Garten hinunter, doch die Stühle auf der Terrasse waren leer, der Tisch ebenso. Es stand kein unbenutztes Geschirr darauf. Also war Orsini entweder noch nicht aufgestanden, oder er hatte sein Frühstück nach dem Joggen in der Küche eingenommen. Da er laut Isabella heute und morgen keinen Dienst hatte, hatte sie Ophelia die beiden Tage freigegeben. Erst am Dienstag musste sie wieder auf der Matte stehen.

Ophelia schlüpfte aus ihrem Schlafanzug und trat unter die Dusche. Wenn sie es geschickt anstellte, würde sie Orsini zwei Tage nicht über den Weg laufen. Gut so, sie konnte auf seine spöttischen Bemerkungen wirklich verzichten. Das seltsame Bedauern, das sie bei dem Gedanken verspürte, schrieb sie ihrem leeren Magen zu. Alles andere wäre ja auch zu töricht.

Mit Stadtplan und Kamera bewaffnet und in ihre Lieblingsshorts gekleidet, eilte Ophelia eine Stunde später die Treppe hinunter. Heute wollte sie der Engelsburg einen Besuch abstatten. Das im Jahr 139 nach Christus fertiggestellte, von Kaiser Hadrian ursprünglich als Mausoleum geplante Gebäude am rechten Tiberufer konnte sie problemlos zu Fuß erreichen.

Die dem Vatikanstaat vorgelagerte Festung hatte zur damaligen Zeit den Zugang zur Stadt kontrolliert. Zudem fungierte sie als Zufluchtsstätte für die Päpste, da ein geschützter Gang vom Vatikan zur Burg führte. Zwar würden sich dort an einem Sonntag die Touristen wahrscheinlich gegenseitig auf die Füße treten, aber bei den bekanntesten Sehenswürdigkeiten Roms war das ohnehin meist so. Man gewöhnte sich daran, und schließlich hatte Ophelia den ganzen Tag Zeit, konnte es also langsam angehen.

Sie begab sich in die Küche und schaltete die Kaffeemaschine ein. Die hatte heute ihren guten Tag und spuckte ohne zu zicken einen aromatischen Cappuccino aus, den Ophelia gleich im Stehen trank. Sie stellte die benutzte Tasse in den Geschirrspüler und trat in die Eingangshalle.

Aus dem Salon auf der linken Seite hörte sie Stimmen, darauf ein tiefes Lachen, das ihr bekannt vorkam. Die Tür stand offen, und sie linste neugierig ins Zimmer.

»Ophelia, du bist schon aufgestanden?« Isabella saß auf dem Sofa und winkte ihr zu. »Komm, sag Hallo! Sandro ist vorbeigekommen und hat uns frische Cornetti mitgebracht. Hast du Hunger?«

Aus dem Sessel erhob sich Sandro Bertolotti und strahlte Ophelia an.

Sie freute sich, ihn wiederzusehen. Sie mochte den bärtigen Maler, der sie zum Lachen brachte.

»Ich will nicht stören«, begann sie, doch Isabella wischte ihren Einwand mit einer Handbewegung weg.

»Sei nicht albern, du störst doch nicht.« Sie betrachtete interessiert Ophelias luftiges Outfit, dann wandte sie sich an Sandro. »Ophelia hat heute frei, wir sollten sie vermutlich nicht aufhalten.«

Ophelia trat in den Salon. »Ich habe jede Menge Zeit, die Engelsburg läuft mir nicht davon.« Sie reichte Sandro die Hand und setzte sich neben Isabella aufs Sofa.

»Ah, die Engelsburg.« Sandro griff nach der Papiertüte auf dem Salontisch, aus der es verführerisch nach frischem Backwerk roch, und hielt sie ihr unter die Nase. Sie griff hinein und ließ sich das noch warme Cornetto munden.

»Weißt du auch, weshalb man sie so nennt?«

Eigentlich hatte Ophelia das bereits in ihrem Reiseführer nachgeschlagen, doch offensichtlich wollte Sandro sie mit seinem Wissen beeindrucken, daher schüttelte sie den Kopf.

»Mitte des ersten Jahrhunderts soll dort Papst Gregor I. der Erzengel Michael erschienen sein und ihm das Ende der damals in Rom wütenden Pest verkündet haben.«

»Tatsächlich?« Sie nickte mit der nötigen Begeisterung.

»So ist es. Jetzt beherbergt die Burg ein Museum, das Einblick in die alten Papstgemächer bietet. Die Schatzkammer ist auch ein Muss, und wer nicht auf die Aussichtsplattform hinaufsteigt, um den tollen Blick über Rom zu genießen, ist selbst schuld.«

»Das will ich natürlich nicht versäumen«, gab sie zur Antwort, hob zur Bestätigung ihre Kamera und stibitzte noch ein Cornetto aus der Tüte. Sie waren aber auch zu köstlich.

»Ophelia führt einen Reise-Blog«, erklärte Isabella. »Du musst ihn dir mal ansehen, Sandro. Sie hat ein gutes Auge für Perspektiven. Als Maler kennst du dich damit ja aus.«

Ophelia schüttelte errötend den Kopf. »Das ist nur ein Hobby und natürlich nichts im Vergleich zu dem Werk eines richtigen Künstlers.«

Sandro lachte herzlich und strich sich durch sein braunes Haar. »Und ich soll so einer sein?«

Sie nickte.

»Danke für die Blumen, aber du kennst meinen Stil ja gar nicht. Vielleicht kritzle ich ganz abscheuliches Zeug.«

Er zwinkerte ihr zu, und sie grinste. Er war wirklich sehr sympathisch.

»Dann zeig ihr doch mal deine Bilder«, schlug Isabella vor. »Wenn du keine Angst davor hast. Ophelia ist immer ehrlich, nicht wahr?« Sie warf ihr einen schnellen Blick zu. »Sie wird ein aufrichtiges Urteil abgeben.«

Ophelia verschluckte sich am letzten Bissen und räusperte sich mehrmals. Das schlechte Gewissen überfiel sie wie eine kalte Dusche. Isabella hatte ja keine Ahnung! Die Römerin nahm nur das Beste von ihr an, aber sie hinterging sie mit jeder Minute, in der sie sich über die wirklichen Motive für ihre Anwesenheit ausschwieg.

»Eine fantastische Idee!«, rief Sandro begeistert. »Möchtest du mein Atelier besichtigen? Es ist nicht weit von hier. Und danach begleite ich dich zur Engelsburg. Ich kenne dort jemanden, der dir ein paar Zimmer zeigen kann, in die man als normaler Besucher nicht eingelassen wird. Hättest du Lust?«

»Lust wozu?«

Sie wandten die Köpfe. Cesare stand in der Tür. Er trug eine schwarze Jeans und ein kurzärmeliges hellblaues Poloshirt, das seine Sonnenbräune unterstrich. Er hatte sich nicht rasiert, wie die dunklen Stellen auf seinen Wangen und am Kinn

123

erahnen ließen. Eben fuhr er sich mit beiden Händen durch die noch feuchten Haare und betrachtete Ophelia aus schmalen Augen. Sein abschätziger Blick glitt über ihre bloßen Beine und Arme, als würde ihr jemand mit einem glühenden Stab darüberstreichen.

»Ich habe mich Ophelia als Fremdenführer angeboten«, erklärte Sandro, stand auf und klopfte Orsini freundschaftlich auf die Schulter.

»Hast du das?«, sagte dieser darauf spöttisch. »So ein Angebot kann unsere werte Signorina Moroder ja wohl kaum ausschlagen, nicht wahr?« Er trat zu Isabella und küsste ihre Wange. »Come stai?«

»Mit jedem Tag besser«, erwiderte sie. »Ich bin schon fast wieder die Alte.«

Ophelia hatte eigentlich nicht vorgehabt, Sandros Angebot anzunehmen, doch Orsinis verächtliche Antwort forderte ihren Trotz heraus.

Was ging es ihn an, was sie tat und mit wem? Er war so ein Widerling! Also wandte sie sich mit einem strahlenden Lächeln an den Maler und sagte mit honigsüßer Stimme: »Das ist zu freundlich, lieber Sandro. Signor Orsini hat recht, natürlich nehme ich dein Angebot mit Freuden an.«

XXIII

»Kannst du mir mal erklären, was das eben sollte?« Isabella stand in der Tür zu Cesares Zimmer und sah ihn strafend an.

»Ich weiß nicht, was du meinst.« Er warf sich aufs Bett und verschränkte die Hände hinter dem Kopf.

»Das weißt du sehr gut, mein Lieber. Warum behandelst du Ophelia so abfällig? Hat sie dir etwas getan?«

Er starrte einen Moment an die Stuckdecke, bevor er antwortete: »Verfärbte Hemden, ungenießbares Essen, Lügen ... such dir was aus. Ich trau der Kleinen nicht.«

Isabella verdrehte die Augen. »Du hast ja einen Vogel.«

Kopfschüttelnd wandte sie sich ab und verschwand in ihrem Zimmer.

Cesare stieß gereizt die Luft aus. Seine Schwester hatte ihn zu Recht gerügt. Ophelia taugte zwar als Haushälterin nicht viel, trotzdem hatte sie so eine Behandlung nicht verdient. Doch als er sie halb nackt auf dem Sofa gesehen und dann noch Sandros Avancen mitbekommen hatte, war er unbegreiflicherweise wütend geworden.

Nicht, dass es ihn etwas anging, wie und mit wem die Kleine ihren freien Tag verbrachte, aber musste es ausgerechnet Sandro sein? Sein Freund war bekannt dafür, dass er nichts anbrennen ließ, und Ophelias aufreizendes Outfit war für ihn bestimmt Grund genug, seinen Charme an ihr auszuprobieren. Im schlimmsten Fall würde er ihr das Herz brechen und dann käme, nebst ihren sonstigen Unzulänglichkeiten, auch noch Liebeskummer dazu. Wollte er wirklich eine verheulte Südtirolerin in der Villa beherbergen?

»Ach, verdammt!«

Er sprang hoch und riss den Kleiderschrank auf. Er war zwar heute früh schon joggen gewesen, aber er musste sich jetzt unbedingt bewegen. Wo zum Teufel war sein Tennisracket?

* * *

Das Gedränge auf der Ponte Sant'Angelo, die zur Engelsburg führte, war unbeschreiblich. Ophelia gelang es kaum, ein anständiges Foto zu knipsen. Dabei hatte sie sich vorgenommen, alle zehn Engelsskulpturen auf der Brüstung einzeln abzulichten und sie auf ihrem Blog vorzustellen. Doch immerzu wurde sie entweder von eiligen Touristen angerempelt, oder fliegende Händler versuchten, ihr wortreich gefälschte Markenhandtaschen anzudrehen.

Sandro lachte nur, als sie zum wiederholten Mal das abschlägige Zungenschnalzen hören ließ, das sie an ihrem ersten Tag in Rom gelernt hatte. In dem ganzen Lärm ging es einfach unter.

»Hast du gewusst, dass früher auf der Engelsbrücke Hinrichtungen stattgefunden haben?« Sandro lehnte lässig an der steinernen Brüstung und schob sich die Sonnenbrille in die Haare. Ophelia schüttelte den Kopf, und er fuhr fort: »Eine unrühmliche Zeit, die im sechzehnten Jahrhundert darin gipfelte, dass die abgeschlagenen Köpfe zur Abschreckung hier aufgesteckt wurden.« Er betrachtete die schwitzende Menschenmenge um sie herum und fügte augenzwinkernd hinzu: »Vielleicht sollte man das wieder einführen.«

Ophelia lachte. »Keine schlechte Idee.«

Sandro hatte ihr vorhin das Atelier und seine Arbeiten gezeigt. Er malte vorwiegend abstrakte Landschaften in kräftigen Farben, die sich erst dann wirklich zu einem Ganzen fügten, wenn man sie aus einer gewissen Distanz betrachtete. Aus der Nähe wirkten sie nur wie wahllos aneinandergereihte Farbkleckse. Sie fand seine Bilder faszinierend.

Ophelia hatte sich sofort in das helle, mit riesigen Glasfenstern ausgestattete Atelier mit seinem fantastischen Blick auf den Tiber verliebt. In dem lang gezogenen, hohen Raum roch es intensiv nach Farben und Terpentin. Überall standen angefangene Bilder auf Staffeleien, leere Leinwände und Rahmen herum. Auf einem Tisch stapelten sich Fotos, Zeitungsausschnitte und Bildbände, daneben befanden sich zig Gläser mit Pinseln aller Größen und Sorten. Im Grunde ein heilloses Durcheinander, aber genau so hatte sie sich das Atelier eines Malers vorgestellt.

Sandro hatte ihr erklärt, dass er die Malerei als Hobby betrachtete, dem er sich aber mit aller Hingabe widmete. Er konnte es sich nur durch das Erbe seiner Familie leisten. Aber offenbar musste man heutzutage, um als italienischer Künstler erfolgreich zu sein, nach New York emigrieren, hatte er weiter berichtet. So wie es Cattelan, Stingel oder Vezzoli getan hatten. Sie alle waren erst in Übersee zu Ruhm und Ehren gekommen. Wären sie in Italien geblieben, hätte man vermutlich nie etwas von ihnen gehört, denn mit institutioneller Förderung konnte man hier nicht rechnen. Das vorhandene kulturelle Erbe zu erhalten, überstieg schon die finanziellen Kräfte des italienischen Staates, da blieb kein Geld mehr für junge Kunstschaffende.

Sandro hatte das alles mit einem bitteren Ton in der Stimme erzählt, der so gar nicht zu dem sonst so gut gelaunten Mann passte. Aber es war ja auch widersinnig, dass gerade Italien, das

Land der größten Meister, die die Welt je gesehen hatte, an seinem künstlerischen Nachwuchs sparte.

Obwohl Ophelia mit Malerei sonst nur dann etwas zu tun hatte, wenn ein Kunde in der Buchhandlung nach einem Bildband fragte, machte die Haltung ihres Landes sie jetzt wütend und ihr den Maler noch um einiges sympathischer. Sie beneidete ihn sogar. Wie großartig musste es sein, sich seiner Leidenschaft ohne finanzielle Sorgen widmen zu können? Hätte sie die Möglichkeit, sie würde die Fotografie zu ihrem Beruf machen. Vielleicht sogar studieren und ein eigenes Fotoatelier eröffnen. Aber das waren Hirngespinste, nicht realisierbar, und vehement schob sie den aufkommenden Neid beiseite. Es war, wie es war, und sie wollte sich diesen Tag nicht dadurch verderben, dass sie anderen ihr Glück nicht gönnte.

»Haben die Engelsfiguren eigentlich Namen?« Sie sah Sandro fragend an.

Er stieß sich von der Brüstung ab und setzte die Sonnenbrille wieder auf. »Da fragst du mich was.« Er kratzte sich am Kinn. »Ich glaube nicht, bin mir aber nicht sicher. Am Eingang«, er wies mit dem Arm zum Tiberufer, »stehen die Statuen der Apostel Paulus und Petrus. Aber die anderen haben vermutlich keine Namen. Sie tragen einfach die Leidenswerkzeuge Christi.«

»Ich werde besser danach googeln«, gab Ophelia grinsend zur Antwort. »Schließlich will ich keinen Mist auf meinem Blog veröffentlichen.«

Nachdem ihm Isabella von Ophelias Reise-Blog erzählt hatte, hatte Sandro diesen natürlich gleich im Internet aufgerufen und ihre Fotos über Gebühr gelobt. Auch wenn er das vermutlich nur tat, um mit ihr zu flirten, hatte seine Anerkennung sie gefreut.

»Also los, bella Signorina, stürzen wir uns ins Getümmel!«

Sandro bot ihr ritterlich den Arm und vollführte einen gekonnten Diener. Lachend hakte sie sich bei ihm ein, und gemeinsam bahnten sie sich einen Weg zum Eingang der Engelsburg.

»Im Jahr 1277 gab Papst Nikolaus III. den Bau eines Geheimgangs, genannt der Passetto di Borgo, zwischen dem Apostolischen Palast und der Engelsburg in Auftrag.«

Raffaele Olivetti, Sandros Freund, sah sich nach Ophelia um, ob sie seinen Ausführungen auch folgte. Er hatte sich ihr lediglich als Museumsmitarbeiter vorgestellt, aber sie vermutete, dass er in der Hierarchie der Angestellten, die in der Engelsburg arbeiteten, weit oben stand. Denn erstens grüßten ihn die anderen Mitarbeitenden mit höflichem Respekt, wenn sie ihm begegneten, und zweitens trug er einen Satz antiker Schlüssel an einem altmodischen Ring mit sich herum. Diese klimperten bei jedem Schritt, und Ophelia fühlte sich gerade so, als würde sie ihrem Kerkermeister in ein finsteres Verlies folgen.

Doch Raffaele Olivetti wirkte überhaupt nicht wie ein brutaler Folterknecht. Er war klein und rund, reichte ihr gerade mal bis zur Schulter, trug einen maßgeschneiderten Anzug in einem dunklen Kobaltblau, dazu ein weißes Hemd und eine gestreifte Krawatte. Er hatte hellbraunes feines Haar, das ihn wie ein großes Küken aussehen ließ. Sein rosiges Gesicht glänzte vor Schweiß, als er jetzt eine kurze Steintreppe hinaufstieg und vor einer mit Eisen beschlagenen Tür stehen blieb.

»Ja, der Passetto di Borgo!«, rief Ophelia mit leuchtenden Augen. »Von dem habe ich schon gehört. Ist das nicht dieser unterirdische Gang, den die Päpste bei Gefahr benutzt haben?«

»Ja und nein«, erwiderte Raffaele lächelnd und griff ohne Zögern nach einem altertümlichen Metallschlüssel mit einem aufwendig geschmiedeten Griff. »Der Gang ist nicht unterirdisch, sondern in einer Mauer verborgen.«

»Ach, tatsächlich? Interessant.« Ophelia wandte sich an Sandro. »Hast du das gewusst?«

»Jeder weiß das«, entgegnete der Maler spöttisch. »Außer Touristen natürlich.« Er zwinkerte ihr zu.

Raffaele sah auf die Uhr. »Wir müssen uns beeilen, bald tauchen die geführten Gruppen auf. Wir haben nämlich beschlossen, den Gang zweimal am Tag einer kleinen Zahl von Touristen zugänglich zu machen. Seit der Verfilmung von Dan Browns Roman *Illuminati* sind die Leute ganz wild auf die Drehorte.«

Er wackelte leicht mit dem Kopf, und Ophelia vermutete, dass er diese Neuerung nicht unbedingt guthieß.

Mit dem altmodischen Schlüssel sperrte er die schwere Tür auf, die sich beinahe lautlos in den Scharnieren bewegte. Dahinter lag ein gemauerter Gang mit gewölbter Decke. Ein Schwall muffiger Luft, die nach Stein und Moder roch, schlug ihnen entgegen. Der Boden war mit roten Ziegelfliesen ausgelegt, an den Wänden prangten verblasste Ornamentzeichnungen. Moderne Wandleuchten erhellten den Durchgang.

»Er ist nur am Anfang so schön bemalt«, erklärte Raffaele. »Weiter hinten besteht er nur noch aus einfachem Mauerwerk. Du kannst gern ein paar Fotos schießen, wenn du möchtest, Ophelia. Für eine Begehung reicht leider die Zeit nicht aus. Und ich will dir ja noch etwas ganz Spezielles zeigen.«

Er warf seinem Freund einen kurzen Blick zu, und sie hörte hinter sich ein leises Räuspern.

Sie wandte den Kopf. Sandro lehnte lässig an der Wand, sah sie unschuldig an, doch in seinen Augen bemerkte sie ein eigentümliches Funkeln. Führten die zwei etwa etwas im Schilde? Doch ihr blieb keine Zeit, sich weitere Gedanken darüber zu machen, denn vom Fuß der Treppe her hörten sie Stimmen. Offenbar begann bereits der Rundgang für die Touristen.

Schnell zückte sie ihre Kamera und fotografierte den Passetto di Borgo aus verschiedenen Blickwinkeln. Die Bilder würden einen interessanten Aufhänger für den nächsten Artikel in ihrem Blog abgeben. Mysteriöse Geheimgänge interessierten schließlich jeden. Als das Stimmengemurmel näher kam, versperrte Raffaele die Tür wieder und wies auf eine schmale Wendeltreppe auf der gegenüberliegenden Seite des Vorraums.

»Wir verziehen uns jetzt besser, es wird sonst etwas eng hier.«

Ophelia hätte den Geheimgang gerne weiter erkundet, doch natürlich verstand sie, dass die zahlende Kundschaft Vorrang hatte. Vielleicht würde sie einfach nochmals herkommen und an einer dieser Führungen teilnehmen.

Sie stiegen die Wendeltreppe hinauf, und Raffaele schloss die Tür, die den Abschluss bildete, mit einem weiteren Schlüssel von seinem Ring auf.

Wie fand er bloß stets den passenden? Für sie sahen alle gleich aus.

Den Raum, den sie betraten, durften Touristen nicht besichtigen, hatte er ihr vorhin erklärt. Ophelias Herzschlag verdoppelte sich. Wie wunderbar, dass Sandro ihr eine Möglichkeit organisiert hatte, etwas anzusehen, das normalen Besuchern verborgen blieb! Der charmante Maler gefiel ihr immer besser und vermutlich sie ihm ebenfalls, denn ab und zu registrierte sie, wie er ihr bewundernde Blicke zuwarf. Und dass er sie immer wieder wie unabsichtlich berührte, hielt sie ebenfalls nicht für einen Zufall. Er hegte eindeutig Sympathie für sie. Vermutlich wäre er einem kleinen Abenteuer nicht abgeneigt. Und wieso auch nicht? Er war Single, sie ebenfalls, es sprach also nichts gegen ein paar vergnügliche Stunden. Doch so ganz wollte ihr ein solches Arrangement nicht schmecken, immerhin verließ sie Rom bald wieder. Oder wäre ihm das gerade recht? Vielleicht suchte er ja nur eine schnelle Nummer und wäre froh darüber, dass sie in ein paar Tagen wieder verschwand.

»Magst du vorangehen?«

Ophelia blinzelte. »Bitte?«

Raffaele deutete auf die antike, mit aufwendigen Schnitzereien geschmückte Holztür. »In die Bibliothek. Magst du vorangehen?«, wiederholte er seine Frage.

»Entschuldige«, erwiderte sie. »Ich war einen Moment in Gedanken. Du fragst tatsächlich eine Buchhändlerin, ob sie eine Bibliothek sehen will?« Sie betrachtete interessiert die hohe, zweiflüglige Tür. »Nichts wie rein!«

Sie griff nach der aus Messing gefertigten Klinke und drückte sie beherzt nach unten. Im Gegensatz zum Eingang in den Geheimtunnel knarrte diese Tür unheimlich, und das Geräusch verursachte ihr eine Gänsehaut.

Der Raum lag im Halbdunkel. Es roch nach altem Papier und Staub. Die hohen, schmalen Glasfenster waren mit dicken Stoffvorhängen abgedeckt, die bloß diffuses Licht hereinließen. Kein Wunder, in dem Raum befanden sich in hohen Regalen zig alte Lederfolianten, die grelles Tageslicht nicht gut vertrugen.

Ophelias Herz schlug bei dem Anblick der Bücher höher. Welche Schätze konnte man hier entdecken? Und was für Geheimnisse bargen all diese Seiten? Sie atmete tief durch.

Auf einem etwa drei Meter langen Marmortisch, der wie ein Altar aussah, stand eine einfache Holzkiste mit zwei Scharnieren. Beim Näherkommen erkannte sie in das Holz eingestanzte Zeichen, die arabisch anmuteten. Daneben lagen ein aufgeschlagenes Buch mit einer Reihe Zahlen und Namen und ein Kugelschreiber.

»Das hier«, Raffaele senkte die Stimme und wies mit seiner kleinen, fleischigen Hand auf die Bücherregale, »ist die geheime Bibliothek Papst Clemens VIII., der von 1592 bis 1605 auf dem Thron Petri saß. Wie gesagt, diesen Raum dürfen Touristen nicht betreten und …«

Ophelia hörte nur mit halbem Ohr zu und linste dabei auf das aufgeschlagene Buch. Bei den Zahlen handelte es sich um Daten. Der letzte Eintrag stammte von vor drei Tagen. Es sah ein bisschen wie ein Gästebuch aus. Oder ein Kondolenzbuch? Lagerten in der Kiste vielleicht die Gebeine eines Märtyrers? Möglicherweise die eines Heiligen, welche die Kreuzritter aus Jerusalem mitgebracht hatten?

Sie zückte ihre Kamera und wollte die Holzkiste fotografieren, als sie ein lautes Zischen neben sich hörte.

»Grundgütiger, keine Fotos!«, entfuhr es Raffaele entsetzt.

Ophelia zuckte zusammen. »Ja, natürlich, entschuldige.«

Himmel, was war denn an dem Bretterding so besonders? Bis jetzt war Raffaele die Höflichkeit in Person gewesen, doch plötzlich herrschte eine unangenehme Atmosphäre im Raum, als hätte sie eine unsichtbare Grenze überschritten.

Sie warf Sandro einen verunsicherten Blick zu. Dieser starrte gedankenverloren an die hohe Decke, als würde sich dort oben etwas Interessantes abspielen.

»Was ist denn in der Kiste?«, fragte sie im Flüsterton.

Sie wollte Raffaele nicht noch mehr erzürnen, obwohl sie sich eigentlich keiner Schuld bewusst war, immerhin hatte sie nicht ein einziges Bild geschossen. Und selbst wenn, hätte sie ganz sicher kein Blitzlicht verwendet. Sie war schließlich nicht blöd.

Er seufzte tief, sah sich dann nach allen Seiten um, als würden sie beobachtet, und trat ganz nahe an Ophelia heran, sodass sie sein herbes Aftershave und einen Hauch Pfefferminze riechen konnte.

»In der Kiste«, flüsterte er mit rauer Stimme an ihrem Ohr, »lagern geheime Dokumente.«

Wieder sah er sich nach allen Seiten um, und Ophelia folgte seinem Blick. Stand da nicht eine dunkle Gestalt im Schatten der Regale? Sie erschauerte.

»Was für Dokumente denn?«, fragte sie atemlos.

»Das kann ich dir nicht sagen«, gab er zur Antwort. »Wenn bekannt würde, dass sich ein Teil von Papst Clemens' geheimem Archiv hier befindet und gewisse Dokumente an die Öffentlichkeit gelangen würden, käme die gesamte westliche Welt ins Wanken. Manche Dinge bleiben besser unter Verschluss. Selbst nach Jahrhunderten.«

Sie starrte ihn entsetzt an. Wovon redete der Mann? Er nickte ernst und legte ihr die Hand auf den Arm.

»Zu niemandem ein Wort, Ophelia. Du hast diese Kiste nie gesehen. Verstanden? Du musst es schwören!«

Sie nickte stumm. Herr im Himmel, was immer sich in der Kiste befand, und wenn es der Heilige Gral oder die Büchse der Pandora selbst waren, sie würde sich hüten, etwas …

Hinter ihr hörte sie einen unterdrückten Laut und wirbelte herum. Sandro hielt sich die Hand vor den Mund, seine Schultern bebten, und in seinen Augen standen Tränen. Weinte er etwa?

Sie wandte sich verwirrt an Raffaele. Dessen Mundwinkel zuckten. Dann brachen plötzlich beide Männer in lautes Gelächter aus.

XXIV

Die antike Pendeluhr im Arbeitszimmer schlug acht Uhr. Cesare hob den Kopf und betrachtete mit gerunzelter Stirn das goldene Zifferblatt. Ophelia war immer noch nicht zurück. Er schnaubte ärgerlich. Offenbar amüsierte sie sich prächtig mit Sandro.

Cesare schob die Bankunterlagen zusammen. Es hatte keinen Zweck, er konnte sich nicht auf Anlagefonds und Prognosen konzentrieren. Obwohl seine Eltern ihm und seiner Schwester ein ordentliches Vermögen hinterlassen hatten, konnten sie sich nicht darauf verlassen, dass das ererbte Geld ewig zur Verfügung stand. Der Unterhalt der Villa Aurelia verschlang jährlich ein Vermögen, und nur mit Umsicht und einem gewissen Gespür für lukrative Anlagen konnten sie ihren Lebensstandard halten. Doch heute Abend hatte er keinen Nerv für neue Investitionen.

Er schob den Stuhl zurück und trat ans offene Fenster. Die Sonne stand bereits tief über dem Horizont und überzog die Dächer Roms mit einem goldenen Schimmer. Die Luft war seidig wie die weichen Arme einer Frau. Eine Nacht für die Liebe.

Er schüttelte missmutig den Kopf, als seine Fantasie ihm zwei nackte, ineinander verschlungene Körper vorgaukelte, die sich leidenschaftlich auf verschwitzten Seidenlaken rekelten. Es ging ihn nichts an, womit die Kleine ihre Zeit verbrachte, schließlich war sie eine erwachsene Frau. Etwas mehr Zurückhaltung wäre trotzdem wünschenswert. Schließlich kannte sie Sandro erst seit Kurzem. Cesare hatte Ophelia nicht für eine leichtfertige Person gehalten – so konnte man sich täuschen.

»Hast du Hunger?«

Er fuhr erschrocken herum. Isabella stand in der offenen Tür und sah ihn fragend an.

»Nicht besonders«, erklärte er und schloss das Fenster. »Und du?«

»Ein wenig. Soll ich uns eine Minestrone aufwärmen? Es ist noch eine im Gefrierfach.«

»Ist das nicht Signora Moroders Aufgabe?«

Isabella neigte den Kopf. Um ihren Mund spielte ein feines Lächeln. »Sie hat heute frei, Cesare, das weißt du doch. Machst du dir etwa Sorgen um sie?«

Er stieß ein abfälliges Schnauben aus. »Keineswegs. Ich hätte ihr nur etwas mehr Anstand zugetraut. Du weißt, wie Sandro ist. Er lässt nichts anbrennen. Und die Kleine fällt genau in sein Beuteschema.«

»Bist du etwa eifersüchtig?«

Der Spott in Isabellas Worten war nicht zu überhören.

»Lächerlich! Sei nicht albern«, erwiderte er ungehalten. »Ich sorge mich bloß um unseren guten Ruf. Wenn irgendwer herausfindet, dass eine Angestellte der Orsinis durch Roms Betten hüpft, dann …« Er brach ab und schnalzte verächtlich mit der Zunge.

»Jetzt mach aber mal einen Punkt, Brüderchen.« Isabella kicherte und strich sich eine Haarsträhne hinters Ohr. »Gönn der Kleinen doch etwas Spaß. Und wenn sie sich mit Sandro gut versteht, dann ist das allein ihre Sache. Immerhin kann er sehr charmant sein, sieht gut aus und …« Sie räusperte sich und errötete.

Sandro und Isabella waren vor ein paar Jahren für kurze Zeit ein Paar gewesen, und Cesare konnte sich durchaus vorstellen, was sie noch hatte hinzufügen wollen. Zum Glück ersparte sie ihm die unappetitlichen Details. Es reichte, wenn seine Fantasie sie ihm zuflüsterte.

In dem Moment hörten sie, wie sich die Eingangstür öffnete. Kurz darauf erklang Sandros dröhnende Stimme durch die Eingangshalle, gefolgt von Ophelias hellem Lachen. Cesare presste wütend die Lippen aufeinander.

Er straffte die Schultern und marschierte an Isabella vorbei aus dem Arbeitszimmer.

»Ciao, Kumpel«, begrüßte Sandro ihn gut gelaunt. »Du wirst nicht glauben, was ich heute mit Ophelia angestellt habe.«

Er strahlte übers ganze Gesicht, und die Kleine an seiner Seite schlug ihm verlegen auf den Arm, sodass er lachend zusammenzuckte.

»Untersteh dich und erzähle es ihnen!« Ihre Augen funkelten empört, doch ihre Mundwinkel kräuselten sich dabei.

»Ich bin ganz Ohr«, erwiderte Cesare kalt und verschränkte die Arme vor der Brust. »Erheitere mich.«

Ophelia hob abwehrend die Hände. »Auf keinen Fall! Es ist so peinlich.« Sie schüttelte den Kopf.

»Hallo, ihr zwei.« Isabella hakte sich bei Cesare ein und warf ihm einen beschwörenden Blick zu, der vermutlich mit *Halt dich da raus!* zu übersetzen war.

»Doch, das muss ich ihnen einfach verraten.« Sandro war nicht zu bremsen. »Sozusagen mein Meisterstück.«

Cesares Magen verknotete sich. Es war das eine, sich die zwei als Liebespaar vorzustellen, dass sein Freund es ihm aber noch auf die Nase binden wollte, brachte das Fass zum Überlaufen. Aber er war ja selbst schuld. Er hatte Sandro gebeten, sich die Kleine mal anzusehen. Doch wer konnte auch ahnen, dass der sie sich gleich unter den Nagel riss? Ironie des Schicksals oder nur schlechtes Karma?

»Gehen wir in die Küche«, schlug Isabella vor. »Ich habe Hunger, und bei einem Glas Wein kannst du uns dann erzählen, was ... nun ja, eben das, was dir so auf der Zunge brennt.«

Seine Schwester wirkte ebenfalls ein wenig konsterniert, und Cesare konnte sich nur mit Mühe beherrschen, Sandro nicht am Revers zu packen und ordentlich durchzuschütteln.

Die Minestrone stammte noch von Simona und schmeckte köstlich. Sandro war zum Essen geblieben, und Ophelia langte ebenfalls tüchtig zu.

»Ihr hättet ihr Gesicht sehen sollen.« Sandro schlug sich amüsiert auf den Schenkel. »Dieser Ausdruck ... unbezahlbar!«

Ophelia zog den Kopf ein. »Ich bin einfach zu leichtgläubig. Es ist ein Kreuz.«

Isabella kicherte, und selbst Cesare gestattete sich ein schiefes Lächeln. Die befürchtete Schilderung eines leidenschaftlichen Nachmittags hatte sich lediglich als Erzählung über einen Streich herausgestellt, den Sandro und Raffaele Ophelia gespielt hatten. Zum Glück! Cesare hätte sich vermutlich nicht zurückhalten können, wenn sein Freund mit seinen sexuellen Fähigkeiten geprahlt hätte. Absurd, dass er überhaupt etwas in der Richtung gedacht hatte. Offenbar vernebelte ihm der Ärger mit der neuen Haushaltshilfe komplett den Verstand.

»Und was ist nun wirklich in der Kiste?«, fragte Isabella und löffelte dabei ihre Suppe.

»Nichts«, gab er zur Antwort. »Die steht einfach dort rum, und daneben liegt das Kontrollbuch der Reinigungskräfte.«

Ophelia schmunzelte und griff nach einem weiteren Stück Brot. »Und ich dachte tatsächlich, dass ich gleich Zeugin der größten Verschwörung der Welt werden würde.«

* * *

Nachdem Ophelia über eine Stunde einzuschlafen versucht hatte, gab sie schließlich entnervt auf und schlug die Bettdecke zurück. Sie zog die Vorhänge beiseite und sah über die Stadt. Die Engelsburg und der Vatikan waren in oranges Licht getaucht und boten sich dem späten Betrachter als prominenter Blickfang. Einfach überwältigend!

Als Sandro sich heute Abend verabschiedet hatte, hatte er Ophelia vor der Haustür geküsst. Ein netter Kuss, aber er hatte überhaupt nichts in ihr ausgelöst. Weder ein Kribbeln in der Magengegend noch Herzklopfen. Seltsam. Sie mochte Sandro, schätzte seine charmante, lockere Art, die sie zum Lachen brachte. Zudem sah er toll aus. Aber etwas fehlte.

Sie seufzte. Vielleicht war das aber ganz gut so. Eine Liebelei mit dem Maler hätte sowieso keine Zukunft. Und überhaupt hatte sie schließlich noch eine Mission zu erfüllen. Nämlich die herauszufinden, wieso Isabella Orsini ihrer Mutter so ähnlich sah. Dafür musste es doch einen Grund geben. Oder war das tatsächlich nur ein Zufall?

Ophelia hatte eigentlich heute Abend die Bilder der Engelsburg auf ihren Blog laden wollen, war aber nach dem Abendessen zu müde dafür gewesen. Doch jetzt war sie hellwach, also konnte sie genauso gut an ihrem Reisebericht arbeiten.

Sie setzte sich aufs Bett und schaltete den Laptop ein. Doch seltsamerweise bekam sie keine Internetverbindung. Schalteten die Orsinis das Modem eventuell über Nacht aus? Sie wusste, dass das Gerät in Cesares Arbeitszimmer stand. Die Geschwister hatten sicher nichts dagegen, wenn sie es für einen Moment wieder in Betrieb nahm. Oder musste sie sie deshalb um Erlaubnis fragen? Aber die schliefen schon und würden über eine Störung wegen so einer Lappalie bestimmt ungehalten reagieren. Sie brauchte ja nur Zugang zum Internet und das auch nicht für lange.

Ophelia öffnete leise die Zimmertür und huschte die Treppe hinab. Der Marmor fühlte sich kalt unter ihren nackten Fußsohlen an, und sie rieb sich fröstelnd über die Arme. Auf der ersten Etage hielt sie kurz inne und lauschte. Weder aus Isabellas noch aus Cesares Schlafzimmer drang ein Laut. Gut, denn sie hatte keine Lust, bei ihrer nächtlichen Aktion überrascht zu werden.

Die schwere Holztür des Arbeitszimmers knarrte, als sie sie öffnete, und Ophelia verzog das Gesicht. Bleicher Mondschein fiel ins Zimmer und ließ die Möbel wie Tiere in einem japanischen Schattentheater aussehen. In dem Raum roch es nach Orsinis Aftershave. Sie schluckte. Sie mochte seinen Duft, er passte zu dem überheblichen Kerl wie die Faust aufs Auge: männlich, herb, mit einem Hauch ... Arroganz? Ja, vielleicht war er sogar eigens für ihn kreiert worden.

Sie unterdrückte ein Kichern, lief schnell zu der antiken Kommode, auf der das Modem stand, und startete es. Als sie sich umdrehte, fiel ihr Blick auf Orsinis Schreibtisch. Ein aufgeschlagenes Buch lag vor seinem Computer. Neugierig trat sie näher. Das Buch entpuppte sich als eines jener altmodischen Fotoalben, in die man die Bilder mit Fotoecken einkleben musste. Ihre Mutter hatte früher auch solche Alben verwendet. Dieses sah aber teurer aus als die Dinger, die Erika Moroder jeweils im Supermarkt gekauft hatte.

Obwohl Ophelia wusste, dass sie das nicht tun sollte, setzte sie sich auf den Lederstuhl und schaltete die Tischleuchte ein.

Auf der einen Doppelseite des Fotoalbums befand sich lediglich ein einziges Bild, das ein attraktives Paar am Meer zeigte. Der Mann blickte lächelnd in die Kamera, während die Frau an seiner Seite nur im Profil zu erkennen war. Sie schaute aufs Meer hinaus und beschattete ihre Augen mit der

Hand. Die Gesichtszüge des Mannes erinnerten Ophelia an jemanden. Waren das Isabellas und Cesares Eltern? Und wenn ja, wo lebten sie jetzt? Auf der rechten Doppelseite waren nur Landschaftsfotos eingeklebt. *Toskana, September 2012* stand dort.

Sie blätterte weiter. Auf der nächsten Seite erkannte sie Isabella und Cesare. Sie saßen mit strahlenden Gesichtern auf einer Vespa, die in einer gekiesten Auffahrt zu einem Landgut stand. Die Geschwister wirkten glücklich. Cesare trug ein weißes T-Shirt und war braun gebrannt. Seine Haare fielen ihm bis auf die Schultern. Sie schätzte ihn auf dem Foto auf um die zwanzig. Der Kerl hatte zu der Zeit sicher allen jungen Damen in seinem Umfeld das Herz gebrochen. Er sah jetzt immer noch gut aus, sogar besser, reifer, aber ihn umgab heute auch eine Aura der Traurigkeit. Als würde etwas auf seiner Seele lasten und ihn zu Boden drücken.

»Was geht mir denn da bloß durch den Kopf?«, murmelte sie kopfschüttelnd.

»Das würde mich auch interessieren.«

Ophelia quiekte vor Schreck und sprang vom Stuhl hoch. Im Türrahmen stand Orsini und funkelte sie wütend an. »Großer Gott, haben Sie mich erschreckt!«

Mit drei Schritten durchquerte er das Zimmer, trat neben sie und schlug das Fotoalbum zu. »Das geht Sie verdammt noch mal nichts an!«, zischte er. »Schnüffeln Sie uns etwa hinterher?«

Ophelia klappte der Mund auf. Wie kam er nur auf so eine verrückte Idee? Sie hatte doch bloß …

»Nun?«

Er baute sich vor ihr auf und starrte zornig auf sie herunter. Er trug nur eine Pyjamahose, deren Bund tief auf seiner Hüfte saß. Der Gegensatz von seiner gebräunten Brust und dem Streifen heller Haut über dem Bündchen ließ Ophelia schlucken. Von seinem nackten Oberkörper ging eine Hitze aus, die ihr den Atem nahm. Oder war es ihr Blut, das plötzlich zu kochen schien?

»Ich …«, begann sie zögerlich und räusperte sich. »Ich habe nur …«

»Sie haben nur was?«, unterbrach er sie rüde. »Uns ausspioniert? Unser Vertrauen missbraucht? Für wen arbeiten Sie?« Er packte sie am Arm und zog sie an seine Brust.

Ophelia fühlte sich auf einmal ganz schwach, als würde ihr gerade jede Kraft entzogen. Am liebsten hätte sie sich an seine muskulöse Brust geschmiegt, ihre Hände darüberstreichen lassen, um zu fühlen, ob es wirklich er war, der diese Hitze verbreitete.

Sie hob den Blick. Er starrte sie mit gerunzelter Stirn an, dann trat plötzlich Erstaunen in seine Augen, als hätte er eine Entdeckung gemacht. Sein Griff lockerte sich, bevor er ihren Arm ganz losließ, doch Ophelia konnte keinen Schritt tun. Wie erstarrt sah sie ihn an. Ihr Herz schlug wild. Sie öffnete den Mund, um etwas zu sagen, doch kein Laut kam heraus. Sie schluckte und befeuchtete ihre Lippen mit der Zunge.

Dann stellte sie sich auf die Zehenspitzen und küsste ihren Arbeitgeber.

XXV

»Und wie war's?«, fragte Selma atemlos.

Ophelia trat hart auf die Bremse, als ein anderer Wagen sie in der Via Flaminia gefährlich schnitt.

»Nun sag schon!« Selmas Stimme überschlug sich beinahe, und Ophelia bereute plötzlich, ihrer Freundin von gestern Nacht erzählt zu haben.

Doch zwei Küsse an einem einzigen Tag? Sie hatte unbedingt mit jemandem darüber sprechen müssen.

»Moment.« Sie legte den ersten Gang ein und fuhr in eine freie Parklücke, zog den Kopfhörer aus dem Handy und hielt es sich ans Ohr. »Seltsam.«

»Wie, seltsam?«

Ophelia zuckte mit den Achseln, obwohl Selma sie natürlich nicht sehen konnte. »Nun ja, bei Sandro war es so, als würde mich mein Bruder küssen. Zwar habe ich keinen, aber ich stelle es mir so vor.«

Selma stieß einen würgenden Laut aus. »Und bei Orsini?«

Ophelia seufzte tief. »Ein Feuerwerk.«

»So mit Knallern, Trompeten, weichen Knien und Engelschören?«

»Ja, leider.«

»Wieso leider? Ist doch cool. Er sieht gut aus, ist stinkreich und …«

»Mein Arbeitgeber«, vervollständigte Ophelia den Satz. »Zudem kann ich ihn nicht ausstehen.«

Selma kicherte. »Immerhin hast du ihn aber geküsst.«

»Das war lediglich eine Schockreaktion, weil er so unerwartet aufgetaucht ist. Was soll ich denn jetzt machen?«

»Keine Ahnung. Tu einfach so, als wäre nichts passiert. In ein paar Tagen ist dein Urlaub sowieso zu Ende, und dann siehst du ihn nie wieder.«

»Ja, stimmt«, murmelte Ophelia.

»Was? Die Verbindung ist echt mies, ich verstehe dich kaum. Ich muss jetzt aber sowieso zur Arbeit. Lass uns heute Abend skypen, okay?«

»Ja, machen wir.«

»Bis dann, Süße. Und tue nichts, was ich nicht auch tun würde.« Selma lachte wieder und legte auf.

Ophelia blieb noch einen Moment sitzen und starrte auf das Lenkrad von Isabellas Auto. Sie hatte es ihr freundlicherweise geliehen, damit sie an ihrem zweiten freien Tag mobil war. Cesares Schwester war wirklich unheimlich nett, ganz im Gegensatz zu ihrem überheblichen Bruder. War es normal, dass Geschwister so unterschiedliche Charaktere hatten? Oder war das nur bei den Orsinis so?

Cesare hatte heute zum Glück wieder Flugdienst und würde erst spät zurückkommen. So lief sie wenigstens nicht Gefahr, ihm zu begegnen. Aber was war mit morgen? Oder übermorgen? Wie peinlich würde es werden, wenn sie sich erneut über den Weg liefen? Sollte sie ihre Zelte in der Villa Aurelia nicht besser sofort abbrechen? Das wäre einmal eine intelligente Entscheidung. Doch ihr gefiel der temporäre Luxus. Sie würde sich niemals mehr so ein Zimmer leisten können, mit so einem Ausblick über die Ewige Stadt. War es unverschämt von ihr, das noch ein bisschen zu genießen? Auch wenn es bedeutete, den Orsinis weiterhin ihre tatsächlichen Absichten zu verheimlichen? Sie kam sich mit einem Mal schäbig vor. Ihre kleine Scharade fing an, aus dem Ruder zu laufen.

Ophelia strich sich gedankenverloren über die Lippen. Es war doch nur ein Kuss gewesen, Himmelherrgott noch mal! Sie sollte dem nicht solche Bedeutung beimessen.

Und doch, es hatte sich wundervoll angefühlt. Und Cesare hatte sie weder weggestoßen noch sich dagegen gewehrt. Im Gegenteil, er hatte die Zärtlichkeit erwidert. Zaghaft zwar, doch nach der ersten Schrecksekunde voller Leidenschaft. Noch immer schlug ihr Herz heftig, wenn sie daran zurückdachte.

Sie stieß frustriert die Luft aus und startete den Wagen.

»Benimm dich nicht wie ein alberner Teenager, Ophelia«, murmelte sie ärgerlich, als sie den Rückwärtsgang einlegte. »Das hat alles überhaupt nichts zu bedeuten.«

* * *

»Ich werde mir in London einen Anker auf die Brust tätowieren lassen.«

Cesare sah vom Clipboard hoch. Renzo, der Kapitän der Linienmaschine, schmunzelte.

»Wie bitte?«

Sein Vorgesetzter lachte. »Ich dachte schon, mein Co-Pilot ist taub geworden. Was ist denn heute mit dir los?«

Cesare legte die Checkliste beiseite und richtete seine Krawatte. Das Boarding und die Startvorbereitungen waren abgeschlossen, und sie warteten nur noch auf grünes Licht vom Tower. »Was soll denn mit mir los sein?«, fragte er, nahm noch einen Schluck Kaffee, verbrannte sich die Zunge und stieß ein genervtes Schnauben aus.

»Sag du's mir. In einer Sekunde lächelst du dümmlich vor dich hin und in der anderen ziehst du die Stirn in Falten wie ein alter Basset. Wir fliegen zwar nach London, aber ich wusste nicht, dass du ein Faible für britische Hunderassen hast.«

Cesare verdrehte die Augen. Renzo war ein richtiges Klatschweib, und er würde sich hüten, ihm zu erzählen, was ihm seit letzter Nacht im Kopf herumspukte. Also zuckte er lediglich mit den Achseln und murmelte: »Habe nur schlecht geschlafen.«

Renzo schnalzte mit der Zunge. »Ja, klar, schlecht geschlafen.«

In diesem Moment meldete sich der Tower, und in den nächsten Minuten blieb ihnen keine Zeit für weiteres privates Geplänkel. Und als sie schließlich ihre Flughöhe erreichten, hatte Renzo zum Glück bereits wieder vergessen, dass sich sein Co-Pilot heute seltsam benahm.

Cesare lehnte sich zurück und trank den mittlerweile kalt gewordenen Kaffee aus. Was war nur in ihn gefahren, Ophelias Kuss zu erwidern? War er jetzt komplett durchgedreht? Niemals, wirklich niemals durfte man sich mit einer Angestellten einlassen! Hatte er denn die Predigten seines Vaters zu diesem Thema vergessen? Zudem konnte das heutzutage böse ausgehen. Am Ende würde ihn die kleine Südtirolerin noch verklagen.

Ihm wurde eiskalt. War das ihr eigentliches Ziel? Den Orsinis mit einer Klage wegen sexuellen Übergriffs zu drohen, um ein nettes Sümmchen herauszuschlagen? Die Kleine hatte ihm vermutlich eine Falle gestellt, und er war blindlings hineingetappt. Er war so ein Hornochse! Und doch, der Kuss hatte ihn verzaubert. Anders konnte er es nicht ausdrücken, auch wenn es sich so richtig kitschig anhörte. Ophelias weiche Lippen, ihr Duft, ihr anschmiegsamer Körper, ihr Geschmack hatten eine Leidenschaft in ihm entfacht, die ihm beinahe den Boden unter den Füßen weggezogen hätte. Wie lange war es her, seit er etwas

Ähnliches verspürt hatte? Ein, zwei Jahre? Vielleicht sogar überhaupt nicht mehr, seit seine Eltern gestorben waren? Natürlich hatte er nicht wie ein Mönch gelebt, aber seine Begegnungen mit dem anderen Geschlecht waren nie über das Körperliche hinausgegangen. Und jetzt fühlte er beinahe so etwas wie Schmetterlinge im Bauch, wenn er daran dachte, Ophelia bald wiederzusehen. Heute zwar nicht, aber doch morgen.

Er atmete tief durch und konzentrierte sich wieder auf die Instrumente. Sein Gefühlsleben musste jetzt erst mal pausieren. Schließlich oblag ihm und seinem Vorgesetzten die Verantwortung für die Passagiere und die Crew. Da hatten wild flatternde Schmetterlinge keinen Platz.

XXVI

Ophelia betrat den Petersdom kurz nach sieben Uhr in der Frühe. Isabella hatte ihr geraten, den Eintritt für die Vatikanischen Museen und die Kuppel via Internet zu buchen und so zeitig wie möglich dort zu sein, um den langen Warteschlangen davor zu entgehen. Der Eintritt für die Kirche war wie bei allen Gotteshäusern Roms kostenlos.

Ophelia wusste im Grunde, was sie erwartete, aber der Prunk, der sich jetzt vor ihr ausbreitete, verschlug ihr trotzdem den Atem.

Prachtvoll, gigantisch, überwältigend!

Sie hätte bestimmt noch zwanzig weitere Adjektive aufzählen können und wäre damit dem zentralen Heiligtum der römisch-katholischen Kirche immer noch nicht gerecht geworden. Hier auf dem Vatikanischen Hügel, der im ersten Jahrhundert nach Christus noch außerhalb der Stadt gelegen hatte, befand sich angeblich das Grab des heiligen Petrus, über dem Kaiser Konstantin I. um das Jahr 324 den Bau einer Basilika veranlasst hatte. Im nordwestlichen Teil des Doms stand die Statue des Heiligen, der nach alter Tradition Pilger aus aller Welt die Füße küssten. Ein Magnet für jeden Rom-Besucher.

Ophelia hatte sich gegen eine Führung entschieden, da sie sich den Dom in aller Ruhe ansehen wollte. Ihre geliebten Shorts hatte sie heute durch eine knöchellange Hose ersetzt, weil man nur korrekt gekleideten Personen den Zutritt gestattete. Immerhin war das hier ein Gotteshaus, in dem der Papst sonntags die Messe zelebrierte.

Sie schaltete den Blitz an ihrer Kamera aus und begann den Rundgang. Hoffentlich reichte die Speicherkarte aus, denn es gab so viel zu sehen und festzuhalten.

Nachdem sie ein paar Bilder geschossen hatte, machte sie sich auf den Weg, um die Kuppel zu besichtigen, bevor der Massenandrang begann. Dieses gewaltige Gewölbe, ein Meisterwerk des Künstlers Michelangelo Buonarroti, der mit dem Bau von Papst Paul III. aus der Familie Farnese beauftragt worden war, würde ihre Leser sicher am meisten interessieren. Der bekannte Künstler und Architekt war bei Baubeginn schon siebzig Jahre alt gewesen und hatte die Fertigstellung der Kuppel nicht mehr erlebt. Sie wollte unbedingt ein Dreihundertsechzig-Grad-Foto von dem im Inneren des Kuppelfrieses stehenden lateinischen Zitat aus dem Matthäus-Evangelium machen. Übersetzt bedeutete es: *Du bist Petrus, und auf diesen Felsen werde ich meine Kirche bauen, und dir will ich geben die Schlüssel zum Himmelreich.*

Sie hatte sich vorher bereits dazu entschlossen, die über fünfhundertfünfzig Stufen bis zur Aussichtsplattform zu Fuß zurückzulegen und nicht den Lift zu benutzen. Das war etwas für Weicheier!

Der Aufstieg über die konstant ansteigende, schneckenhausähnliche Treppe mit ihrem kunstvoll geschmiedeten Geländer bis zur ersten Plattform gestaltete sich noch als leichter Spaziergang. Doch dann ging es immer steiler hinauf, und sie kam mächtig ins Schwitzen. Das letzte Stück bestand dann nur noch aus einer engen Wendeltreppe, und Ophelia war glücklich darüber, dass sie weder an Platz- noch Höhenangst litt. Als sie schließlich oben ankam, entschädigte die fantastische Aussicht sie jedoch für alle Strapazen. Der Rundblick gestaltete sich noch spektakulärer als der von der Engelsburg. Ein leichter Wind wehte hier oben und kühlte ihr erhitztes Gesicht.

Sie knipste, was das Zeug hielt. Aus der Vogelperspektive nahm sie den Petersplatz auf, die Vatikanischen Gärten und Museen, den Dachgarten des Papstes und sogar die Eisenbahnschienen, die direkt in den Vatikan führten. Erst als ihr bewusst wurde, wie durstig sie war, schaltete sie die Kamera aus und machte sich wieder an den Abstieg. Entlang des Museumsparcours befanden sich diverse Cafés, und sie wollte sich dort ein zweites Frühstück gönnen und ihre nächsten Schritte planen.

Vier Stunden später verließ Ophelia hundemüde erneut den Dom und ließ die Sixtinische Kapelle, die Schatzkammer, die Grotten und die Nekropole hinter sich. Ihre heutige Ausbeute würde für zehn Artikel reichen. Und erst die vielen Fotos! Wie sollte sie bloß eine vernünftige Auswahl treffen?

Sie bezahlte eine horrende Parkgebühr bei dem bewachten Parkplatz, auf dem sie Isabellas Auto abgestellt hatte, und fuhr zurück zur Villa. Wie praktisch war doch der Roller gewesen, mit dem man überall durchkam und den man einfach irgendwo abstellen konnte, wenn einem danach war. Aber sie wollte sich nicht beklagen, die Klimaanlage war auch nicht zu verachten, denn mittlerweile hatte die gleißende Sonne die Stadt richtiggehend aufgeheizt.

Vor der Villa stand ein fremder Wagen, als sie wenig später dort ankam. Hatte Isabella Besuch? Sie hatte gestern nichts verlauten lassen.

Ophelia schloss die Eingangstür auf und lauschte. Leise Stimmen erklangen von der Terrasse her. Sie hörte Isabella lachen. Sollte sie sich bemerkbar machen? Im Grunde wollte sie so verschwitzt niemandem gegenübertreten und sehnte sich nur noch nach einer Dusche, aber es ziemte sich, kurz Hallo zu sagen.

Sie stellte ihre Handtasche auf die erste Treppenstufe, zurrte ihren Pferdeschwanz zurecht und ging durch die Küche auf die Terrasse.

Isabellas Augen leuchteten auf, als sie sie erblickte. »Ophelia, schon zurück? Wie war der Dom?«

Isabella gegenüber saß ein Mann, der Ophelia den Rücken zuwandte. Er drehte den Kopf und stand dann schnell auf. Trotz der Hitze trug er einen dunklen Anzug mit Krawatte und wirkte wie aus dem Ei gepellt. Er war groß und schlank, hatte kurze, dunkelbraune, leicht gewellte Haare, eine gerade Nase und volle Lippen. Ophelia musste sofort an Michelangelos *Die Erschaffung Adams* denken, ein Teil des Deckenfreskos der Sixtinischen Kapelle, das sie vorhin bewundert hatte. Dieser Mann hätte gut für den Adam Modell gestanden haben können.

»Einzigartig!«, sprudelte es aus ihr heraus. »Obwohl ich Stunden dort verbracht habe, habe ich sicher nur einen Bruchteil der Kunstschätze gesehen.«

Isabella lächelte. »Du kannst ja noch mal hingehen. Darf ich dir meinen Verlobten vorstellen? Amadeo Colonna. Amadeo, das ist Ophelia Moroder, unser neuer guter Geist.«

Isabellas Verlobter kam lächelnd auf Ophelia zu und reichte ihr eine kühle Hand. »Sehr erfreut, Sie kennenzulernen«, sagte er mit einer tiefen, melodiösen Stimme. »Das ist also die berühmte Signora Moroder.« Seine Lippen kräuselten sich amüsiert. »Ich habe ja schon einiges über Sie gehört.«

Ophelia schüttelte betont kräftig seine Hand. »Hoffentlich nichts allzu Schreckliches«, gab sie zur Antwort. »Und nennen Sie mich doch einfach Ophelia, bitte.«

Siedend heiß fiel ihr ein, dass die Colonnas ebenfalls einem alten römischen Adelsgeschlecht entstammten. Durfte man denen so einfach das Du anbieten?

»Also wenn es Ihr Rang erlaubt«, fügte sie beschämt hinzu, und Amadeo lachte schallend.

»Sie ist wirklich bezaubernd«, wandte er sich an Isabella, die lächelnd nickte. »Ja, mein Rang erlaubt es mir«, erwiderte er mit einem Zwinkern. »Also Ophelia. Dann duzen wir uns, einverstanden?«

»Komm, setz dich zu uns und erzähl, was dich heute am meisten beeindruckt hat.« Isabella deutete auf den Stuhl neben ihr.

»Sofort«, sagte Ophelia erfreut. »Ich will mich nur schnell frisch machen. Meine Kleider kleben wie Leim an meiner Haut.«

Sie drehte sich um und lief die Treppe hinauf.

»Ist es für dich denn sicher, deine Verlobte jetzt schon zu besuchen?«, fragte Ophelia.

»Eine Woche sollte ich fernbleiben, hat der Arzt gesagt. Es sind zwar erst fünf Tage, aber ich nehme das Risiko gern auf mich.« Amadeo warf Isabella einen zärtlichen Blick zu.

»Trotzdem werde ich dich nicht küssen«, erwiderte sie lächelnd. »Röteln sind für erwachsene Männer gefährlich.«

Ophelia nippte an ihrem Glas Wein und folgte weiter dem Geplänkel der Liebenden. Obwohl sie Amadeo erst seit einer Stunde kannte, war sie überzeugt, dass die beiden wunderbar zueinanderpassten. Die Vertrautheit zwischen ihnen war spürbar, und sie unterdrückte einen tiefen Seufzer. Wie wunderbar musste es sein, seinen Seelenverwandten zu treffen. Würde ihr das jemals auch passieren?

»Und was hat dich dazu veranlasst, das beschauliche Bozen zu verlassen und in die Hauptstadt zu ziehen? Ich kann mir vorstellen, dass das für dich doch eine rechte Umstellung ist, oder?« Amadeo sah sie fragend an.

Ophelia verschluckte sich beinahe an ihrem Wein und räusperte sich. Sollte sie jetzt endlich mit der Sprache herausrücken? Alles in ihr sehnte sich danach, Isabella und ihrem Verlobten die Wahrheit zu sagen und das dumme Verwirrspiel zu beenden. Doch wie würden sie reagieren? Niemand steckte so einen Vertrauensbruch einfach weg. Ja, wenn sie von Anfang an ehrlich gewesen wäre, hätte es Isabella womöglich noch lustig gefunden. Aber dieser Moment war schon lange verstrichen. Also weiter lügen, auch wenn sich ihr Magen schmerzhaft zusammenzog.

»Abenteuerlust«, antwortete sie. »Und man sagt ja nicht umsonst, dass alle Wege nach Rom führen.«

Sie senkte beschämt den Blick. Sie war eine lausige Lügnerin, und womöglich würden die beiden in ihren Augen erkennen, dass sie sie belog.

»Natürlich«, meinte Amadeo. »Man muss reisen, solange man jung ist. Irgendwann ist man so in seinem Leben festgefahren, dass man es nicht mehr wagt.«

»Höre ich da vielleicht einen Vorwurf heraus?«, wandte Isabella ein.

Ophelia hob den Blick. Auf der Stirn ihrer Arbeitgeberin hatte sich eine steile Falte gebildet.

»Aber nein, meine Liebe.« Amadeo schüttelte lächelnd den Kopf und wollte nach Isabellas Hand greifen. Sie zuckte zurück.

»Ansteckungsgefahr!«, rief sie alarmiert.

Mit einem Seufzer zog er seine Hand zurück. »Natürlich. Nur sieh mich nicht so skeptisch an. Ich liebe unser Leben, freue mich auf die Zukunft, und am meisten liebe ich natürlich dich, cara mia. Also nein, das war kein versteckter Vorwurf.«

Isabellas Stirn glättete sich wieder. Trotzdem vermutete Ophelia, dass hinter ihrer spitzen Bemerkung eine gewisse

Unsicherheit lag. Erstaunlich, denn Isabella kam ihr so weltge-wandt vor. Ihre Schönheit, ihre Freundlichkeit, der gute Name und die bevorstehende Hochzeit mit Amadeo, all das musste doch die Grundlage für ein erfülltes Leben bedeuten. Konnte es tatsächlich sein, dass es Isabella an Selbstbewusstsein mangelte? Für Ophelia war Isabella Orsinis Leben einfach perfekt. Aber wer wusste schon, was sich in den Köpfen anderer Menschen abspielte und mit welchen Dämonen sie zu kämpfen hatten. Auch wenn nach außen hin alles vollkommen schien.

Amadeo sah auf die Uhr. »Ich würde mich ja gern noch weiter mit den reizenden Damen unterhalten, aber heute Abend findet eine Benefizveranstaltung im Palazzo Doria Pamphilj statt. Meine Mutter bringt mich um, wenn ich zu spät komme, und ich muss mich vorher noch in Schale werfen.«

Ophelia überlegte, was Amadeo Colonna darunter wohl verstand, er sah doch in dem Anzug bereits blendend aus. Aber vermutlich verlangte eine Benefizveranstaltung nach einem spektakuläreren Outfit.

Er stand auf, verbeugte sich zackig und warf Isabella einen Luftkuss zu. »Ich rufe dich morgen an, mein Herz. Grüß Cesare von mir.« Dann wandte er sich an Ophelia. »Pass gut auf meine Zukünftige auf! Sie soll vor allem etwas essen. Ciao, ihr beiden, bis bald!«

Er drehte sich um, und kurz darauf hörten sie die Eingangstür ins Schloss fallen.

»Er ist sehr nett«, wandte sich Ophelia an Isabella.

Diese nickte. »Ja, das ist er. Unglaublich, wenn man seine Eltern kennt.« Sie stand auf, ging in die Küche und ließ eine ratlose Ophelia zurück. Was hatte das denn jetzt zu bedeuten?

XXVII

Die Villa lag im Dunkeln, als Cesare gegen dreiundzwanzig Uhr vorfuhr. Er war hundemüde. Der Anflug auf London war eine Herausforderung gewesen. Starke Böen und Dauerregen waren über dem Flugfeld niedergegangen, und sie hatten zwei Mal wieder durchstarten müssen, bevor sie den Vogel sicher landen konnten. Danach hatte sich der Rückflug um mehr als zwei Stunden verzögert, bis ihnen vom Tower endlich die Startbahn freigegeben wurde.

Cesare gähnte, stellte den Rollkoffer neben die Garderobe und warf einen kurzen Blick auf die Post, die auf dem antiken Beistelltisch neben dem Eingang lag. Die musste warten, er wollte nur noch ins Bett.

Aus der Küche fiel ein schwacher Lichtschein in die Halle. Er war durstig und eine warme Milch erschien ihm gerade der Inbegriff der Glückseligkeit. In der Küche war das Licht über der Spüle noch eingeschaltet. Es roch nach Pestosoße, und sein Magen grummelte plötzlich. Am Kühlschrank klebte ein Zettel: *Wenn Sie hungrig sind, es sind noch Rigatoni da.* Darunter prangte ein lächelndes Smiley und ein PS: *Sie sind auch nicht zu scharf!*

Cesare schmunzelte. Immerhin lernte die Kleine dazu. Er nahm die Plastikdose mit den Resten heraus und stellte sie in die Mikrowelle. Milch passte nicht dazu, also goss er sich ein Glas Rotwein aus der angebrochenen Flasche neben dem Kühlschrank ein und setzte sich an den Küchentisch.

Während er auf das Pling wartete, fragte er sich, was Ophelia heute wohl unternommen hatte. War sie wieder mit Sandro unterwegs gewesen? Der Gedanke behagte ihm überhaupt nicht. Was, wenn Ophelia gar nicht zu Hause war und bei seinem Freund übernachtete? Doch die übrig gebliebene Pasta sprach eher dafür, dass sie heute Abend gekocht hatte. Trotzdem, sie hätte auch danach noch zu Sandro gehen können. Immerhin lag dessen Bleibe nicht weit von der Villa Aurelia entfernt.

Als die Mikrowelle klingelte, zuckte er zusammen. Der Appetit war ihm gerade gründlich vergangen. Er sollte aufhören, sich ständig Gedanken um diese Südtirolerin zu machen. Die Kleine wirbelte sein sonst so gleichförmiges Leben kräftig durcheinander, was ihn ärgerte. Zudem lag immer noch der Verdacht in der Luft, dass sie ihm und Isabella schaden wollte. Wodurch, war ihm zwar nicht klar, aber er würde es schon noch herausfinden. Irgendetwas stimmte mit ihr nicht, da war er sich sicher.

Er stand auf und nahm das Essen aus der Mikrowelle. Konnte man das noch ein weiteres Mal aufwärmen? Er zuckte mit den Achseln und stellte die Plastikdose wieder in den Kühlschrank, trank den Rotwein aus und ging die Treppe hinauf. Bevor er sein Schlafzimmer betrat, lauschte er. Weder aus Isabellas Zimmer noch aus dem zweiten Stock waren irgendwelche Geräusche zu hören. Mit einem tiefen Seufzer trat er in sein Zimmer und zog sich aus.

Cesare schreckte aus dem Schlaf hoch. Verwirrt sah er sich um. Draußen blitzte es, kurz danach ertönte ein ohrenbetäubender

Donnerschlag. Er sah auf die Digitalanzeige seines Weckers. Kurz vor drei Uhr. Offensichtlich hatte die Schlechtwetterfront aus dem Norden gerade Rom erreicht.

Eine Weile blieb er liegen und lauschte dem prasselnden Regen und den regelmäßigen Donnerschlägen. Der Wolkenbruch tat der vertrockneten Vegetation gut. Seit Wochen hatte es in Rom nicht mehr geregnet, und sowohl Menschen als auch Tiere und Pflanzen lechzten nach einer Abkühlung.

Er mochte Gewitter. Nicht als Pilot, da konnte es in einem Flugzeug schon mal brenzlig werden, aber wenn er zu Hause war, gefiel ihm das himmlische Spektakel.

Er stand auf und öffnete das Fenster. Kühle Luft, die nach nasser Vegetation und Ozon roch, schlug ihm entgegen. Er atmete tief durch und rieb sich die bloßen Arme. Die Stadt lag unter einem Regenschleier, der die Lichter der Straßenlaternen und der beleuchteten Gebäude verschwimmen ließ.

Sein Magen knurrte. Sollte er diese Nudeln jetzt doch noch essen? Isabella behauptete stets, dass er einen Magen wie eine Kuh besaß. Er würde schon nicht gleich das Zeitliche segnen, wenn er die Rigatoni nochmals aufwärmte.

Auf bloßen Füßen lief er die Treppe hinunter in die Küche. Jemand hatte das Licht über der Spüle ausgeschaltet, und der Raum lag im Dunkeln. Als er eine Gestalt vor der Terrassentür bemerkte, zuckte er erschrocken zusammen. Ein Einbrecher? Er griff nach dem Erstbesten, das ihm in die Finger kam – der angebrochenen Weinflasche neben dem Kühlschrank.

»Was tun Sie hier?«, zischte er, trat drohend auf die Person zu und hob die Flasche in die Höhe.

Die dunkle Gestalt quiekte vor Schreck und wirbelte herum. Ophelia!

»Himmelherrgott noch mal, müssen Sie mich denn immer so erschrecken?«, keuchte sie.

Als ein Blitz die Szene erhellte, sah Cesare in die schreckge-
weiteten Augen seiner Angestellten. Fürchtete sie sich etwa vor
dem Gewitter? Oder vor ihm?

»Und Sie, müssen Sie eigentlich ständig nächtens durch die
Villa schleichen?« Seine Stimme klang harsch, obwohl er die
Kleine eigentlich lieber in den Arm genommen hätte, um sie
zu trösten.

»Ich schleiche nicht herum«, antwortete sie kämpferisch
und reckte das Kinn. »Wollen Sie mich etwa mit der Flasche
erschlagen?«

Cesares Augen wurden schmal. »Und wollen Sie mich etwa
wieder küssen?«

Sie schnaubte, doch als ein weiterer Donnerschlag erklang,
entfuhr ihr ein leises Wimmern.

»Fürchten Sie sich etwa?« Er stellte die Weinflasche auf die
Küchentheke.

»Ein bisschen«, gab sie zu und schlang die Arme um ihren
Oberkörper. »Früher, als meine Mutter noch lebte, bin ich bei
Gewitter immer zu ihr ins Bett geschlüpft.«

Ihre Stimme klang plötzlich verloren. Alles Kämpferische
war von ihr abgefallen, und Cesare fühlte einen kleinen Stich in
der Magengrube.

»Vermissen Sie sie?«, fragte er. In dem spärlichen Zwielicht
sah er sie nicken. »Das geht mir genauso«, gab er zu.

»Ich habe sie gesehen«, sagte Ophelia daraufhin. »Auf dem
Foto am Meer. Sie war sehr schön.«

Cesare atmete tief durch. »Ja, das war sie.«

Ophelia trat zur Spüle und schaltete das Licht darüber wieder ein. »Ich mache mir jetzt eine warme Milch mit Honig.
Möchten Sie auch eine Tasse?«

Er nickte, setzte sich an den Küchentisch und betrachtete Ophelia, wie sie einen Topf hervorholte und Milch aus
dem Kühlschrank nahm. Sie trug nur ein kurzes T-Shirt und

verwaschene Trainingsshorts. Als sie sich bückte und ihm dabei ihren wohlgeformten Hintern präsentierte, schaute er schnell weg. Zuckersüß, hatte Sandro gemeint. Ja, das war die Kleine, auch ungeschminkt und mit zerzausten Haaren.

Cesare räusperte sich. Auf einmal wurde ihm bewusst, dass er wieder nur in einer Pyjamahose vor seiner Angestellten saß, und sie trug auch nur wenig Stoff. Ein Beobachter würde sich wer weiß was denken, wenn er sie jetzt sähe.

»Sie haben ja gar nichts gegessen«, konstatierte Ophelia mit vorwurfsvollem Ton, als sie die Plastikdose im Kühlschrank entdeckte. »Hatten Sie keinen Hunger?«

Er schüttelte den Kopf. Obwohl sein Magen vorhin noch begehrlich geknurrt hatte, war der Hunger jetzt wie weggeblasen. Schon wieder. Wenn das so weiterging, würden bald die Kleider an ihm schlottern. Offenbar besaß Ophelia ein Talent darin, ihm jeglichen Appetit zu verderben.

»Wie ist sie gestorben?«, unterbrach sie seine Gedanken.

»Bitte?«

Sie drehte sich um und nahm zwei Tassen aus dem Schrank. »Ihre Mutter. Wie ist sie gestorben?«

»Ein Unfall«, entgegnete er knapp.

»Verstehe. Bei meiner war es der Krebs. Vor zwei Jahren.«

»Mein Beileid.«

»Danke.«

Sie streckte sich, um den Honig aus dem Vorratsschrank zu nehmen, wodurch Cesare viel von Ophelias flachem Bauch zu sehen bekam.

»Und Ihr Vater?«, fragte sie weiter.

Cesare runzelte die Stirn. Wusste sie nichts über den Flugzeugabsturz seiner Eltern? Das war vor fünf Jahren ein großes Thema in der landesweiten Presse gewesen. War sie wirklich so unwissend, oder tat sie nur so?

Ophelia füllte die warme Milch in die Tassen, stellte sie und das Glas Honig auf den Küchentisch und setzte sich.

»Haben Sie uns nicht gegoogelt?«, fragte er, während er zwei Teelöffel aus der Schublade nahm und das Glas Honig aufschraubte. »Das tut man heutzutage doch, bevor man eine Arbeitsstelle antritt.«

»Gegoogelt?«, fragte sie und runzelte die Stirn. »Warum sollte ich das tun?«

Er zuckte mit den Schultern. »Dann wüssten Sie, wie meine Eltern ums Leben gekommen sind. Es war ein Flugzeugabsturz.«

Sie riss entsetzt die Augen auf. »Und Sie haben die Maschine geflogen!«

»Himmel nein, was für eine Idee? Nein, mein Vater flog die Cessna.«

Sie starrte ihn völlig entgeistert an.

»Was ist? Ein oder zwei Löffel?«

»Zwei«, stammelte sie. »Ich …«, sie brach ab.

»Ja?«

»Und Sie sind Pilot.«

Cesare nickte.

»Sie fliegen Flugzeuge.«

»Gut erkannt.«

Sie schüttelte verständnislos den Kopf, griff nach der Tasse Milch und pustete hinein. Dann nahm sie einen kleinen Schluck und öffnete den Mund, sagte aber nichts.

»Ja?« Cesare lehnte sich zurück und nippte ebenfalls an seiner Tasse.

Mittlerweile hatte sich das Gewitter abgeschwächt, und nur noch vereinzelt hörte man ein leises Grollen.

»Ist das nicht etwas … makaber?«

»Warum? Wären sie bei einem Autounfall gestorben, dürfte ich dann keinen Wagen mehr fahren?«

»Ich denke nicht, dass das dasselbe ist. Aber gut, es ist Ihre Entscheidung.«

Sie schüttelte wieder den Kopf, und er hatte plötzlich das Gefühl, er müsse sich rechtfertigen. Ärgerlich zog er die Stirn in Falten. Er brauchte seine Entscheidung vor einer Angestellten nicht zu verteidigen. Es ging niemanden etwas an, aus welchen Gründen er seine Ausbildung zum Piloten nach dem Absturz seiner Eltern nicht abgebrochen hatte.

Missgelaunt stand er auf und stellte die halb leer getrunkene Tasse in die Spüle. Es war schon spät. Er wollte wieder ins Bett.

»Signor Orsini, ich wollte Sie nicht verletzen.« Ophelia war unbemerkt zu ihm getreten und legte ihre Hand auf seinen Arm. »Es tut mir leid.«

Sie sah ihn mit großen Augen an, in denen Mitleid stand. Verdammt, er brauchte kein Mitleid! Schon gar nicht von einer halb nackten Hausangestellten. Und noch ehe er wusste, was er tat, zog er sie an sich und suchte hungrig ihren Mund.

XXVIII

In Cesares Schlafzimmer roch es nach seinem Aftershave und feuchter Luft. Das Fenster stand offen. Die zarten Voile-Vorhänge bauschten sich im Luftzug des abziehenden Gewitters. Erhellt wurde der Raum nur vom Schimmer der Straßenbeleuchtung.

Ophelia stockte einen Moment. Was tat sie hier eigentlich? Wollte sie das wirklich? Noch in der Küche, nach Cesares leidenschaftlichem Kuss, war es ihr logisch erschienen, ihm in den ersten Stock zu folgen, doch je mehr sie darüber nachdachte, desto hirnrissiger erschien ihr diese Entscheidung. Sie mochte den Kerl gar nicht und wollte jetzt mit ihm schlafen? Das war doch absurd.

Cesare stand hinter ihr und schlang seine Arme um ihre Taille. Er vergrub sein Gesicht in ihrem Haar und seufzte tief.

»Du riechst so gut«, flüsterte er an ihrem Ohr, und ein Schauer rieselte durch ihren Körper. Als er ihr kleine Küsse auf den Hals hauchte, flog ihr Verstand zum offenen Fenster hinaus.

Sie drehte sich zu ihm um, stellte sich auf die Zehenspitzen und küsste ihn. Ihre Nervenzellen vibrierten, als ihre Lippen miteinander verschmolzen. Es war, als würde Cesare sie unter Strom setzen. Sie strich mit beiden Händen über seine warme Brust, während ihre Zungen einander liebkosten. Sie schmeckte den Honig auf seinen Lippen, roch seinen männlichen Duft und erschauerte, als er ihr das T-Shirt über den Kopf zog.

Seine Hände erkundeten ihre Brüste, spielten mit den Knospen, die sich unter seinen Berührungen lustvoll verhärteten.

Ophelia stöhnte verhalten. Es tat so gut, im Arm gehalten zu werden. Wieder zu fühlen, dass man eine Frau war, und zu merken, wie sehr man begehrt wurde. Sie hatte seit dem Bruch mit Marco mit keinem Mann mehr geschlafen und erkannte erst jetzt, wie sehr sie die körperliche Liebe vermisst hatte.

Cesare beugte sich zu ihren Brüsten hinab und verwöhnte sie zärtlich mit dem Mund. Ophelia unterdrückte einen Lustschrei. Ihre Mitte fing an zu pulsieren und ein süßes Ziehen breitete sich zwischen ihren Schenkeln aus. Sie krallte ihre Finger in seine Haare und zog ihn noch näher. Sie wollte ihm ganz nahe sein. Jetzt, sofort, sonst würde sie vor Lust vergehen.

»Ich ersticke«, murmelte er an ihrer Brust, und sie kicherte.

»Entschuldige.«

Sie zog ihre Hände zurück und entließ ihn aus ihrem Klammergriff. Die Pause löste die knisternde Anspannung ein wenig auf. Beschämt sah sie zu Boden. Was musste er von ihr denken? Sie fiel über ihn her wie ein ausgehungerter Piranha.

»Sieh mich an!«, befahl er mit sanfter Stimme.

Sie verschränkte die Arme vor ihrer entblößten Brust und betrachtete ihn unsicher. Würde er sie jetzt auslachen? Er war bestimmt erfahrener in Liebesdingen als sie, doch wenn er sie wie ein unartiges Kind rügte, konnte er ihr den Buckel runterrutschen. So nötig hatte sie es dann auch wieder nicht.

»Ich will es so sehr wie du«, erklärte er und strich ihr eine Haarsträhne hinters Ohr. »Aber ich möchte jede Minute davon genießen, wie ein köstliches Gericht. Denn dass es köstlich sein wird, davon bin ich überzeugt.« Er nahm ihre Hand und zog sie zu seinem Bett. »Komm, lass uns mit der Vorspeise beginnen!«

Die Bettlaken hatten noch Cesares Wärme gespeichert, als sie sich darauf niederließen. Offensichtlich schlief er gern ohne Decke, denn diese lag zerknüllt am Boden. Das war ihr schon die vergangene Woche aufgefallen, als sie sein Zimmer aufgeräumt hatte. Auf dem Nachttisch standen ein Digitalwecker und ein Bild von ihm und Isabella, das sie als Kinder zeigte, daneben eins seiner Eltern in Abendgarderobe und Hand in Hand vor der Villa. Drei Taschenbücher stapelten sich dahinter, neu und ungelesen. Ophelia kannte weder die Titel noch die Verfasser. Auf dem Boden lag eine Ausgabe der *Gazzetta dello Sport* in ihrem unverwechselbaren Rosaton.

Interessierte sich Cesare denn für Sport? Außer, dass er jeden Morgen joggte, hatte er noch nie etwas in der Richtung verlauten lassen. Im Grunde kannte sie ihn doch gar nicht. Würde das hier jetzt ein One-Night-Stand werden? Und wenn ja, wie kämen sie danach miteinander zurecht? Wäre es nicht klüger, sich davonzumachen und ihre sexuellen Gelüste mit Sandro zu befriedigen? Der war zumindest nicht ihr Arbeitgeber. Aber Sandro interessierte sie nicht die Bohne. Sein Kuss hatte überhaupt nichts in ihr ausgelöst, ganz im Gegensatz zu Cesares Zärtlichkeiten, die sie wie eine schnurrende Katze genoss.

»Ein Taler für deine Gedanken«, sagte er in diesem Augenblick an ihrer Seite und stützte den Kopf in die Hand. Mit der anderen streichelte er ihren nackten Bauch, und eine angenehme Gänsehaut überzog ihren Körper.

»Hast du Zweifel?«

Himmel, ja!, wollte sie rufen, doch seltsamerweise schüttelte sie nur den Kopf, und sein Gesicht hellte sich auf.

»Und du wirst mich danach nicht verklagen?«

Sie runzelte die Stirn. »Was?«

»Ach, nichts.«

Er beugte sich über sie und küsste ihre Stirn, danach die Lider und eroberte schließlich ihren Mund. Ophelia schlang die

164

Arme um seinen Nacken und gab sich ganz den Emotionen hin, die sein Kuss in ihr weckte.

Wie schaffte er es bloß, eine solche Glut in ihr zu entfachen? Bei Marco hatte es sich nie so angefühlt. Seine Zärtlichkeiten hatten ihr zwar auch gefallen, waren aber Kinderkram im Vergleich zu dem, was dieser Römer mit seinen Händen, seiner Zunge, ja, mit seiner bloßen Anwesenheit in ihr auslöste. Der Begriff *jemandem verfallen* huschte kurz durch Ophelias Kopf. Wenn sie nicht aufpasste, würde sie sich in Cesare verlieben. Falls das nicht schon geschehen war. Und natürlich würde er ihr das Herz brechen. Arme, dumme Ophelia. Doch sie konnte sich später bemitleiden, jetzt wollte sie nur noch genießen.

Ein leichtes Stöhnen entrang sich ihrer Kehle. Sie bog sich ihm entgegen und spürte an ihrem Oberschenkel, wie sehr er sie begehrte. Sein heißer Atem strich ihren Hals entlang. Einen Moment verweilten seine Lippen an ihrem Schlüsselbein, bevor sie sich weiterbewegten, ihre Brüste in Besitz nahmen, bis sie meinte, gleich vergehen zu müssen. Sie tastete blind nach seinem Geschlecht, doch er rutschte ein Stück zur Seite und lachte leise.

»Noch nicht«, flüsterte er.

Er zog ihr die Shorts aus und warf sie achtlos zu Boden. Nackt lag sie nun auf seinem Bett, seinen Blicken preisgegeben, und sie schloss unsicher die Augen. Eine seltsame Unruhe ergriff sie. Gefiel ihm, was er sah? War sie schön genug? Begehrenswert genug?

»Sieh mich an, Ophelia!«, bat er mit heiserer Stimme. »Ich will, dass du erkennst, wie sehr du mich betörst. Wie du mich gefangen hältst mit deiner Schönheit, deinem Liebreiz, deinen wundervollen Augen.«

Er kniete sich zwischen ihre Schenkel, strich mit beiden Händen die Kurve ihrer Hüften entlang und ließ seinen Blick über ihren Körper wandern.

»Du bist so wunderschön, cara mia. Die römischen Meister hätten sich überschlagen, dich zu porträtieren oder aus Marmor formen zu dürfen.«

Ophelia lächelte. Sie hielt sich zwar eher für durchschnittlich, aber welche Frau mochte es nicht, wenn man ihr solche Komplimente machte?

Cesare beugte sich über ihre Mitte, kreiste mit seiner Zunge spielerisch um ihren Bauchnabel, bis sie kicherte. Als sein Kopf zwischen ihren Schenkel verschwand und ihre intimste Stelle fand, keuchte sie.

Ein emotionaler Feuerball raste unvermittelt auf sie zu, verschlang jeden Gedanken und trieb sie in schwindelerregende Höhen. Heiße Lust pulsierte durch ihren Körper. Sie warf den Kopf zurück. Ein kehliger Laut drang aus ihrem Mund. Sie hob ihr Becken. Warum kam er nicht zu ihr? Musste sie ihn anflehen?

»Lass dich fallen«, sagte er in diesem Moment. »Lass es einfach zu.«

Und sie ließ sich fallen. Die Wellen des Höhepunktes überfluteten sie. Hilflos trieb sie in dieser Woge aus süßem Schmerz wie ein Stück Treibgut auf hoher See. Ihre Muskeln zogen sich rhythmisch zusammen. Wärme durchströmte ihren Körper und ließ ihre Nerven prickeln. Sie war nur noch Gefühl, ein Gefäß, das überlief und zugleich wartete, von Cesare weiter gefüllt zu werden. Sie würde sich nie mehr mit weniger zufriedengeben.

Mit flatternden Lidern schlug sie die Augen auf, die sie trotz seiner Bitte automatisch geschlossen hatte. Sie fühlte sich warm und weich, als wäre ihr Körper eine knochenlose Masse.

Cesare lächelte, schlüpfte aus seiner Pyjamahose und legte sich zwischen ihre Schenkel. Seine Haut fühlte sich heiß an. Sie mochte sein Gewicht, das sie tief in die seidigen Laken drückte. Er sah ihr tief in die Augen.

»Sag meinen Namen!«, befahl er mit belegter Stimme. »Du sollst mir gehören, nur mir.«

»Cesare«, flüsterte sie erstickt. »Liebe mich!«

Als er in sie eindrang, zerfiel ihre Welt zu Staub. Alles um sie herum schien sich aufzulösen. Mit gleichmäßigen Stößen eroberte er ihren Körper und gleichzeitig ihre Seele.

Ophelia krallte ihre Hände in seinen Rücken und fühlte, wie ein zweiter Höhepunkt anrollte. Noch einmal rief sie seinen Namen, als sie erneut im wirbelnden Strudel versank. Sie war verloren und würde ewig dafür büßen.

XXIX

Cesares Kehle war vollkommen ausgedörrt. Er musste unbedingt etwas trinken. Ophelia hatte sich an ihn gekuschelt und schlief. Ihr Arm lag auf seiner Brust, ihre gleichmäßigen Atemzüge streichelten seine Haut. Ein wohliges Gefühl, doch sein Körper verlangte vehement nach Flüssigkeit.

Behutsam schälte er sich aus ihrer Umarmung und stand auf. Er trat einen Moment ans offene Fenster und sah in die Nacht hinaus. In Rom wurde es nie richtig dunkel, und nur selten konnte man die Sterne erkennen. Doch als hätte die Ewige Stadt in dieser Nacht für ihn eine Ausnahme gemacht, strahlte die Venus über dem Petersdom in einer Klarheit, als würde sie den vergangenen Liebesstunden Tribut zollen.

Cesare drehte sich um und betrachtete die schlafende Ophelia. Im Zwielicht waren ihre Gesichtszüge nur schemenhaft zu erkennen, doch er erinnerte sich auch so an ihr Gesicht, an ihre wundervollen Augen, die sich im Rausch der Lust verklärt hatten.

Das Liebesspiel mit der kleinen Südtirolerin war überwältigend gewesen. Er hatte zwar schon raffiniertere Gespielinnen im Bett gehabt, doch mit Ophelia hatte er etwas empfunden, das ihn verwirrte. Während sie unter seinen Stößen erschauert war, hatte er tief in seinem Herzen etwas gefühlt, das ihm bis jetzt unbekannt gewesen war. Eine wunderbare Süße, beinahe so etwas wie Schmerz, irritierend und doch wundervoll zugleich. Konnte es sein, dass er sich gerade in Ophelia verliebte? Nein, das war absurd! Im Grunde war sie doch gar nicht sein Typ. Aber was hatte dieses Ziehen im Herzen sonst zu bedeuten?

Ihre Haare hatten sich aus der Fessel des Gummibandes befreit und lagen wellengleich auf der weißen Bettwäsche. Der Drang, wieder ins Bett zu schlüpfen und sein Gesicht in diese weiche Pracht zu vergraben, wurde übermächtig. Doch zuerst musste er unbedingt etwas trinken. Die Nacht war noch jung, er hätte danach noch viel Zeit, sein Verlangen zu stillen.

Lächelnd schnappte er sich seine Pyjamahose, schlüpfte hinein und lief die Treppe hinunter in die Küche. Im Kühlschrank stand frischer Orangensaft, und durstig trank er in langen Zügen direkt aus der Packung.

Ob er Ophelia auch etwas zu trinken bringen sollte? Cesare zögerte. Was mochte sie eigentlich? Mit Schrecken musste er feststellen, dass er weder ihre Vorlieben noch Abneigungen kannte. Die vergangenen Tage hatte er sich lediglich darauf konzentriert, hinter ihr Geheimnis zu kommen. Auch jetzt war er immer noch davon überzeugt, dass sie ihnen etwas verschwieg. Vielleicht wäre sie in diesem Moment jedoch gesprächiger, jetzt, nachdem …

»Wie oft hat Mamma dir gesagt, dass du nicht direkt aus der Packung trinken sollst?«

Cesare wirbelte herum.

Isabella stand lächelnd in der Tür. »Kannst du auch nicht schlafen?«, fragte sie, nahm ihm die Saftpackung aus der Hand und schüttelte sie. »Leer, wie nett.«

Er schluckte. Hatte sie etwas mitbekommen? Obwohl die Türen in der Villa doch recht massiv waren, hatten weder er noch Ophelia beim Sex auf den Geräuschpegel geachtet. Doch seine Schwester wandte sich wortlos ab und nahm eine neue Packung Orangensaft aus dem Schrank.

»Ich hasse lauwarmen Saft«, murmelte sie ärgerlich vor sich hin, während sie nach einem Glas griff. »Ich gehe übrigens morgen wieder arbeiten.« Sie drehte sich um, nippte am Orangensaft und verzog das Gesicht.

Er räusperte sich. »Ist das eine gute Idee?«

»Ich drehe durch, wenn ich noch länger hier herumsitze. Und ansteckend bin ich bestimmt nicht mehr.«

»Und was ist mit Ophelia?«, rutschte es ihm heraus.

Verdammt, er hätte sich dafür ohrfeigen können!

Isabella hob fragend die Augenbrauen. »Was soll mit ihr sein?«

»Nun ja«, druckste er herum. »Hältst du es für eine gute Idee, sie ganz allein in der Villa zu lassen?«

Isabella lachte. »Hör endlich auf mit deiner Paranoia. Zugegeben, sie ist eine etwas unkonventionelle Hausangestellte, aber auch die Orsinis müssen mit der Zeit gehen.« Sie zwinkerte ihm zu. »Zudem kann ich sie immer besser leiden. Es ist, als würde ich sie schon lange kennen. Und sie bringt mich zum Lachen. Das schaffen nicht viele, wie du weißt.« Sie trat zu ihm und tippte ihm mit dem Finger auf die Brust. »Nur mein kleiner Bruder und Amadeo. Und manchmal auch Sandro.«

Cesares Augen wurden schmal. Er presste die Lippen fest zusammen. Musste sie jetzt gerade den Maler erwähnen? Er hatte Sandros Interesse für Ophelia die vergangenen Stunden erfolgreich ausgeblendet, doch jetzt überfiel ihn wieder die Eifersucht. Er wollte Ophelia mit niemandem teilen. Und mit diesem Hallodri schon gar nicht.

»Sie scheinen sich übrigens gut zu verstehen.«

»Wer?«

»Ophelia und Sandro. Sie wären doch ein hübsches Paar, nicht?«

Cesare schnaubte abfällig. »Du willst dem Kerl die Kleine tatsächlich in den offenen Rachen werfen? Anscheinend hast du immer noch Fieber und solltest weiterhin das Bett hüten.«

Isabella stutzte, dann riss sie die Augen auf. »Ich werde verrückt«, rief sie erheitert. »Du bist ja eifersüchtig!« Sie lachte hell auf. »Ich glaube es nicht. Mein kleiner Bruder hat sich in die Hausangestellte verguckt.«

»Schwachsinn!«, stieß er gereizt hervor. »Glaubst du tatsächlich, dass ich mich mit einer Bediensteten einlasse? So dämlich bin ich nun wirklich nicht! Erinnerst du dich nicht an Papàs Worte? Nein, ich will nur nicht noch mehr Probleme mit der Kleinen. Und dass eine Verbindung mit Sandro Schwierigkeiten mit sich bringt, ist so klar wie das Amen in der Kirche. Er würde sie vernaschen und danach wie einen alten Lappen wegschmeißen. Du kennst ihn ja.«

Isabella nickte. »Du hast vermutlich recht. Nun ja, Ophelia ist eine erwachsene Frau und wird schon wissen, was sie tut. Und selbst wenn, geht es uns nichts an.«

* * *

Ophelia presste die Hand auf den Mund. Tränen schossen ihr in die Augen. Sie war aufgewacht und hatte den Platz im Bett neben sich leer vorgefunden. Also war sie in ihre Kleider geschlüpft, um Cesare zu suchen. Als sie Stimmen in der Küche vernahm, wollte sie zuerst eintreten, doch als ihr Name fiel, war sie hinter der Küchentür stehen geblieben. Es wäre bestimmt peinlich, Isabella jetzt gegenüberzutreten. Cesares Schwester würde früh genug erfahren, wie es um sie und ihren Bruder stand. Doch als sie seinen gehässigen Kommentar hörte, erstarrte Ophelia zu Stein.

Also so war das! Er hatte sie nur für Sex benutzt. Keine großen Gefühle, kein *Und sie lebten glücklich bis an ihr Ende.*

Ein bisschen Vergnügen und dann tschüss. Wie hatte sie nur so dumm sein können? Natürlich würde sich ein römischer Adliger nicht mit einer wie ihr einlassen. Bestimmt gab es irgendwo eine steinreiche Tussi, die nur darauf wartete, dass der attraktive Cesare Orsini sich ihr erklärte.

Ophelia schlich wie ein geprügelter Hund die Treppe hinauf. Tränen liefen über ihre Wangen, und sie unterdrückte ein Schluchzen.

Ihr erster Gedanke war Flucht. Nichts wie weg aus dieser vermaledeiten Villa und ab nach Hause. Was ging es sie an, dass Isabella ihrer Mutter so ähnelte? Das war bloß eine Laune der Natur und hatte nichts zu bedeuten.

Doch plötzlich meldete sich ihr Stolz. Nein, sie würde nicht wieder davonlaufen. Hasenblut hin oder her. So leicht käme dieser arrogante Orsini nicht davon. Er hatte seinen Spaß gehabt, ihrer würde jetzt beginnen!

* * *

Cesare öffnete die Schlafzimmertür mit dem Ellbogen. Er balancierte das Tablett mit den Gläsern, dem Orangensaft, einer Flasche Mineralwasser und einem Sanbittèr vorsichtig in den Raum. Weil er nicht wusste, was Ophelia mochte, hatte er einfach alles mitgenommen, was der Kühlschrank hergab.

»Hast du Durst?«, flüsterte er, weil er nicht wollte, dass Isabella mitbekam, dass er nicht allein schlief. Doch niemand antwortete ihm. Das Bett war leer. Ophelia musste im Bad sein.

Er stellte das Serviertablett auf den Nachttisch, wobei das gerahmte Bild seiner Eltern auf den Boden fiel. »*Cavolo!*«

Er bückte sich danach. Zum Glück war es heil geblieben. Er hing sehr an dem Foto, denn es zeigte seine Eltern in einem Moment großen Glücks. Sein Vater hatte an dem Abend eine

Auszeichnung der Stadt Rom erhalten, weil er eine beträchtliche Spende für den Bau eines Kinderkrankenhauses entrichtet hatte.

Cesare lauschte. Aus dem Bad war kein Laut zu hören. Er stand auf und klopfte an die Tür.

»Ophelia? Bist du auf dem Klo eingeschlafen?« Keine Antwort. »Kann ich reinkommen? Wir könnten zusammen duschen.«

Bei dem Gedanken schoss Begehren durch seine Adern. Er stellte es sich überaus erotisch vor, Ophelias Körper einzuseifen. Mit einem anzüglichen Lächeln betrat er sein Badezimmer und blieb verblüfft stehen.

Leer! Was zum Henker hatte das denn jetzt zu bedeuten?

XXX

Es war noch früh am Dienstagmorgen, als Ophelia ein leises Klopfen aus dem Schlaf riss. Durch die geschlossene Tür hörte sie ein Flüstern.

»Ophelia, bist du wach?«

Orsini, verdammt! Zum Glück hatte sie abgeschlossen, denn gerade bewegte sich die Türklinke. Einen Moment blieb es danach still, dann bemerkte sie, wie ein Zettel unter der Tür hindurchgeschoben wurde.

Ja, schreib nur Zettel, du Mistkerl!, dachte sie empört und fühlte trotz der Wut, wie ihr wieder die Tränen kamen. Zum Glück war Orsini heute den ganzen Tag unterwegs, und sie musste ihm nicht gegenübertreten. Kurz darauf hörte sie, wie er mit seinem Wagen davonfuhr.

Nach seinen erniedrigenden Worten gestern Nacht war Ophelia in ihr Zimmer geflüchtet, hatte sich aufs Bett geworfen und sich in den Schlaf geweint. Er war ihr nicht gefolgt und vielleicht froh darüber gewesen, dass er sie nicht mehr in seinem Zimmer vorgefunden hatte, als er aus der Küche zurückkam. Immerhin hatte er bekommen, was er wollte, und nach jemandem, der nach dem Sex noch stundenlang kuscheln wollte, sah er nicht aus.

Ophelia wischte sich mit dem Handrücken über die nassen Augen und starrte an die Decke. Wie hatte sie nur so dumm sein können? In ihrer Vernarrtheit hatte sie alle Bedenken über Bord geworfen und war zu dem Idioten in die Kiste gestiegen.

Wäre sie doch nie nach Rom gefahren! So eine große Stadt war eben nichts für ein einfaches Mädchen aus der Provinz. Ihre Mutter hatte schon recht gehabt mit dem, was sie ihr ständig gepredigt hatte: »Bleib lieber in Bozen, Ophelia. Den Verlockungen einer Weltstadt bist du hilflos ausgeliefert.«

»Du hattest recht, Mama«, murmelte sie mit erstickter Stimme. »Warum habe ich nicht auf dich gehört?«

Ophelia linste zu dem weißen Zettel vor der Zimmertür. Wollte sie wirklich wissen, was darauf stand? Vielleicht irgendwelche Ausflüchte, wieso das mit ihm und ihr nicht klappen konnte? Oder hatte Orsini ihr gar die schriftliche Kündigung unter der Tür hindurchgeschoben?

Sie atmete tief durch, schlug die Bettdecke zurück und stand auf. Wo war bloß ihr Haargummi? Der lag bestimmt noch in Orsinis Schlafzimmer. Wie ihre Ehre. Als die Tränen erneut fließen wollten, räusperte sie sich mehrmals. Nein, Kopf hoch und sich nicht anmerken lassen, wie tief sie seine abfälligen Worte getroffen hatten. Diese Genugtuung würde sie ihm nicht lassen.

Sie bückte sich nach dem Zettel. Einen Moment hielt sie das zusammengefaltete Blatt in den Händen. Es sah aus, als wäre es hastig aus einem Notizblock herausgerissen worden. Ihr Herz klopfte wild in ihrer Brust. Vielleicht sollte sie die

Notiz unbesehen die Toilette hinunterspülen. Manchmal war Unwissenheit erträglicher als die Wahrheit. Doch natürlich siegte ihre Neugier. Mit zitternden Fingern faltete sie den Zettel auseinander.

Schade, dass wir nicht zusammen aufgewacht sind. Ich denke an dich, cara mia. Bis heute Abend. Baci, C.

»Steck dir deine Küsse sonst wohin! Ich habe meine Lektion gelernt«, wetterte sie, zerknüllte den Zettel und riss die Vorhänge zur Seite.

Die Sonne war noch nicht aufgegangen, doch das Licht am Horizont kündigte an, dass es nicht mehr lange dauern würde. An Schlaf war sowieso nicht mehr zu denken, also konnte sie sich auch gleich anziehen und mit ihrem Tagewerk beginnen. Als sie daran dachte, dass dazu auch das Aufräumen von Cesares Zimmer gehörte, schluchzte sie trotz aller Selbstbeherrschung leise auf.

Gegen halb neun trat Isabella in die Küche. Ophelia hatte sich gerade die dritte Tasse Kaffee gegönnt. Da es keinen Marillenschnaps in der Villa gab, schien ihr Koffein eine annehmbare Alternative. Doch statt ihre Nerven zu beruhigen, machte das Gebräu sie nur noch zappeliger.

Isabella trug anstelle ihres Morgenmantels ein dunkelblaues Kostüm und eine weiße Bluse. Ihre glänzenden dunklen Haare hatte sie zu einem lockeren Knoten am Hinterkopf frisiert. Sie war zwar immer noch sehr blass, die hässlichen Flecken der Röteln waren jedoch nahezu verschwunden. Wollte sie ausgehen?

»Ah, Ophelia, da bist du ja. Ich werde heute wieder arbeiten gehen. Vielleicht aber nur bis Mittag. Mal sehen, wie lange ich durchhalte.« Sie trat zur Kaffeemaschine und drückte den Knopf für einen Espresso.

Der Toaster spuckte zwei Scheiben Brot aus.

»Kann ich mir eine mopsen?«, fragte Isabella.

Ophelia nickte. Sie hatte eigentlich keinen Hunger, aber das flaue Gefühl im Magen war nicht zu vertreiben und trockener Toast würde eventuell dagegen helfen.

Isabella setzte sich an den Küchentisch und schlug die Beine übereinander.

»Ist was?«, fragte sie, während sie am Toast knabberte. »Du bist ganz bleich, und deine Augen sind geschwollen. Ist dir nicht gut?«

Dein Bruder hat mich flachgelegt und erst danach gemerkt, dass ich nicht in sein Weltbild passe, aber sonst ist alles im grünen Bereich.

»Menstruationsschmerzen«, sagte Ophelia stattdessen. Isabella konnte ja nichts dafür, dass sie so einen miesen Bruder hatte.

»Oje, du Ärmste. Willst du eine Tablette?«

Ophelia schüttelte den Kopf. »Es ist nur am ersten Tag so schmerzhaft, morgen hüpfe ich wieder wie ein junges Reh durch die Gegend.«

Isabella lachte. »Fein. Dann gehe ich jetzt. Sollte ich zum Mittagessen heimkommen, rufe ich dich an und bringe uns etwas mit, einverstanden? Ansonsten bis heute Abend.« Sie stand auf und stellte die Espressotasse in die Spüle. »Cesare kommt spät zurück. Er fliegt heute nach …« Sie brach ab und runzelte die Stirn. »Hab's vergessen. Wir müssen mit dem Essen also nicht auf ihn warten.«

»Hoffentlich fällt der Idiot vom Himmel«, murmelte Ophelia.

»Bitte?«

Sie winkte ab. »Nichts, ich habe nur laut gedacht. Was soll ich heute tun?«

Isabella dachte einen Moment nach. »Kannst du mal im Arbeitszimmer gründlich Staub wischen? Seit Vaters Tod nutzt Cesare es zwar ab und zu, aber ich glaube, richtig sauber gemacht hat man es seitdem nicht mehr.«

Ophelia nickte. »Alles klar. Staub wischen.«

»Also, dann wage ich mich mal wieder in die Höhle des Löwen. Mir graut jetzt schon vor dem Stapel auf meinem Schreibtisch.« Isabella marschierte zielstrebig auf die Tür zu. Dann drehte sie sich nochmals um. »Ich bin sehr froh, dass du bei uns bist«, sagte sie mit einem warmen Lächeln und verschwand in der Eingangshalle.

* * *

»Du tust es schon wieder.« Renzo grinste anzüglich.

»Was denn?« Cesare verschränkte die Arme und sah aufs Rollfeld des Flughafens Fiumicino hinaus. Die Crew wartete am Gate, um das Flugzeug nach Lissabon zu besteigen.

Er freute sich jedes Mal, wenn sie die Hauptstadt Portugals, die an der Mündung des Tejo lag, anflogen. Cesare mochte die engen Gassen mit ihren Mosaiken aus schwarzem Basalt und weißem Kalkstein, die gelben Barockbauten und lauschigen Arkaden und die portugiesische Lebensart, die so viel offener war als die der zuweilen etwas steifen Römer. Lissabon reflektierte seiner Meinung nach auf besondere Weise die portugiesische Kultur, die auf der einen Seite alles Moderne mit offenen Armen begrüßte, während sie sich auf der anderen Seite ihr einzigartiges Erbe und ihre Traditionen bewahrte.

»Was tue ich?«, fragte er nach.

»Blöd vor dich hinlächeln«, erklärte Renzo. Er nahm die Kapitänsmütze vom Kopf und kratzte sich seinen lichter werdenden Haarschopf am Hinterkopf. »Also komm, spuck's aus. Was erheitert dich dermaßen?« Als Cesare lediglich mit den Schultern zuckte, sagte Renzo: »Das ist ein Befehl!«

Cesare lachte.

»Ist eine Frau der Grund?« Renzo setzte die schwarze Mütze mit dem goldenen Emblem der Fluggesellschaft wieder auf, die ihn gleich viel respektabler aussehen ließ. Es stimmte wohl doch, dass Kleider Leute machten, denn ohne Uniform hätte sein Vorgesetzter auch gut vor den Steinofen einer Pizzeria gepasst.

»Da steckt bestimmt eine Frau dahinter«, murmelte Renzo vor sich hin und zupfte dabei ein Stäubchen von einem der vier Kapitänsstreifen an seinem Ärmel. »Unser Prinz ist verliebt.« Er boxte Cesare freundschaftlich auf die Brust. »Dass ich das noch erleben darf!«

Cesare knurrte. Er hasste den Spitznamen *Prinz*, den ihm irgendwann mal so ein Schwachkopf verpasst hatte, als bekannt wurde, dass er adliger Herkunft war.

»Und wenn schon«, gab er entschieden zur Antwort. »Das geht dich überhaupt nichts an.«

Renzo hob entschuldigend beide Hände in die Luft. »Nur ruhig Blut. Ich freue mich doch für dich. Es gibt nichts Wichtigeres im Leben als die Liebe.«

Cesare runzelte die Stirn. Liebe? So ein Quatsch! Das war keine Liebe. Er mochte Ophelia, nach der gestrigen Nacht sehnte er sich sogar nach weiteren Zärtlichkeiten, aber er liebte sie doch nicht. Es war ihm schon peinlich gewesen, dass ihn Isabella deswegen aufgezogen hatte; deshalb hatte er auch so harsch reagiert. Wenn sich mehr aus der Liaison entwickelte, würde er es seiner Schwester schon frühzeitig mitteilen. Und wenn nicht, wurde so wenigstens nicht viel Porzellan zerschlagen.

Während der Shuttlebus die Crew zur Maschine brachte, zog er sein Smartphone aus der Hosentasche und schrieb Ophelia eine SMS. Sie würden erst am späten Abend von Lissabon zurückfliegen, und vielleicht schlief sie dann schon. Doch das Verlangen, sie heute noch zu sehen, trieb ihn dazu, sie zu bitten, auf ihn zu warten. Was völlig untypisch für ihn war. Normalerweise war es nämlich genau umgekehrt. Meist baten ihn die Damen um ein Date oder dass er sich zu einer bestimmten Stunde irgendwo zu einem Schäferstündchen einfand. Es gab eben für alles ein erstes Mal, und Cesare fand es geradezu aufregend, wie er sich verändert hatte.

Er war zwar enttäuscht gewesen, als Ophelia gestern einfach in ihr Zimmer verschwunden war und die Nacht nicht mit ihm hatte verbringen wollen. Aber sie kannten sich ja noch kaum. Vielleicht war sie nach dem Liebesspiel lieber allein und wollte nicht noch stundenlang kuscheln. Er würde bestimmt von ihren Vorlieben erfahren, wenn sie sich näher kannten.

Zuerst hatte er überlegt, ihr zu folgen, aber möglicherweise brauchte sie eine gewisse Zeit, um sich darüber klar zu werden, welche Grenze sie gestern überschritten hatten. Auch wenn es eine wunderbare, süße und erotische Grenze gewesen war.

»Ich sag's ja«, meinte Renzo an seiner Seite. »Dieses Lächeln bedeutet: amore!«

Cesare rollte mit den Augen, drehte sich weg, damit Renzo nicht bemerkte, wie er errötete, und verstaute sein Handy wieder.

XXXI

Mit Staubtuch, Stofflappen und Möbelpolitur bewaffnet, betrat Ophelia das Arbeitszimmer, als ihr Handy piepste. Sie zog es aus der Gesäßtasche und schnaubte, als sie den Absender erkannte.

Danke für die wunderbaren Stunden. Wartest du heute Nacht auf mich? Es wird zwar spät, aber dafür bringe ich dir aus Lissabon auch etwas mit. Baci, C.

»Behalt deine Geschenke für dich, du arroganter Dummbeutel!«, stieß sie wütend hervor. Am liebsten hätte sie ihr Handy an die Wand geschmissen. Doch sie würde sich kein neues leisten können, und schließlich konnte das Gerät nichts dafür, dass sie sich Hals über Kopf in eine Affäre mit ihrem Arbeitgeber gestürzt hatte. Also schaltete sie es auf stumm und schaute sich im Raum um.

Als sie die vielen gebundenen Bücher im Regal an der gegenüberliegenden Wand betrachtete, verließ sie der Mut. Allein, um die alle abzustauben, würde sie Tage benötigen. Vielleicht begann sie lieber mit dem Schreibtisch, dem Sekretär oder der Kommode vor dem Fenster. Die Möbelstücke zeugten vom erlesenen Geschmack der Orsinis und waren jedes einzelne vermutlich so teuer wie ein Kleinwagen. Sie sahen auch weniger staubig aus und würden in kurzer Zeit wieder im alten Glanz erstrahlen. Den Büchern konnte sie sich danach widmen, wenn sie dann noch die nötige Energie aufbrachte. Eigentlich hatte sie ja Urlaub, und den mit Putzarbeit zu verbringen, war im Grunde doch recht dumm.

»Dumm sollte in meinem Pass als zweiter Vorname stehen«, murmelte sie vor sich hin, als sie lustlos auf die Kommode zusteuerte. Es wollten schon wieder Tränen kommen, doch entschlossen atmete sie tief durch. Nein, sie war kein Kind mehr, und Enttäuschungen gehörten eben zum Leben, damit musste man fertigwerden. Auch wenn sie so unsagbar schmerzten.

Sie schaltete das Radio auf der Kommode ein und drehte den Lautstärkeregler auf die höchste Stufe. Bald ging ihr Urlaub zu Ende, und die Orsinis wären danach Geschichte. Eigentlich sollte sie froh darüber sein, seltsamerweise war sie es aber nicht.

Zwei Stunden später war Ophelia durchgeschwitzt und stank nach Möbelpolitur, die Kommode und der Sekretär sahen jedoch wieder wie neu aus und hätten in einer Versteigerung bei Sotheby's bestimmt ein Vermögen eingebracht. Während des Putzens war ihr eine Idee gekommen, wie sie Cesare seine Arroganz heimzahlen konnte: Sie würde über ihn bloggen. Natürlich, ohne seinen richtigen Namen zu verwenden, schließlich wollte sie sich keine Anklage wegen Verleumdung einhandeln. Aber jeder, der ihn kannte, würde merken, dass es sich nur um den noblen Cesare Orsini handeln konnte. Leider würde sie damit auch Isabella treffen. Sie war schließlich seine Schwester.

Ophelia kam sich recht schäbig vor, Isabella so ihre Freundlichkeit zu vergelten. Ob sie sie vorab einweihen sollte? Möglicherweise konnte sie ja nachfühlen, wie sehr es Ophelia verletzt hatte, von ihrem Bruder nur als Betthäschen benutzt zu werden. Die Römerin und sie verstanden sich fabelhaft, womöglich stand Isabella sogar auf ihrer Seite. Es könnte durchaus sein, dass sie nicht die erste Angestellte war, die diesem Hallodri auf den Leim gegangen war, und seine Schwester hätte vielleicht nichts dagegen, ihrem Bruder deswegen einen öffentlichen Denkzettel zu verpassen.

Ophelia riss verblüfft die Augen auf. Jetzt endlich ergab Orsinis gestrige Frage, ob sie ihn verklagen würde, auch einen Sinn. Er fürchtete sich vor einer Klage wegen sexueller Belästigung. Natürlich, das musste es sein! Wer fragte auch so etwas, wenn er nicht schon mal von jemandem beschuldigt worden war? Es war praktisch ihre Pflicht, die weibliche Arbeiterklasse vor so einem Filou zu warnen.

Aber sie würde Sandro als Helfer brauchen. Wer würde sich in Südtirol schon darüber aufregen, was im fernen Rom geschah? Ihre heimischen Leserinnen und Leser mochten sich zwar bestimmt für ein paar pikante Details interessieren, aber hohe Wellen würde ihr Enthüllungsbericht in Bozen und Umgebung nicht schlagen. Aber wenn Sandro seine römischen Bekannten diskret auf Ophelias Blog hinwies und bemerkte, dass dort anrüchige Details über ein Mitglied der römischen High Society stünden, war der Anfang gemacht. Irgendeinen nützlichen Helfer, der die Regenbogenpresse informierte, gab es immer. Wenn die Saat erst einmal gestreut war, brauchte es nur etwas Zeit, bis sie keimte. Der Maler würde ihr bestimmt helfen, wenn sie ihn darum bat. Er bezeichnete sich zwar als Orsinis Freund, aber auch Freundschaft hatte ihre Grenzen. Vor allem, wenn es um eine Frau ging.

Ophelias Laune besserte sich, während sie sich vorstellte, wie peinlich es für Orsini sein würde, wenn er als Casanova der schlimmsten Sorte geoutet würde. Das hatte er verdient! Oder nicht? Die leise Stimme in ihrem Kopf, die ihr zuflüsterte, dass ihr Vorhaben armselig und kindisch sei, ignorierte sie geflissentlich. Sie hatte genug davon, sich herumschubsen und ausnutzen zu lassen. Das würde Orsini lehren, nicht mit den Gefühlen anderer zu spielen! Reichtum und gutes Aussehen waren kein Freifahrschein für Charakterlosigkeit. Und auch wenn sie sich am Ende doch nicht traute, ihn öffentlich an den Pranger zu stellen, die Vorstellung, dass sie es tun würde, war ungemein befriedigend.

Ophelia trat ans offene Fenster und wischte sich mit dem Unterarm den Schweiß von der Stirn. Gott, war das heute wieder heiß! Mit Bedauern dachte sie an den Roller zurück, und wie sie es genossen hatte damit nach Ostia ans Meer zu fahren. Vielleicht sollte sie ihre Putzaktion abbrechen und sich ein kühles Plätzchen am Strand suchen. Es war bereits nach halb eins. Isabella würde also erst gegen Abend auftauchen und nicht merken, wenn sich ihre *gute Perle* eine kleine Auszeit gönnte. Doch Halt, Isabella war mit dem Wagen zur Arbeit gefahren. Mist! Man kam zwar auch mit dem Zug nach Ostia, aber eingezwängt zwischen anderen schwitzenden Bahnreisenden zu sitzen, darauf konnte Ophelia gerne verzichten. Also kein Wellenbad.

Sie wandte sich mürrisch vom Fenster ab und betrachtete den edlen Schreibtisch aus Wurzelholz. Darauf hatte sich das aufgeschlagene Fotoalbum befunden, das ihr einen weiteren Zusammenstoß mit Orsini beschert hatte. Das leichte Hungergefühl, das sie vorhin noch verspürt hatte, verflüchtigte sich bei der Erinnerung augenblicklich. Also konnte sie sich genauso gut dem letzten Möbelstück widmen und das Mittagessen ausfallen lassen. Danach wollte sie lange duschen und ein Nickerchen halten, bevor sie den Rest der Hausarbeit in Angriff nahm. Gleich darauf würde sie den ersten gepfefferten Blog-Eintrag über Roms High Society verfassen und, wenn sie sich traute, sofort online stellen. Und Orsini könnte heute in einem ungemachten Bett nächtigen. Ihr doch egal, was er sich dachte, wenn er in sein unaufgeräumtes Zimmer zurückkam.

Beim besten Willen brachte sie es nicht übers Herz, die Laken in seinem Schlafzimmer, in denen sie gestern Nacht noch im Himmel geschwebt hatte, glatt zu streichen. Sollte er nur merken, dass etwas nicht stimmte. Wenn er es bis dahin noch nicht geschnallt hatte, immerhin hatte sie weder auf den Zettel noch auf seine Kurzmitteilungen reagiert.

Ophelia stellte die Flasche mit der dunklen Möbelpolitur auf den Schreibtisch und sah sich nach den Stofflappen um. Sie lagen auf dem Fensterbrett. Als sie sich umdrehte, streifte sie mit dem Ellbogen die offene Flasche. Sie fiel um und gluckernd ergoss sich der Inhalt auf den Schreibtisch und die lederne Schreibunterlage und floss langsam auf die Tischkante zu.

»Sakra!«

Hektisch versuchte Ophelia, die Flüssigkeit mit der einen Hand aufzuhalten, mit der anderen stellte sie hastig die Glasflasche wieder auf. Unter dem Schreibtisch lag ein Orientteppich, den es unbedingt vor der Politur zu schützen galt. Zwar lachte Isabella meist bloß, wenn Ophelia etwas Ungeschicktes anstellte, aber wenn sie einen teuren Teppich ruinierte, würde sie ihr das vermutlich nicht einfach so verzeihen.

Als sie spürte, wie die Möbelpolitur neben ihren Fingern und an der Schreibtischschublade hinabbrann, zog sie kurzerhand ihr T-Shirt über den Kopf und stoppte das Malheur damit. Das Shirt war schon alt, sie würde es verschmerzen.

Erleichtert stieß sie die Luft aus, als die braune Flüssigkeit endlich stoppte und sich ihr T-Shirt damit vollsog. Vorsichtig tupfte sie danach mit einer trockenen Ecke die restlichen Tropfen von der Schreibtischunterlage. Dem Tisch und der Schublade würde die Politur nichts anhaben können, der Teppich war in Sicherheit, aber ob sie das Mittel aus der ledernen Unterlage bekäme, war fraglich. Konnte sie sie unters Wasser halten? Oder war das Teil dann vollständig hinüber?

Sie setzte sich auf den Stuhl vor dem Schreibtisch und betrachtete die Bescherung. Vielleicht könnte sie mit einem feuchten Schwamm das Schlimmste entfernen.

Vorsichtig hob sie die Schreibtischunterlage an. Darunter lag ein kleiner Schlüssel. Mit spitzen Fingern griff sie danach und reinigte ihn. Er gehörte wohl in das Schlüsselloch der Schreibtischschublade. Kurzerhand steckte sie ihn hinein.

Ophelia zögerte. Normalerweise respektierte sie die Privatsphäre anderer, doch vielleicht bewahrten die Orsinis in der Schublade wichtige Dokumente auf. Was, wenn trotz ihres schnellen Eingreifens Politur hineingelaufen war und sie vernichtet hatte? Dann müsste sie ihr Malheur beichten.

Ophelia drehte den Schlüssel um und zog langsam die Schublade auf. Sie klemmte ein wenig, doch nach einem sanften Ruck ließ sie sich herausziehen. Schnell kontrollierte sie die Ränder. Keine Politur, Gott sei Dank! Als sie die Lade wieder zuschieben wollte, fiel ihr Blick auf das Fotoalbum mit den Familienbildern.

Sie sah sich schnell im Arbeitszimmer um, als ob sie fürchtete, jemand könnte sie beobachten, aber natürlich war niemand anwesend. Sollte sie einen Blick wagen? Keiner ihrer Bekannten schloss seine Fotoalben weg, also weswegen tat es Orsini? Hatte er etwas zu verbergen? Und wenn ja, könnte sie das möglicherweise für ihren geplanten Blog-Artikel verwenden?

Sie fühlte sich gerade wie Audrey Hepburn in dem Film *Charade,* in dem niemand der war, den er zu sein vorgab. Obwohl es im Zimmer genauso heiß war wie draußen, fröstelte sie plötzlich.

»Es ist nur ein Fotoalbum, du dummes Huhn, und nicht die Abschusscodes für die nuklearen Raketen der USA«, sagte sie halblaut und zog das Album heraus. Trotzdem musste sie schlucken, als sie es aufschlug. Immerhin beging sie hier einen

Vertrauensbruch. Schon wieder. Ob sie über eine Karriere im Geheimdienst nachdenken sollte?

Sie kicherte und betrachtete das erste Foto. Es war schwarzweiß und zeigte die Villa Aurelia. Davor stand ein Mann mit einem immensen Schnurrbart, Hut und Spazierstock, neben ihm waren mehrere Bedienstete in Arbeitskleidung; die Männer mit Weste und Sakko, die Frauen in dunklen knöchellangen Röcken, hellen Schürzen und weißen Häubchen. Möglicherweise betrachtete sie gerade den Erbauer der Villa und sein damaliges Dienstpersonal. Das waren aber viele Leute für die Arbeit, die sie jetzt ganz allein erledigte.

»Orsini, du Sklaventreiber!«, zischte sie verdrossen und blätterte um.

Die nachfolgenden Bilder führten Ophelia durch die Zeit. Fotos aus dem Zweiten Weltkrieg, in der die Villa offenbar als Lazarett gedient hatte, dann die Fünfziger- und Sechzigerjahre, Damen mit toupierten Haaren, Bleistiftröcken und Pfennigabsätzen. Die Geschichte der Orsinis im zwanzigsten Jahrhundert.

Irgendwann tauchten die Eltern von Isabella und Cesare zum ersten Mal auf. Ein Hochzeitsbild. Die Mutter in weißer Spitze und Schleier, der Vater in Frack und Zylinder. Sie lächelten glücklich in die Kamera, und Ophelia lächelte zurück. Auch hier fiel ihr wieder die Ähnlichkeit von Cesare mit seiner Mutter auf.

»Ich will jetzt nicht an ihn denken!«, befahl sie sich und blätterte um.

Das erste Bild von Isabella, 1987 als Baby auf den Armen ihrer Mutter, der das Glück nur so aus den Augen strahlte. Sie trug ein Kleid mit immensen Schulterpolstern, und Ophelia verzog das Gesicht. Die Achtziger waren modetechnisch wirklich das Letzte gewesen. Der Vater hatte das Foto offenbar aufgenommen, denn er war nicht zu sehen. Auf dem nächsten standen Mutter und Vater vor der Villa, in einer ähnlichen Pose wie der schnauzbärtige Mann, ebenfalls eine Reihe Bediensteter daneben, jetzt aber moderner gekleidet, die Röcke der weiblichen Angestellten kürzer, und sie trugen auch keine Häubchen mehr.

Ophelias Blick blieb an einer Frau hängen, die auf der untersten Treppenstufe stand. Statt wie alle anderen Bediensteten lächelnd in die Kamera zu blicken, sah sie geradeaus auf das Ehepaar Orsini mit der kleinen Isabella auf dem Arm.

Ophelia stieß einen erstickten Laut aus, und eine Gänsehaut lief ihr über den Rücken. Die Frau auf dem Bild aus dem Jahr 1987 war ihre eigene Mutter!

»Ich weiß nicht, was ich davon halten soll«, flüsterte Ophelia. Sie saß im Schneidersitz auf ihrem Bett und skypte mit Selma.

»Weshalb flüsterst du?«, fragte diese und beugte sich vor, sodass ihr Gesicht den gesamten Bildschirm des Laptops einnahm.

»Keine Ahnung.« Ophelia kicherte. »Im Moment ist niemand hier außer mir.«

»Und du bist dir wirklich sicher, dass die Frau auf dem Foto deine Mutter ist?«

Ophelia nickte. »Es ist zwar etwas verschwommen, und man sieht sie nur im Profil, aber ich werde doch wohl meine eigene Mutter erkennen!«

Selma schnalzte mit der Zunge. »Und deine Mama hat nie etwas davon erzählt, dass sie mal in Rom gearbeitet hat?«

Ophelia schüttelte stumm den Kopf.

»Ist ja sehr mysteriös«, meinte Selma und schrie dann ihren kleinen Bruder an, der ohne anzuklopfen in ihr Zimmer stürmte.

Es war kurz vor halb sechs, bald würde Isabella von der Arbeit kommen. Wie sollte Ophelia ihr begegnen? Sie konnte sie schlecht auf die Fotografie ansprechen, ohne zu verraten, dass sie herumgeschnüffelt hatte.

Seit der Entdeckung des mysteriösen Fotos war Ophelia komplett durch den Wind und hatte es kaum abwarten können, mit Selma zu sprechen. Diese war nach Ophelias SMS nach Hause vor ihren Laptop geflitzt, und jetzt skypten sie bereits seit einer Viertelstunde – ohne Ergebnis.

»Du musst sie direkt danach fragen«, schlug Selma vor. »Sag einfach, die Schublade stand offen und du hättest das Fotoalbum abstauben wollen, und dabei ist das Ding auf den Boden gefallen und bei dem Foto aufgeschlagen.«

»Ja, klar, sie ist doch nicht blöd, das glaubt sie mir nie!«

Selma runzelte die Stirn. »Dann sag, dass Cesare dir die Fotos gezeigt hat.«

Ophelia hatte ihrer Freundin nicht erzählt, dass sie mit Orsini in die Kiste gestiegen war. Das war auch zweitrangig, jetzt, wo feststand, wieso Isabella ihrer Mutter so ähnlich sah. Ganz sicher waren die beiden miteinander verwandt. Wie, das wusste Ophelia noch nicht, sie musste es aber herausfinden. Denn wenn ihre Mutter mit den Orsinis verwandt war, dann war Ophelia es auch, und dann hatte sie möglicherweise mit einem Blutsverwandten das Bett geteilt. Ihr wurde schlecht bei dem Gedanken, deshalb klang ihre Antwort selbst in ihren Ohren zu forsch: »Blödsinn, der würde mir doch nie seine Familienfotos zeigen! Wieso auch? Außerdem habe ich das Foto aus dem Album genommen. Wie sollte ich das dann bitte erklären?«

Selma ging zum Glück nicht weiter darauf ein. »Wie hieß denn deine Mutter vor ihrer Hochzeit?«

»Hofer.«

»Klingt ja nicht sehr römisch.« Ophelia schüttelte den Kopf. »Ist sie eventuell adoptiert worden?«

»Auf keinen Fall«, erwiderte Ophelia und überlegte dann. »Nein, davon hat sie nie etwas verlauten lassen.«

»Sie hat dir aber auch nie erzählt, dass sie in Rom gearbeitet hat, oder? Also könnte es doch sein, dass sie ein uneheliches Kind eines dieser Adligen ist.«

Ophelia runzelte nachdenklich die Stirn. War das möglich? Hatte sich in der Vergangenheit ein Orsini einen Fehltritt geleistet, und ihre Mutter war das Produkt daraus? Möglich wäre das, wenn auch eher unwahrscheinlich. Aber was war schon wahrscheinlich und was nicht? Ophelias gesamtes Weltbild ging gerade in die Brüche.

»Komm am besten heim«, schlug Selma vor. »Diese Stadt tut dir nicht gut.«

Ophelia schluckte. Hatte ihre Mutter nicht beinahe die gleichen Worte gebraucht? Und jetzt wusste sie auch, wieso. »Ja, ich denke, es ist Zeit, mich zu verkrümeln. Hier finde ich nicht heraus, wieso Mama auf dem Bild ist. Es existiert auch kein weiteres von ihr in dem Album. Am besten komme ich heim und durchwühle mal ihre Sachen. Vielleicht finde ich einen Hinweis. Ich hätte das schon lange erledigen sollen.«

»Gute Idee«, stimmte Selma zu. »Ich kann dir helfen. Das wird spannend.«

In den Augen ihrer Freundin blitzte Entdeckergeist auf, und sie bemerkte zum Glück nicht, dass Ophelia eine Träne über die Wange lief. Sie wischte sie schnell weg.

»Also, Selma, ich muss mich beeilen, damit ich weg bin, bevor Isabella von der Arbeit kommt. Den Zug um 17.45 Uhr erwische ich nicht mehr, aber eine Stunde später fährt noch einer. Ich schicke dir von unterwegs eine SMS. Bis dann.«

XXXII

Cesare betrachtete misstrauisch sein Handy und schüttelte es dann leicht. War es kaputt?

Er saß in dem historischen *Café A Brasileira* mitten in Lissabon. Das Lokal lag im Chiado-Viertel und zog die Touristen in Scharen an, war es doch wegen seines originalgetreuen Interieurs aus der Spätzeit der Belle Époque eine der berühmtesten Sehenswürdigkeiten.

Cesare kam jedes Mal, wenn er Lissabon anflog und die Zeit ausreichte, hierher und genehmigte sich eine Bica, die portugiesische Variante des Espresso.

Der gepolsterte Lederstuhl knirschte, als er sich vorbeugte und an dem köstlichen Gebräu nippte. Der Duft nach frischem Gebäck wehte von der Theke, die das Café an der Längsseite durchzog, zu ihm herüber, und er überlegte, ob er sich eins der süßen Törtchen kaufen sollte. Doch zuerst musste er sein Smartphone checken. Es konnte doch nicht sein, dass Ophelia ihm nicht antwortete. Das Gerät musste defekt sein.

Er öffnete den Browser und wählte sich mit dem kostenfreien WLAN des Lokals ins Internet ein. Das klappte problemlos. Dann lag es vermutlich an WhatsApp. Er fotografierte

191

das Lokal und schickte das Bild zum Testen an Isabella. Kaum eine Minute später kam ihre Antwort:

Du hast so ein Glück! Grüß mir den Tejo, und iss ein pastel de nata *für mich.*

Cesare schmunzelte. Genau an diese süßen Blätterteig-köstlichkeiten hatte er gedacht, als er Ophelia schrieb, dass er ihr aus Lissabon ein Geschenk mitbringen würde. Die Vanillepuddingtörtchen gab es zwar an jeder Straßenecke zu kaufen, aber wer etwas Besonderes suchte, erstand sie in der *Confeitaria Pastéis de Belém,* die bot die besten von ganz Lissabon an.

WhatsApp funktionierte also. Seltsam, warum schrieb Ophelia dann nicht zurück? Sie musste doch den Zettel und die Kurzmitteilungen gelesen haben. Hatte sie keine Lust zu kommunizieren? Oder, was ihn mehr beunruhigte, hatte sie keine Lust, mit *ihm* zu kommunizieren?

Er runzelte die Stirn. Zwar hielt er sich nicht für Casanova persönlich, doch Ophelia hatte gestern durchaus den Anschein erweckt, dass ihr seine Zärtlichkeiten gefallen hatten. Die süßen Schnurrlaute, die sie dabei von sich gegeben hatte, hatte er für ein Zeichen des Wohlbefindens gehalten. Oder war ihre Lust nur vorgespielt gewesen? Nein, das hielt er für ausgeschlossen! Das war alles echt gewesen … und wunderschön. Er lächelte, als er daran zurückdachte. Aber warum ignorierte sie ihn jetzt? Das ergab doch keinen Sinn.

Kurzerhand wählte er ihre Nummer. Es läutete vier Mal, bevor die Mailbox ansprang. Er wartete den obligaten Piepston ab und räusperte sich.

»Ciao, Ophelia, hier Cesare. Ist alles in Ordnung? Hast du meine Nachrichten bekommen? Melde dich doch mal. Ich vermisse dich und freue mich auf heute Abend …«

Die Mailbox schaltete mitten im Satz ab. Mist! Ob er nochmals anrufen sollte? Doch im Grunde hatte er alles gesagt, was es zu sagen gab. Weitere Details wollte er mit ihr persönlich besprechen.

Auf dem Flug nach Lissabon hatte er sich überlegt, dass es nach der gestrigen Nacht nicht mehr angebracht war, Ophelia als Haushälterin zu beschäftigen. Irgendwann würde etwas an die Presse durchsickern, und er hatte keine Lust, Objekt einer Schlagzeile zu werden, die ihm vorwarf, sein Arbeitgeberverhältnis zu missbrauchen. Nein, den Haushälterinnenjob musste sie sausen lassen. Aber die Alternative würde sie sicher begeistern.

Nachdem Renzo ihn während des ganzen Fluges mit Fragen über die neue Frau in seinem Leben gelöchert hatte, war Cesare eine Idee gekommen: Ophelia war Buchhändlerin, also musste sie Bücher lieben. Sie könnte die umfangreiche Bibliothek in der Villa katalogisieren – quasi auf Basis einer freien Mitarbeiterin. Auf diese Weise würde er den Klatschmäulern den Wind aus den Segeln nehmen.

Cesares Vater hatte diese Katalogisierung immer in Angriff nehmen wollen, um ein paar ausgewählte bibliophile Bände an Museen zu spenden, war aber nicht mehr dazu gekommen. Das würde Ophelia sicher Spaß machen. Zudem hatte sich Cesare überlegt, ob sie eventuell Lust hätte, über seinen Zweig der Familie eine Webseite anzulegen. Es kamen immer wieder Anfragen von Historikern und Presseleuten deswegen. Sie fotografierte gern, und die Geschichte der Orsinis durch die Jahrhunderte war mehr als spannend. Es gäbe viel zu recherchieren und eine Menge zu schreiben. Und sie hatte ihm ja voller Euphorie von ihrem Reise-Blog erzählt. Also würde er sie bestimmt auch für eine Orsini-Webseite begeistern können.

Doch so etwas besprach man nicht per SMS oder Voicemail. Er wollte ihr Gesicht sehen, wenn er ihr diese

Vorschläge unterbreitete. Und er wollte sie danach küssen. Lange, zärtlich und leidenschaftlich. Das Verlangen, sie jetzt in die Arme zu schließen, wurde übermächtig. Zu gern hätte er sie jetzt in Lissabon dabeigehabt. Er wollte ihr all die wunderbaren Orte zeigen, die er kannte: nicht nur Lissabon, auch Casablanca, Paris, London oder Dubai ... einfach jede Destination, die sie anflogen. Und vielleicht konnten sie weitere Städte gemeinsam entdecken. Doch für all das musste er sie zuerst einmal erreichen!

Er sah auf die altmodische Uhr über dem Eingang. Wenn er noch in die *Confeitaria Pastéis de Belém* wollte, musste er jetzt los.

Cesare winkte dem Kellner, bezahlte und warf einen letzten hoffnungsvollen Blick auf das Display seines Smartphones, bevor er das Lokal verließ. Nichts. Wo zum Teufel steckte Ophelia?

* * *

Der Regen schlug Ophelia ins Gesicht, als sie um halb zwölf Uhr nachts in Bozen aus dem Zug stieg.

»Passt ja!«, zischte sie frustriert und rannte mit Rucksack und Rollkoffer in Richtung Unterführung. Sie fühlte sich komplett erschlagen und wollte nur noch ins Bett.

Die vergangenen fünf Stunden hatte sie in einem Wechselbad der Gefühle verbracht, das so ganz anders gewesen war als das bei ihrer Abreise nach Rom. War das wirklich erst zehn Tage her? Ihr kam es wie eine Ewigkeit vor.

Nachdem sie die Villa fluchtartig verlassen hatte, war sie mit einem Taxi nach Roma Termini gefahren und hatte tatsächlich noch den letzten Zug nach Bozen erwischt. Der nächste fuhr erst wieder am Mittwochmorgen, und sie wollte auf keinen

Fall eine weitere Nacht in der Nähe der Orsinis verbringen. Für Isabella hatte sie eine Nachricht auf dem Küchentisch hinterlassen. Eine dringliche Familienangelegenheit, hatte Ophelia geschrieben, riefe sie nach Bozen zurück. Dass es von der Familie Moroder außer ihr gar kein lebendes Mitglied mehr gab, wusste die Römerin nicht.

Aber hatte sie tatsächlich keine lebenden Verwandten mehr? Was, wenn Selmas Spekulationen zutrafen und Erika Moroder tatsächlich eine uneheliche Orsini war? Ophelia schüttelte den Kopf, sodass die Regentropfen in alle Richtungen flogen. Das war doch verrückt!

Da zu dieser späten Stunde kein Linienbus mehr fuhr, leistete sie sich ein Taxi und stieg nach zehn Minuten am Küepachweg aus. Der vierstöckige Wohnkomplex, in dem sie lebte und in dem auch ihre Eltern gewohnt hatten, lag im Dunkeln. In Südtirol ging man an einem Wochentag zeitig zu Bett. Das war nicht Rom, wo die ganze Nacht etwas los war.

Ophelia presste die Lippen zusammen, die gefährlich zu zittern begannen, als sie an die Villa Aurelia mit ihren Bewohnern dachte, die sie so Hals über Kopf verlassen hatte. Sie wollte jetzt nicht weinen, das brachte nichts.

Sie öffnete die Haustür, holte die Post der vergangenen Tage aus dem überquellenden Briefkasten und schleppte ihr Gepäck die Treppe hinauf.

Im Treppenhaus roch es nach Essen und nassem Hund – Gerüche, die ihr seit der Kindheit vertraut waren. Kein Duft nach Pinienharz und exotischen Blumen, keine zirpenden Grillen, kein Rauschen des nächtlichen Verkehrs. Die Gegensätze zwischen der Villa und ihrem Zuhause hätten größer nicht sein können.

In der Wohnung müffelte es, und sie riss alle Fenster auf. Kühle Nachtluft strömte herein und ließ sie frösteln. Der

Temperaturunterschied zwischen Rom und Bozen musste mindestens zwanzig Grad betragen.

Sie rieb sich die bloßen Arme und griff nach der Strickjacke ihrer Mutter, die immer noch über ihrem Lieblingssessel hing. Wie so vieles hatte Ophelia es bis jetzt nicht geschafft, sie wegzuwerfen. Sie schnupperte daran, doch Mutters Geruch war verflogen, und plötzlich weinte Ophelia bittere Tränen um den Verlust ihrer Eltern, Cesares Heimtücke und die ganze verfahrene Situation.

Warum tat das Leben nur so weh?

* * *

Renzo hatte sich den ganzen Rückflug darüber beklagt, dass er das portugiesische Gebäck zwar riechen, aber nicht kosten durfte.

Cesare grinste bei der Erinnerung, als er mit der einen Hand den Code an der Haustür eingab und mit der anderen den Karton mit den *Pastéis de Belém* balancierte. Seinen Rollkoffer schob er einfach mit dem Fuß über die Schwelle.

Ophelia hatte ihm zwar immer noch nicht zurückgeschrieben, aber vielleicht war *ihr* Handy kaputt. Er würde es gleich erfahren.

Ohne seine Uniform auszuziehen, lief er die Stufen in den zweiten Stock hinauf und klopfte leise an ihre Zimmertür. Als er keine Antwort vernahm, klopfte er nochmals, doch auch jetzt drang kein Laut aus dem Zimmer.

»Alles klar, dann muss ich dich wohl wach küssen, du Schlafmütze«, murmelte er lächelnd, als er die Klinke hinunterdrückte. Dieses Mal hatte sie zum Glück nicht abgeschlossen. Es hatte ihn sowieso erstaunt, dass sie das getan hatte, immerhin besaßen sie eine gut funktionierende Alarmanlage. Aber vielleicht war das in Südtirol so Brauch.

Die Vorhänge waren nicht zugezogen, und durch die Fensterscheiben fiel ein fahler Schein ins Zimmer. Cesare stellte den Karton mit den Gebäckstücken auf die Kommode neben der Tür und schlich vorsichtig zum Bett. Er wollte Ophelia zwar überraschen, aber nicht zu Tode erschrecken.

Als er das unberührte Bett bemerkte, blieb er verwirrt stehen. Wo war sie denn?

Der erste Gedanke, der ihm durch den Kopf schoss: Sandro! Doch nein, das war absurd. Ophelia war nicht der Typ, der von einem Bett ins andere hüpfte.

Ist sie nicht?, fragte eine fiese Stimme in seinem Hinterkopf. Wieso bist du dir da so sicher? Du kennst sie ja gar nicht.

Cesare schüttelte den Kopf. Nein, es gab bestimmt eine logische Erklärung. Vielleicht war sie ausgegangen und noch gar nicht nach Hause zurückgekehrt. Das musste es sein. Sie amüsierte sich in einem der zahlreichen Klubs und hatte die Zeit vergessen.

Aufatmend setzte er sich aufs Bett und knipste die Nachttischlampe an.

»Du bist ja ordentlich«, murmelte Cesare beeindruckt. Er sah kein einziges Kleidungsstück herumliegen. Auch sonst wirkte der Raum unbewohnt. Fühlte sie sich hier vielleicht nicht wohl? Egal, in Zukunft würde sie sowieso in seinem Zimmer schlafen. Das war größer und bot mehr Luxus.

Der Gedanke, Ophelia in den kommenden Nächten an seiner Seite zu spüren, verursachte ihm ein angenehmes Kribbeln im Bauch. Seltsam, denn normalerweise war er immer froh darüber gewesen, wenn eine Gespielin die Villa so schnell wie möglich wieder verließ. Aber Ophelia war ja auch nicht mit anderen zu vergleichen, geschweige denn mit dem Begriff Normalität in Verbindung zu bringen.

Er grinste, das würde er ihr nicht auf die Nase binden, aber es stimmte. Er hatte noch nie eine unkonventionellere Frau getroffen.

Cesare zog die Uniformjacke aus und lockerte die Krawatte. Wenn Ophelia noch nicht da war, konnte er sich vor ihrer Rückkehr frisch machen. Und gleich hier oben, danach würde er sie im Adamskostüm in ihrem Bett erwarten. Sie wirkte alles andere als prüde und fände einen nackten Mann in den weichen Laken bestimmt witzig.

Er entledigte sich schnell seiner restlichen Kleider und ging ins Bad. Auch hier war alles aufgeräumt. Zu aufgeräumt! Keine Zahnbürste, kein Kamm oder herumliegende Schminksachen. Hier stimmte doch etwas nicht.

Cesare lief zurück ins Schlafzimmer und riss den Kleiderschrank auf. Leer! Dann zog er alle Schubladen aus der Kommode. Ebenfalls leer. Was zum Teufel war hier los?

Ein ungutes Gefühl überfiel ihn, und nackt, wie er war, stürmte er die Treppe hinunter und hämmerte an Isabellas Zimmertür.

»Mach auf, Isa, Ophelia ist verschwunden!«

Nur eine Minute später öffnete seine Schwester die Tür und blinzelte ihn verschlafen an. Als sie gewahrte, dass er splitterfasernackt war, zog sie verwundert die Augenbrauen hoch, sagte aber nichts.

»Wo ist Ophelia?«, stieß er hervor. »Was hast du getan?«

Isabella schnaubte entrüstet. »Das sollte ich wohl eher dich fragen«, gab sie zur Antwort und drehte sich um.

»Das ist nicht witzig, Isa. Sag mir jetzt, wo Ophelia ist!«

Isabella griff nach einem Zettel, der auf ihrem Nachttisch lag, kam damit zurück und hielt ihn ihm unter die Nase. »Hier, lies selbst.«

Liebe Isabella, es tut mir wirklich sehr leid, dass ich Dich so ohne Ankündigung und auf diese Weise verlasse. Aber wegen einer dringenden Familienangelegenheit muss ich nach Hause. Ich melde mich zu gegebener Zeit.

Danke für alles und eine dicke Umarmung!
Ophelia

Cesares Kopf schnellte in die Höhe. »Da steht ja gar nichts von mir.«

Isabella seufzte. »Eben.«

XXXIII

Am Morgen hatte sich das Regenwetter nach Österreich verzogen. Ophelia öffnete gegen neun Uhr die Fensterläden und atmete tief durch. Die Luft roch nach Kiefernharz und war erfüllt von Vogelgezwitscher.

Wie friedlich es hier war. Keine knatternden Roller, hupenden Autos oder schimpfenden Römer, keine Touristenmassen, verstopften Straßen und keine von Abgasen verpestete Luft. Trotzdem vermisste sie Rom. Und was sie am allermeisten vermisste, daran zu denken gestattete sie sich nicht.

Ihr Magen knurrte, aber der Kühlschrank war gähnend leer.

Ophelia wühlte im Küchenschrank herum und fand schließlich eine angebrochene Packung Zwieback. Er war zwar mittlerweile weich geworden, aber besser als nichts.

Während sie Wasser für einen Instantkaffee aufsetzte, zog sie ihr Handy vom Ladekabel und betrachtete das Display. Orsini hatte ihr noch gestern Nachmittag auf die Mailbox gesprochen. Und obwohl sie die Nachricht eigentlich nicht abhören wollte, hatte sie es trotzdem getan. Doch es waren nur falsche Worte und ein Haufen Lügen gewesen. Hoffentlich erstickte der Kerl daran! In der Zwischenzeit hatte er wieder versucht, sie anzurufen. Auch Isabellas Nummer stand auf der Liste der Anrufe in Abwesenheit.

Ophelia schluckte. Dass sie mit ihrer überstürzten Abreise der netten Römerin Kummer machte, bereitete ihr Bauchschmerzen. Das hatte sie wirklich nicht verdient. Zwischen Isabella und ihr war in der kurzen Zeit so etwas wie Freundschaft entstanden.

Und bei Orsini? Ophelia wusste nicht einmal, was das gewesen war. Körperliche Anziehungskraft? Animalisches Verlangen? Irgendetwas in der Richtung halt. Und was er jetzt über ihr Schweigen dachte, war ihr komplett egal. Seine Falschheit verlangte keine Skrupel ihrerseits. Das wäre ja noch schöner! Sex konnte sie überall bekommen, dazu brauchte sie keinen adligen Vollpfosten. Wahre Freundschaft hingegen, wie sie ihr Isabella entgegengebracht hatte, war etwas sehr Kostbares, das man nicht leichtfertig wegwerfen sollte.

Belüg dich nur weiter, flüsterte ein kleiner Teufel Ophelia ins Ohr. Das mit Orsini ist nicht nur körperlich gewesen: Du hast dich in ihn verliebt.

»Blödsinn!«, stieß sie mürrisch hervor, löschte Orsinis SMS und verstaute ihr Handy in der Besteckschublade. So lief sie wenigstens nicht Gefahr, ihm zu antworten.

Drei Stunden später stapelten sich die Dokumente, die Ophelia in der Wohnung gefunden hatte, auf dem Küchentisch. Darunter befanden sich der Trauschein ihrer Eltern, ihre eigene Geburtsurkunde, haufenweise Zettel, Quittungen und Bankbelege, die oft schon über zwanzig Jahre alt waren. Offensichtlich hatten weder ihr Vater noch ihre Mutter gern etwas weggeworfen. Der Mietvertrag war glücklicherweise auch aufgetaucht, denn wenn sie nach einer kleineren Wohnung Ausschau halten wollte, musste sie wissen, wie die Kündigungsfrist für ihre jetzige geregelt war.

Die alten Fotoalben hatte sie ebenfalls in die Küche geschleppt. Die wollte sie zuerst durchsehen. Sie kannte zwar die Fotos darin und hatte nie eines bemerkt, das in Rom aufgenommen worden war, doch mit dem Wissen, dass ihre Mutter 1987 dort gewesen sein musste, würde sie sie jetzt mit ganz anderen Augen betrachten und vielleicht etwas Neues entdecken.

Als es an der Tür klingelte, schreckte sie hoch. Orsini würde doch nicht …?

»Mach auf, Pheli, ich bin's!«

Selma, Gott sei Dank! Ophelia sprang auf und lief zur Tür. Davor stand ihre Freundin, eine Tüte in der Hand, aus der es verführerisch nach chinesischem Essen duftete.

»Gehst du auch mal an dein Handy?«, fragte sie und rollte genervt mit den Augen. Dann betrachtete sie mit gerunzelter Stirn Ophelias Schlafanzug. »Tolles Outfit. Trägt man das heutzutage in Rom?« Sie zwängte sich durch die Wohnungstür. »Hunger?«

Erst beim Essen wurde Ophelia bewusst, wie hungrig sie war. Sie wies, während sie sich an dem Chop Suey gütlich tat, auf die herumliegenden Alben und Dokumente und erklärte Selma zwischen zwei Bissen, was sie zu finden hoffte: irgendeinen Hinweis, dass Erika Moroder 1987 in Rom gewesen war und bestenfalls, weshalb sie solche Ähnlichkeit mit Isabella Orsini aufwies.

»Na, dann viel Vergnügen«, erwiderte Selma spöttisch.

Ophelia sah sie verwundert an. »Wolltest du mir nicht dabei helfen?«

Selma mied ihren Blick und sah zum Fenster hinaus. »Ja, eigentlich schon, aber ich habe …« Sie brach ab und biss sich auf die Lippen.

»Du hast was?«

Selma tippte auf ihre Armbanduhr. »Meine Mittagspause ist gleich vorbei.«

»Ich weiß, aber nach Feierabend kommst du doch wieder, oder?«

Ihre Freundin sprang auf und griff nach ihrer Handtasche. »Mal sehen«, gab sie vage zur Antwort, und Ophelia beschlich das Gefühl, dass ihre Freundin ihr etwas verschwieg.

»Okay«, seufzte Ophelia. Sie hatte jetzt keinen Nerv, sich mit Selmas Launen auseinanderzusetzen. Wenn sie nicht damit herausrücken wollte, was sie beschäftigte, sollte sie es eben lassen. Ophelia hatte selbst genug Probleme. »Vielleicht finde ich bis dahin ja schon etwas«, sagte sie daher und versuchte zu lächeln.

»Bestimmt!«, rief Selma erleichtert, hauchte ihr einen Kuss auf die Wange und war verschwunden, noch bevor Ophelia etwas erwidern konnte.

»Was ist denn mit der los?«, brummte sie kopfschüttelnd, während sie die leeren Behälter und Einwegstäbchen entsorgte.

Sie betrachtete die vielen Papiere und Alben in der Küche. Das würde eine Mordsarbeit werden, vor allem, weil sie gar nicht wusste, wonach genau sie suchen musste. Aber wenigstens hatte sie jetzt einen vollen Magen und genug Energie, sich durch die Stapel zu wühlen.

»Also dann«, sprach sie sich Mut zu, setzte sich an den Küchentisch und schlug das erste Fotoalbum auf.

Nach einer Stunde gab sie entnervt auf. So hatte das keinen Zweck. Sie musste mit System vorgehen und zuerst alle Fotoalben chronologisch ordnen und sich dann auf die Achtzigerjahre konzentrieren.

Zum Glück hatte Erika Moroder bei fast allen Fotos das Datum danebengeschrieben. Also legte Ophelia alle Alben, die Bilder ihrer Geburt, Taufe und von den Schuljahren enthielten, erst mal zur Seite. Soweit sie sich erinnerte, war ihre Mutter damals immer nur mit der Familie weggefahren und hatte keine selbstständigen Reisen unternommen. Aber auch wenn sie während Ophelias Kindertagen heimlich nach Rom gefahren wäre, hätte sie vermutlich keine Fotos davon in die Familienalben geklebt. Als sie dann krank wurde, waren nicht mal mehr kleinere Ausflüge möglich gewesen.

Doch selbst nachdem Ophelia die Alben seit dem Tag ihrer Geburt bis heute aussortiert hatte, blieb immer noch eine stattliche Anzahl übrig. Sowohl ihre Großeltern als auch ihr Vater hatten gern fotografiert, eine Familientradition, die sich offenbar vererbt hatte.

Ophelia ließ die Alben ihres jugendlichen Vaters und seiner Eltern links liegen und widmete sich dem mütterlichen Zweig ihrer Familie. Die Hofers hatten früher einen kleinen Bauernhof in der Nähe von Latsch bewirtschaftet. Etwas Viehzucht, ein paar Obsthaine mit Äpfeln. »Zu wenig zum Leben, zu viel zum Sterben«, hatte ihre Mutter immer gesagt.

Ophelia erinnerte sich nur noch bruchstückhaft an die Großeltern mütterlicherseits. Sie war knapp vier Jahre alt gewesen, als Oma und Opa Hofer kurz hintereinander starben. Ihre Gesichter waren durch die Jahre zu Schemen verblasst, an die sie sich kaum mehr erinnerte. Was ihr jedoch immer im Gedächtnis bleiben würde, waren die Gerüche auf dem Bauernhof: der Duft von frisch gepresstem Most, der Gestank nach Hühner- und Schweinemist, Zimt- und Tannennadelduft in der Adventszeit und das süße Aroma von warmer Vanillesoße.

Ophelia schwelgte ein bisschen in Kindheitserinnerungen, bevor sie die Schultern straffte und sich wieder auf ihre Suche konzentrierte. Erika Moroder war spät geboren und ein Einzelkind gewesen und Oma und Opa Hofer daher schon recht alt, als ihre Enkelin Ophelia auf die Welt gekommen war. Sie hatten sie aber immer verwöhnt, wenn …

Ophelia riss die Augen auf. Himmel, das musste es sein, natürlich! Selma hatte recht gehabt. Möglicherweise hatten ihre Großeltern keine Kinder bekommen können und daher ein kleines Mädchen adoptiert. Ein Mädchen, das in Rom entweder gezeugt oder auf die Welt gekommen war.

Eine uneheliche Orsini!

»Unfassbar!«, flüsterte Ophelia elektrisiert. Jetzt musste sie nur noch die Adoptionspapiere ihrer Mutter finden, und dann war das Rätsel gelöst.

Und dann? Sie lehnte sich im Stuhl zurück. Was wollte sie mit dieser Information anfangen? Sie ins Internet stellen, damit jeder die Schmach ihrer Mutter mitbekam, nur um sich an Cesare Orsini zu rächen?

Ophelia trommelte mit den Fingern auf die Tischplatte. Seit wann war sie denn so gehässig? Wenn die Öffentlichkeit erfuhr, dass sich ein Orsini im letzten Jahrhundert einen Fehltritt geleistet hatte, wem nutzte das denn? Die Wahrheit würde nur den guten Namen ihrer verstorbenen Mutter beschmutzen. Und es würde Isabella verletzen ... und natürlich auch Cesare. Aber war so eine kleine Genugtuung die Sache wirklich wert? Ophelias Demütigung würde dadurch nicht verblassen. Nein, das war einer Moroder nicht würdig. Vielleicht schrieb sie Orsini einfach eine Ansichtskarte mit der Mitteilung, dass sie stolz auf das Orsini-Erbe sei. Das würde ihn gehörig durcheinanderbringen. Auch wenn sie das Erbrecht nicht kannte, uneheliche Kinder waren ihrer Meinung nach erbberechtigt. Und wenn sie Orsini in dem Glauben ließ, dass sie es auf sein Bankkonto abgesehen hatte, würde ihn das tief treffen. Er war ja so stolz auf seinen Reichtum.

Natürlich wollte sie in Wirklichkeit nichts von dem Orsini-Geld. Sie konnte mit ihrem Gehalt zwar keine großen Sprünge machen, aber es reichte zum Leben. Niemals würde sie von dem Geschwisterpaar Geld annehmen – Abstammung hin oder her. Zudem wusste sie ja nicht einmal, ob ihre Folgerung den Tatsachen entsprach. Am Ende würde ihr Orsini noch seine Anwälte auf den Hals hetzen. Nein, das war es nicht wert. Aber die Vorstellung, ihn mit der Geschichte ein bisschen aufzumischen, war durchaus reizvoll.

Sie schob die Fotoalben grinsend beiseite und leerte den Pappkarton mit den zusammengetragenen Dokumenten auf den Küchentisch. Jetzt benötigte sie nur noch einen handfesten Beweis, dass ihre Mutter ein Adoptivkind gewesen war.

Doch auch, nachdem sie jedes einzelne Blatt sorgfältig geprüft hatte, fand sie keine Unterlagen über eine Adoption.

Sie lehnte sich im Stuhl zurück und verschränkte die Arme. Würde man ihr auf der Gemeindekanzlei in Latsch Auskunft darüber geben, ob ihre Mutter ein Adoptivkind gewesen war? Oder unterlagen solche Dokumente irgendeiner Schweigepflicht? Ophelia hatte keine Ahnung von derartigen Dingen. Sie würde später danach googeln.

Sie betrachtete kritisch die Fotoalben. Ob sie darin einen weiteren Hinweis für ihre Theorie fand? Nachzusehen schadete bestimmt nicht.

Doch nachdem sie alle Fotos akribisch durchgeschaut und jedes nach Anhaltspunkten, ob es in Rom aufgenommen worden war, abgesucht hatte, gab sie frustriert auf. Nichts. Nicht der kleinste Hinweis, dass ihre Mutter je dort gewesen war. Weder als Kind noch als junge Frau.

Ophelia stieß enttäuscht die Luft aus. Wenn sie das Foto ihrer Mutter in Orsinis Album nicht entdeckt hätte, würde sie jetzt aufgeben und Isabellas Ähnlichkeit mit Erika Moroder als Laune der Natur abtun. Aber das Foto existierte. Es lag gut gesichert in ihrem Portemonnaie. Ophelia stand auf und streckte ihren schmerzenden Rücken durch. Sie würde nochmals jeden Zentimeter in der Wohnung absuchen. Vielleicht hatte ihre Mutter die kompromittierenden Papiere ja irgendwo versteckt.

Erika Moroder musste gewusst haben, dass sie eine uneheliche Orsini war, denn wie wäre es sonst zu erklären, dass sie in der Villa Aurelia gearbeitet hatte? So viel Zufall gab es nicht auf der Welt. Aus was für Gründen auch immer, war sie in den Achtzigerjahren zum Ort ihrer Zeugung zurückgekehrt. Und wenn das so gewesen war, würde Ophelia den Beweis dafür finden!

XXXIV

»Du willst nach Bozen fahren?« Isabella starrte Cesare an, als hätte er nicht mehr alle Tassen im Schrank. Und vielleicht stimmte das sogar.

»Ich lasse mich doch nicht für dumm verkaufen!«, entgegnete er und knallte die Kühlschranktür so heftig zu, dass die Flaschen in der Tür klirrten. »Sie hat einen Arbeitsvertrag unterschrieben und muss ...«

»Jetzt komm aber mal runter«, verlangte seine Schwester und strich sich kopfschüttelnd eine Strähne aus dem Gesicht. »Sie schreibt doch, dass eine dringende Familienangelegenheit ...«

»Und den Mist glaubst du ihr?«, unterbrach er sie rüde.

»Warum sollte sie uns anlügen?« Isabella nippte an dem Espresso, den er ihr zubereitet hatte.

»Weil alles gelogen ist, was sie uns je aufgetischt hat!«, knurrte er. »Sie ist eine Schwindlerin, eine Hochstaplerin, und es würde mich nicht verwundern, wenn sie uns auch noch bestohlen hat. Check mal deine Schmuckschatulle.«

Er ballte seine Hände zu Fäusten und trat ans Fenster. Die Morgensonne küsste eben die roten Ziegeldächer und streckte ihre goldenen Finger nach dem Petersdom aus.

Es war noch früh, kaum sechs Uhr, und Cesare hatte die ganze Nacht kein Auge zugetan. Kurz vor Morgengrauen hatte er es nicht mehr ausgehalten und Isabella geweckt. Jetzt saßen sie in der Küche, und er wusste nicht wohin mit seinem Zorn.

Wie konnte Ophelia ihm das antun? Hatte sie ihm alles nur vorgespielt? Und wenn ja, aus welchem Grund?

»Warum regt dich das eigentlich so auf?«, unterbrach ihn seine Schwester. »Du kannst sie ja nicht einmal ausstehen.«

Er knurrte etwas Unverständliches und drehte sich zu ihr um.

Isabella unterdrückte ein Gähnen und sah ihn prüfend an. Dann weiteten sich ihre Augen plötzlich. »Nein«, stieß sie hervor. »Sag mir jetzt nicht, dass zwischen euch etwas gelaufen ist.«

Cesare blickte betreten zu Boden.

»*Mannaggia!*«, stieß sie hervor. »Spinnst du?«

Er zuckte mit den Schultern und atmete tief durch. »Und selbst wenn, entschuldigt das nicht ihr Verhalten.«

Isabella stand auf. »Himmel, Cesare, was ist nur in dich gefahren, dieses Kind zu verführen?«

»Kind?« Er schnaubte verächtlich. »Das ist sie ganz und gar nicht. Und wieso gehst du automatisch davon aus, dass *ich* sie verführt habe? Vielleicht war es ja umgekehrt.«

Sie blickte ihn zweifelnd an. »Was ist denn zwischen euch vorgefallen? Es muss doch einen Grund dafür geben, dass sie einfach abgereist ist. Habt ihr euch gestritten?«

Er schüttelte den Kopf.

»Hast du ihr …« Sie brach ab und räusperte sich. »Ich meine, sie ist ja noch jung und manchmal, wenn man noch nicht so erfahren in …« Seine Schwester errötete.

»Himmel, nein, ich war nicht ihr erster Mann«, unterbrach er ihr Gestammel. »Und ich habe sie auch zu nichts gezwungen. Es war …« Er stockte. »Wunderschön.«

Isabella lächelte. »Das freut mich.« Sie trat zu ihm und legte ihre Hände auf seine Schultern. »Vielleicht war sie ja auch nur zu überwältigt und braucht jetzt etwas Abstand.«

Er sah sie zweifelnd an. »Meinst du?«

Sie nickte. »Mir ist dieses Gespräch zwar etwas peinlich, aber es könnte doch sein, dass du sie ... na ja, mit deiner Leidenschaft erschreckt hast.«

Isabella hatte recht. Es war mehr als peinlich, sich mit der großen Schwester über sein Intimleben zu unterhalten, aber möglicherweise lag sie mit ihrer Einschätzung gar nicht mal so falsch. Ophelia hatte zwar nicht so reagiert, als wären ihr seine Zärtlichkeiten unangenehm oder würden sie gar erschrecken. Aber was verstand er schon von Frauen?

»Dann würdest du nicht nach Bozen fahren?«

Isabella schüttelte den Kopf. »Lass ihr ein paar Tage Zeit. Sie meldet sich bestimmt wieder. Das hat sie immerhin so auf dem Zettel geschrieben.«

Er nickte erleichtert, schloss Isabella in die Arme und drückte ihr einen Kuss auf die Wange. »Danke, Isa. Du hast bestimmt recht.«

Seine Schwester strahlte. »Immer gern«, entgegnete sie. »Und jetzt geh joggen, das tut dir gut. Ich mache uns unterdessen ein Frühstück. Wenn ich schon mitten in der Nacht aufstehen muss, um das gebrochene Herz meines kleinen Bruders zu kitten, darf ich danach wenigstens etwas Herzhaftes essen.«

Cesare schaute sie entrüstet an, lächelte dann aber und nickte.

* * *

»Hallo Ophelia, wie war Rom?«

Die mollige Besitzerin des Lebensmittelladens in der Via Claudia Augusta schlüpfte gerade in ihren rosaroten Kittel, der ihr das Aussehen eines freundlichen Schweinchens verlieh, und sah sie fragend an.

»Morgen, Frau Fischnaller. Schön, heiß und überlaufen. Ich bin froh, wieder zu Hause zu sein.«

Die ältere Frau nickte. »Nichts geht eben über Südtirol, nicht wahr? Deine Mutter hat das auch immer gesagt.«

Ophelia horchte auf. »Tatsächlich? Wie kam sie denn zu dieser Überzeugung? Hat sie andernorts vielleicht einmal schlechte Erfahrungen gemacht?«

Die Ladenbesitzerin zuckte mit den Achseln und wuchtete eine Kiste frischer Kohlköpfe in die Auslage. »Keine Ahnung, Herzchen. Die Erika wusste unsere Heimat eben zu schätzen.« Sie drehte sich um und ordnete ihren Dutt. »Darf's was Bestimmtes sein?«

Nachdem Ophelia ihre Einkäufe erledigt hatte, grübelte sie über die Worte von Frau Fischnaller nach. Woher kam diese Abneigung ihrer Mutter gegen die Fremde? Es musste doch einen Grund dafür geben. Hing es mit der Fotografie der Villa Aurelia zusammen? Was hatte ihre Mutter damals in Rom erlebt, das sie dazu veranlasste, Bozen nie wieder zu verlassen? War sie auf irgendein Familiengeheimnis der Orsinis gestoßen? Hatte sie irgendwelche Machenschaften aufgedeckt, die die noble Familie geheim halten wollte? Hatte man ihrer Mutter vielleicht sogar gedroht? Es gab so viele Fragen, auf die Ophelia keine Antwort wusste.

Sie setzte sich seufzend an den Küchentisch und goss sich ein Glas Saft ein. Selma war gestern Abend nicht mehr aufgetaucht, hatte sich auch nicht entschuldigt, und nachdem Ophelia das Elternschlafzimmer, die Küche und den Speicher gründlich unter die Lupe genommen, aber nichts gefunden hatte, hatte sie ihre Suche abgebrochen. Heute würde sie sich noch ihr eigenes Zimmer, das Wohnzimmer und das Bad vornehmen. Wenn sie auch dort nichts fand, wollte sie nach Latsch aufs Gemeindeamt fahren. Und wenn auch das keine neuen Ergebnisse brachte, die ganze leidige Sache vergessen. Bald war ihr Urlaub vorbei, dann hätte sie sowieso keine Zeit mehr, Geistern aus der Vergangenheit nachzujagen.

Ophelia linste auf ihr Handy. Weder Orsini noch Isabella hatten sich wieder gemeldet. Auf der einen Seite war ihr das ganz recht, auf der anderen Seite fühlte sie jedoch einen Stich der Enttäuschung. Aus den Augen, aus dem Sinn! So schnell ging das, sie hätte es sich denken können. Trotzdem wurde ihre Kehle eng, und sie trank noch einen großen Schluck Saft, um den Kloß im Hals wegzubekommen. Dann lief sie in ihr Zimmer, holte den Laptop und meldete sich auf ihrem Blog an. Es war Zeit, sich endlich den Frust von der Seele zu schreiben. Und auch wenn sie den Artikel am Ende gar nicht veröffentlichen würde, manchmal war es heilsam, seine Gefühle niederzuschreiben.

Ophelia dachte einen Moment nach und begann, ihren ersten Artikel über das Lotterleben des römischen Adels zu verfassen.

XXXV

Die Sonne stand schon über dem Kaiserberg, als Ophelia ihren Artikel beendete. Sie hatte länger gebraucht als angenommen, denn es galt jedes Wort genau abzuwägen. Sie wollte nicht zu direkt sein, aber doch direkt genug, dass man Cesare Orsini in dem Artikel wiedererkannte. Sie las die Zeilen nochmals durch und lehnte sich dann seufzend im Stuhl zurück. Ihr Mittelfinger verharrte einen Moment über der Entertaste, um den Bericht online zu stellen.

Sollte sie das wirklich tun? Wenn ja, gab es kein Zurück mehr. Die Orsinis würden ihr so einen Vertrauensbruch niemals verzeihen.

Sie biss sich auf die Lippen und starrte auf den blinkenden Cursor, dann speicherte sie das Ganze als Entwurf ab. Vielleicht sollte sie zuerst duschen, die restlichen Zimmer durchsuchen und den Artikel danach noch mal gründlich durchlesen. Ob der jetzt gleich oder erst in ein paar Stunden online ging, spielte im Grunde keine Rolle, vernichtend würde er trotzdem sein. Sie schrieb noch schnell eine Mail mit dem Hinweis auf einen neuen Eintrag in ihrem Blog an Sandro, speicherte auch die als Entwurf ab und lief ins Badezimmer.

Unter der heißen Dusche beruhigten sich ihre Nerven ein wenig. Während des Schreibens war erneut die Wut auf Orsini in ihr hochgewallt … und Wut war noch nie ein guter Ratgeber gewesen. Sollte sie diesen Verriss wirklich online stellen? Der Zweifel über ihr Vorhaben bescherte ihr ein mulmiges Gefühl im Magen. Rache war kein Heilmittel gegen Liebeskummer. Wenn sie doch bloß einen Beweis für ihre Theorie über ihre Mutter fände! So hätte sie ein Druckmittel in der Hand, um Orsini ein bisschen die arrogante Selbstverständlichkeit heimzuzahlen, mit der er sie und vermutlich etliche andere Frauen benutzte.

Ophelia wickelte sich in ihren alten Bademantel. Sie hatte ihn zu ihrem fünfzehnten Geburtstag geschenkt bekommen. Er war inzwischen fadenscheinig geworden, verwaschen, und die Ärmel reichten ihr gerade mal bis zu den Ellbogen, aber sie liebte das Teil heiß und innig. Um ihre Haare schlang sie ein Frotteetuch zu einem Turban und betrachtete das Bad. Ob ihre Mutter wirklich etwas so Wichtiges wie Adoptionspapiere in einem Nassraum versteckt hatte? Die würden doch bestimmt durch die hohe Luftfeuchtigkeit leiden. Aber wer wusste schon, was Erika Moroder durch den Kopf gegangen war, als sie erfahren hatte, dass Oma und Opa nicht ihre richtigen Eltern waren. Vielleicht hatte sie diesen Umstand nur zufällig entdeckt und war dann im Jahr 1987 nach Rom gefahren, um ihre Blutsverwandten kennenzulernen – getarnt als Hausangestellte.

Ophelias Mundwinkel kräuselten sich. Welche Ironie des Schicksals! Mutter und Tochter hatten in derselben Villa gearbeitet, vermutlich beide unter Vorspiegelung falscher Tatsachen. Oder hatten die Orsinis gewusst, um wen es sich bei der hübschen blonden Frau in der schwarz-weißen Uniform gehandelt hatte? Und wenn ja, wie hatten sie reagiert? Hatten sie ihr eventuell Geld angeboten, damit sie den Mund hielt? Doch Erika Moroder war nie vermögend gewesen. Ophelias Familie war immer nur so über die Runden gekommen. Nach dem Tod ihrer Mutter hatte Ophelia Einsicht in die Bankunterlagen erhalten. Es gab kein geheimes Konto, auf dem Tausende Euro Schweigegeld lagen. Also nein, vermutlich hatten die Orsinis keine Ahnung, wer sich 1987 in ihr Haus geschlichen hatte.

Vielleicht hatte Ophelias Mutter sogar im gleichen Zimmer wie ihre Tochter genächtigt. Im selben Bett gelegen, dieselbe Aussicht genossen. Auf einmal liefen Ophelia schon wieder die Tränen über die Wangen. Sie vermisste ihre Eltern schrecklich und fühlte sich wie der einsamste Mensch auf Erden. Sie wischte sich mit dem Handrücken über die Augen und atmete tief durch.

»Reiß dich zusammen!«, murmelte sie, während sie sich eincremte. »Du hast noch zu tun.« Dann föhnte sie sich die Haare, zog eine bequeme Hose und ein übergroßes T-Shirt an und begann, das Bad zu durchsuchen.

Sie räumte den Spiegelschrank aus, klopfte dessen Rückwand ab, um zu hören, ob dahinter eventuell ein Hohlraum lag, und schmiss dann gleich alle alten Cremes und eine halb leere Flasche Rasierwasser, die noch von ihrem Vater stammte, in den Müll. Wenn sie auszog, musste sie das sowieso erledigen, also konnte sie sich auch schon jetzt von dem alten Krempel trennen. Anschließend tat sie das Gleiche mit dem Waschbeckenunterschrank, fand aber auch hier nichts außer halb ausgedrückten Tuben, Produktproben aus der Drogerie, alte Kämme, denen Zinken fehlten, und Unmengen von harten Seifenstücken zweifelhafter Herkunft. Sie warf großzügig alles weg, was nie verwendet worden war und auch nie verwendet werden würde, und je voller der Müllbeutel wurde, desto frustrierter fühlte sie sich. Das war doch alles Blödsinn! Kein Mensch versteckte wichtige Dokumente im Bad.

Nachdem sie das Schränkchen unter dem Waschbecken hervorgezogen, die Wand dahinter abgeklopft und den angesammelten Staub weggeputzt hatte, widmete sie sich den Fliesen. Zwar waren die nicht mehr neu und teilweise auch gesprungen, aber nirgends fand sie eine gelockerte, die auf ein geheimes Versteck hindeutete. Also konnte sie das Bad ebenfalls abhaken. Nun blieben nur noch ihr eigenes Zimmer und das Wohnzimmer übrig, wobei Ersteres kaum als Versteck infrage kam. Ophelia kannte jeden Zentimeter davon, schließlich wohnte sie darin schon ihr ganzes Leben und hätte bestimmt bemerkt, wenn es hier Möglichkeiten gab, etwas zu verstecken. Vielleicht jagte sie auch einfach bloß einem Phantom hinterher, und ihre Fantasie hatte sich da etwas zusammengereimt, was nicht der Wahrheit entsprach. Dennoch beschloss sie, auch noch diese beiden Räume in Angriff zu nehmen.

Eine Stunde später musste sie sich eingestehen, dass es in der Wohnung keine Geheimverstecke gab. Weder lose Dielen noch einen Wandsafe hinter einem Bild und auch keine Schubladen mit doppeltem Boden.

Erschöpft ließ sie sich in Mutters Lieblingssessel fallen und schlüpfte in ihre Strickjacke. Nun gut, sie hatte es zumindest versucht. Also blieb ihr nur noch der Gang nach Latsch, und dann war es Gott sei Dank vorbei.

Ophelia würde jetzt erst mal etwas Herzhaftes kochen und sich dann einen Film mit Audrey Hepburn ansehen. Aber ganz bestimmt nicht *Ein Herz und eine Krone*. Rom konnte ihr gestohlen bleiben! Vielleicht das Musical *Ein süßer Fratz*? Den Film hatte sie immer gemocht, weil Audrey Hepburn darin eine Buchhändlerin spielt. Ja, das war eine gute Idee. Tolle Musik und ein Happy End. Was gab es Schöneres?

Ophelia wollte gerade aufstehen, als ihr Blick auf Mutters Strickkorb neben dem Sessel fiel. Eine angefangene Socke lag darin und ein paar Wollknäuel nebst einem Strickmagazin. Erika Moroder war eine fleißige Strickerin gewesen und hatte ihren Mann und ihre Tochter mit Selbstgestricktem überhäuft.

Noch heute erinnerte sich Ophelia an einen kratzigen tannengrünen Pullover mit einem Rentier darauf, den sie einmal zu Weihnachten geschenkt bekommen hatte. Sie hatte sich zwar artig dafür bedankt, das Teil aber nie getragen, weil ihr damit der Spott ihrer Mitschüler gewiss gewesen wäre.

Nachdenklich betrachtete sie den mit weiß-rot kariertem Stoff ausgelegten Weidenkorb. Wie auch bei der Strickjacke, hatte sie es bis jetzt nicht übers Herz gebracht, das Ding wegzuwerfen, obwohl sie sich nie fürs Stricken interessiert hatte. Ihre Mutter hatte vergebens versucht, sie dafür zu begeistern, doch alles, was Ophelia je fabriziert hatte, waren Topflappen gewesen, die solche Löcher aufwiesen, dass jemand schon einen latenten Hang zur Selbstverstümmelung aufweisen musste, um damit heiße Pfannen anzufassen.

Sie kniete sich auf den Boden, zog die angefangene Socke und das Strickmagazin aus dem Korb und legte beides auf den Wohnzimmertisch; ebenso die verschiedenen Wollknäuel und eine Papphröhre, in der weitere Stricknadeln klapperten. Der karierte Stoff war mit zwei Bändchen an den Henkeln befestigt. Wenn es je etwas gegeben hatte, das weder sie noch ihr Vater in die Finger genommen hätten, dann diesen Korb. Das perfekte Versteck?

Ophelia löste hastig die Bänder und entfernte das karierte Futter. Darunter kam ein hellblaues, zerknittertes Stofftaschentuch zum Vorschein. An einer Ecke prangte ein verschnörkeltes Monogramm: E. H. – die Initialen ihrer Mutter vor ihrer Hochzeit. Das Taschentuch wirkte benutzt, in der Mitte befand sich ein Schmutzstreifen. Wieso verwahrte ihre Mutter ein dreckiges Taschentuch in ihrem Strickkorb auf? Das war ja seltsam.

Mit spitzen Fingern griff Ophelia nach dem Taschentuch und legte es ebenfalls auf den Wohnzimmertisch. Am Boden des Weidenkorbs entdeckte sie einen weiteren Gegenstand: einen Umschlag aus braunem Packpapier.

Ihr Herzschlag verdoppelte sich. Waren das die Adoptionspapiere? Ophelias Mund wurde trocken. Gleich würde das lang gehütete Geheimnis offenbart.

Vorsichtig holte sie den Umschlag heraus. Er war nicht zugeklebt. Es stand auch kein Name darauf, geschweige denn der Stempel einer Behörde. Egal, es interessierte sie auch viel mehr der Inhalt. Mit zitternden Fingern öffnete sie das Kuvert und spähte mit angehaltenem Atem hinein.

Doch darin befand sich kein amtliches Dokument, lediglich ein weiterer, etwas kleinerer Umschlag. Sie zog ihn heraus. *Erika* stand darauf, nichts sonst. Keine Briefmarke, keine Adresse, kein Poststempel.

Ophelia schürzte die Lippen. Wieso bewahrte ihre Mutter diesen Brief in ihrem Strickkorb auf? Hatte er ihr so viel bedeutet, dass sie nicht gewollt hatte, dass ihn jemand fand? Und wenn ja, würde Ophelia, wenn sie ihn jetzt las, nicht einen immensen Vertrauensbruch begehen?

Vielleicht wäre es besser, sie würde ihn dort mitsamt dem schmutzigen Taschentuch lassen und sich nicht in die Privatsphäre ihrer Mutter einmischen. Doch tat sie das nicht schon längst? Erika Moroder hatte niemandem je von ihrem Aufenthalt in Rom erzählt, dafür musste es doch einen triftigen Grund geben. Stand der in diesem Brief? Und wollte Ophelia ihn wirklich wissen?

Die Neugier war stärker als ihre Skrupel, und sie beschloss, trotz aller Bedenken einen kurzen Blick darauf zu werfen. Vielleicht war es lediglich ein alter Liebesbrief von jemandem, den ihre Mutter vor ihrer Ehe gekannt hatte und den sie aus Sentimentalität hatte behalten wollen. Und natürlich hatte sie nicht gewollt, dass ihr Gatte ihn zu Gesicht bekam, damit er nicht verletzt würde. Ophelia selbst besaß auch noch kleine

Zettelchen und ein paar Briefe aus ihrer Teenagerzeit, die sie Marco nie gezeigt hatte und von denen sie sich nie hatte trennen wollen, wenn sie auch mit heutigen Augen betrachtet mehr als albern waren. Von Marco hatte sie nie etwas Schriftliches erhalten. Er war nicht der Typ für niedergeschriebene Liebesschwüre, was sie immer bedauert hatte. Es gab doch nichts Romantischeres als einen schönen Liebesbrief.

Gespannt zog sie ein einzelnes Blatt aus dem Kuvert. Es hatte die gleiche Farbe wie der Umschlag und war aus teurem Briefpapier, wie man es in einem Schreibwarenladen kaufen konnte. Es stand kein Datum oben rechts. Die Schrift wirkte schwungvoll und bestimmt, doch es war nicht Anton Moroders Handschrift. Der Brief war auf Italienisch verfasst. Noch ein Hinweis, dass Ophelias Vater ihn nicht geschrieben haben konnte, denn sowohl er wie auch ihre Mutter hatten vor allem Deutsch gesprochen.

Ophelias Blick sprang ans Ende des Briefes. Nur ein einziger Buchstabe stand darunter. War das ein L? Egal, jetzt wollte sie zuerst einmal wissen, was dieser L. ihrer Mutter geschrieben hatte.

XXXVI

Cesare lag auf dem Bett und zappte lustlos durch die TV-Kanäle. Morgen hatte er frei, er hätte heute Abend also ausgehen können, hatte aber wenig Lust dazu. Isabella speiste mit den Colonnas, und er hatte sich daher bloß ein paar Eier in die Pfanne geschlagen. Jetzt, kurz vor halb zehn, knurrte ihm jedoch der Magen. Vielleicht ging er doch noch aus, um sich in einer kleinen Trattoria einen Teller Spaghetti zu gönnen.

Er griff nach seinem Handy. Nichts. Er musste unbedingt an seiner Menschenkenntnis arbeiten.

Wie hatte er sich in Ophelia bloß so täuschen können? Nun ja, wo stand geschrieben, dass nicht auch Männer für einen One-Night-Stand herhalten mussten? Schließlich lebten sie im Zeitalter der Gleichberechtigung. Trotzdem, es schmerzte, so benutzt worden zu sein.

Er schaltete den Fernseher aus und stand auf. In der Via Archimede gab es ein kleines Lokal, nur zehn Minuten von der Villa Aurelia entfernt, die Spaghetti alle vongole dort waren legendär.

Cesare schlüpfte gerade in seine Jeans, als sein Handy piepste. Ophelia? Hastig stürzte er zum Nachttisch. Nein, bloß

Isabella. Die Enttäuschung war größer, als ihm lieb war. Doch als er die Mitteilung las, machte sein Herz einen Sprung.

Ophelia kommt heute Abend zurück. Sie hat mir eben eine SMS geschrieben und gefragt, ob ich sie vom Bahnhof abholen würde. Ich kann hier nicht weg. Fährst du hin? Ankunft 21.45, Roma Termini.

Darunter hatte Isabella ein zwinkerndes Smiley gesetzt, das dem Betrachter die Zunge herausstreckte.

Cesare schnaubte. Seine Schwester machte sich offensichtlich lustig über ihn, aber das war ihm im Moment egal. Ophelia kam zurück! Vielleicht stellte sich alles bloß als Riesenmissverständnis heraus. Er hoffte es inständig.

Er sah auf die Uhr. Schon so spät? Er musste sich höllisch beeilen, damit er rechtzeitig am Bahnhof ankam. Eilig schlüpfte er in die Schuhe, griff nach Portemonnaie und Wagenschlüssel, und während er die Treppe hinunterlief, schrieb er Isabella zurück, dass er Ophelia abholen würde. Sie solle ihr aber nicht verraten, dass anstatt der Schwester der Bruder auftauchte. Isabella antwortete umgehend. Zwar nur mit einem gelben Emoji, das noch etwas spöttischer aussah als das vorherige Smiley, aber egal, sollte sie sich ruhig auf seine Kosten amüsieren. Wichtig war jetzt nur, dass er pünktlich am Gleis ankam … und danach ein paar Erklärungen seitens der Südtirolerin erhielt.

* * *

»Fräuleinchen, aufwachen, wir sind in Rom. Endstation.«

Ophelia öffnete die Augen und blickte in das lächelnde Gesicht ihres Mitreisenden, mit dem sie sich ein Abteil teilte. Der ältere Mann mit dem Ziegenbart und der randlosen Brille schlüpfte gerade in sein Jackett und hievte einen altmodischen Koffer aus dem Gepäckfach.

»Ich muss wohl eingeschlafen sein«, murmelte sie und rieb sich die Augen.

»In der Tat«, erwiderte der Mann. »Was nicht unbedingt für meinen Vortrag spricht.«

Er zwinkerte ihr zu, und sie verzog entschuldigend den Mund. Kurz nachdem sie Bozen verlassen hatten, hatte der ältere Herr sie in ein Gespräch über die Hege und Aufzucht von Fasanen und Rebhühnern verwickelt.

»Tut mir leid«, erwiderte sie zerknirscht, doch der Mann lachte nur.

»Meine Frau schläft auch jedes Mal ein, wenn ich über mein Steckenpferd palavere. Also dann, viel Spaß in Rom!« Er lüftete einen imaginären Hut und verließ das Abteil.

Ophelia stand auf und holte ebenfalls ihren Koffer aus dem Gepäckfach. Sie wusste gar nicht, was sie in ihrer Eile alles eingepackt hatte, denn nachdem sie vor ein paar Stunden diesen Brief gelesen hatte, wollte sie nur noch so schnell wie möglich nach Rom zurück.

Sie sah auf die Uhr. Der Zug hatte zwanzig Minuten Verspätung, hoffentlich wartete Isabella noch. Wie sollte sie ihr begegnen, jetzt, nachdem sie erfahren hatte, dass Selmas Spekulationen über Erika Moroder nicht den Tatsachen entsprachen? Mit der Tür ins Haus fallen? Unmöglich! Sie konnte die Römerin nicht so vor den Kopf stoßen, vor allem, weil kein stichhaltiger Beweis vorlag. Es gab nur diesen Brief, den ein Mann mit L. unterschrieben hatte. Zuerst musste sie herausfinden, wer der Verfasser gewesen war. Erst wenn sie hundertprozentig sicher war, dass das alles stimmte, was darin stand, konnte sie die Orsinis damit konfrontieren … also weiterlügen.

Ophelia seufzte und verließ den Zug. Der Bahnsteig war nahezu leer. So spät an einem Wochentag waren nur wenige

Reisende unterwegs. Sie blickte sich suchend um, konnte Isabella auf dem Bahnsteig jedoch nicht entdecken. Aber vielleicht wartete sie beim Durchgang zur Ankunftshalle.

Ophelia marschierte los. Als sie eine vertraute Gestalt am Gleis entdeckte, blieb sie abrupt stehen. Orsini! Ihr Herz setzte einen Moment aus.

Natürlich hatte sie gewusst, dass sie ihm über kurz oder lang wieder über den Weg laufen würde. Aber so früh schon? Darauf war sie nicht vorbereitet. Wie sollte sie sich jetzt verhalten?

Panisch hielt sie nach einem Fluchtweg Ausschau, aber es gab keinen. Alle Reisenden mussten dort, wo er stand, vorbei. Wieso war er überhaupt hier? Isabella hatte doch gesagt, dass man sie abholen würde. Aber sie hatte nicht explizit erwähnt, dass sie selbst käme.

»So ein Mist!«, stieß Ophelia hervor. Gut, fand die Begegnung eben hier sofort statt. Sie würde es schon überleben.

Sie straffte die Schultern, ignorierte ihren rasenden Herzschlag und steuerte direkt auf Orsini zu. Als er sie entdeckte, überzog ein Strahlen sein Gesicht. Verdammt, musste der Kerl so gut aussehen? Er trug Jeans und ein eng anliegendes T-Shirt, das seinen wohlgeformten Oberkörper wirkungsvoll in Szene setzte. In der linken Hand hielt er einen Blumenstrauß.

Sie schnaubte verhalten. Was sollte das denn jetzt? Wollte er sie etwa mit diesem Heuchlerbesen bestechen? Da konnte er aber lange warten.

»Ophelia, mia cara, willkommen zurück!« Er breitete die Arme aus, als würde er darauf hoffen, dass sie sich ihm an die Brust warf. So ein Spinner!

»Signor Orsini, guten Abend.«

Sein Lächeln zerfiel. Mit gerunzelter Stirn musterte er sie, und sie hoffte, dass sie seinen Blick selbstbewusst erwiderte. Innerlich zitterte sie jedoch wie Espenlaub und hätte sich am liebsten wieder umgedreht, um den ganzen Weg nach Bozen zurückzurennen.

»Nett, dass Sie mich abholen.«

Orsini sah so verstört aus, dass sie ihn beinahe bemitleidete, doch sie rief sich die verletzenden Worte in Erinnerung, die er Isabella an den Kopf geworfen hatte: *Glaubst du tatsächlich, dass ich mich mit einer Bediensteten einlasse?*

Nein, Orsini verdiente kein Mitleid!

»Kein Problem«, sagte er schließlich und sah dann betreten auf den Blumenstrauß in seiner Hand. »Für Isabella«, erklärte er lahm.

Ja, klar. Der Kerl hielt sie wohl für komplett bescheuert.

»Können wir jetzt los? Ich bin müde und möchte ins Bett.«

Er nickte stumm und wollte ihr den Rollkoffer abnehmen.

»Das geht schon«, erwiderte sie schnippisch. »Bedienstete tragen ihr Gepäck selbst.«

Die Fahrt vom Bahnhof zur Villa verlief schweigend. Die Stille lastete auf Ophelia wie ein Sargdeckel, doch sie hatte keine Lust, sie mit Small Talk zu füllen. Orsini sah stur geradeaus. Seine Lippen hatte er fest zusammengepresst, sodass seine Wangenmuskeln deutlich hervortraten. Gut, er ärgerte sich, das geschah ihm recht. Sie entspannte sich ein wenig.

Während sie auf dem Bahnhof in Bozen auf den letzten Zug nach Rom gewartet hatte, hatte sie sich wohl zum hundertsten Mal überlegt, ob sie ihren Blog-Artikel nicht doch online stellen sollte, den Gedanken letztendlich aber wieder verworfen. Sie brauchte zuerst ein paar Antworten und musste herausfinden, ob das, was in dem Brief stand, auch tatsächlich der Wahrheit entsprach.

»Konnten Sie Ihre Familienangelegenheiten regeln?«, unterbrach Orsini das Schweigen, und Ophelia zuckte zusammen.

»Wie?«

»Ihre Familienangelegenheiten.« Sein Tonfall glich einem Polarsturm und ließ sie frösteln. Er warf ihr einen vernichtenden Blick zu. »Nun?«

»Ja, konnte ich«, stammelte sie, ohne weitere Erklärungen zu liefern. »Alles in Ordnung.«

»Wie schön.«

Die zwei Worte troffen nur so vor Sarkasmus, und plötzlich wallte Zorn in ihr auf. Wieso behandelte er sie jetzt so, als hätte *sie* ihn verletzt? *Er* war es doch gewesen, der sie dermaßen gedemütigt und benutzt hatte. Sie war zu aufgewühlt, um ihm eine schlagfertige Erwiderung an den Kopf zu werfen. Meist fielen ihr die passenden Antworten erst Stunden nach einem unangenehmen Gespräch ein. Neben ihrem Hasenblut noch eine Charakterschwäche, an der es zu arbeiten galt. Also starrte sie nur demonstrativ zum Fenster hinaus, während sie weiterhin vor Wut kochte.

Unvermittelt trat Orsini auf die Bremse, und Ophelia wurde in den Gurt geschleudert. Mit einem haarsträubenden Manöver schwenkte er auf einen Parkplatz vor einem Garagentor ein und würgte den Motor ab.

Sein Kopf schnellte herum. »So, Schluss jetzt mit dem ganzen Mist!«, zischte er. »Was ist los? Was habe ich getan, dass ich so eine miese Behandlung verdiene?«

Ophelia erholte sich langsam von ihrem Schrecken und zerrte an dem Sicherheitsgurt, der schmerzhaft in ihre Brust schnitt.

»Was du getan hast?«, blaffte sie ihn an. »Das fragst du mich allen Ernstes? Sag, hast du sie nicht mehr alle?«

Er runzelte die Stirn. »Offenbar sind wir jetzt wieder beim Du. Und ja, das frage ich dich. Ich denke, du schuldest mir eine Erklärung.«

Sie starrte ihn sprachlos an. Was für ein eingebildeter, arroganter Mistkerl! Sollte sie sich etwa für ihr Handeln bei ihm entschuldigen? Das konnte doch nicht wahr sein! Wenn, dann verdiente wohl eher sie eine Erklärung. Noch besser eine Entschuldigung.

Wütend starrten sie sich eine Weile an, bis Ophelia es nicht mehr ertrug. Ihr Hals wurde eng, gleich würde sie in Tränen ausbrechen. Sie wandte den Blick ab, und unter Aufbietung aller Selbstbeherrschung erklärte sie so würdevoll wie möglich: »Ich habe dir nichts zu sagen.«

XXXVII

Ophelia öffnete die Tür zu ihrem Zimmer im zweiten Stock und lächelte. Seltsamerweise fühlte sie sich in der Villa beinahe mehr zu Hause als am Küepachweg. Die Wohnung in Bozen wirkte so leer, seit ihre Mutter gestorben war. Es war wirklich an der Zeit, dass sie sich eine neue Bleibe suchte.

Isabella, so hatte ihr Orsini vorhin kurz angebunden mitgeteilt, würde erst spät zurückkommen. Dann war er wortlos in seinem Zimmer verschwunden. Gut, so blieb Ophelia noch etwas Zeit, sich auf das Treffen mit seiner Schwester vorzubereiten.

Nach ihrem Streit im Auto hatte er Ophelia wie Luft behandelt. Den Blumenstrauß, der angeblich für seine Schwester bestimmt war, hatte er bei der Ankunft einfach in den Garten geworfen. So viel zum Thema Ehrlichkeit.

Hatte er wirklich angenommen, dass ein paar läppische Blümchen sie wieder in sein Bett locken könnten? Wie erbärmlich. Nein, diesen Fehler würde sie ganz bestimmt nicht zweimal machen.

Sie setzte sich aufs Bett und kramte in ihrer Handtasche den Brief jenes geheimnisvollen L. und das Foto heraus, das ihre Mutter als Hausangestellte der Orsinis zeigte. Sie hatte den Brief schon mindestens zehn Mal gelesen und wurde doch nicht recht schlau aus ihm. Was er andeutete, war einfach ungeheuerlich … und doch nicht unmöglich. Aber wieso sollte dieser L. lügen? Ihre Mutter hatte den Brief bestimmt nicht grundlos versteckt.

Ophelia sah sich im Zimmer um. Wo sollte sie das Schriftstück und das Foto hintun? Wenn sie beide ständig in der Handtasche herumtrug, würden sie irgendwann zerknittert und nicht mehr gut erkennbar sein. Oder noch schlimmer, wenn ihr jemand die Tasche stahl, waren sie für immer verloren. Vielleicht sollte sie Kopien davon anfertigen. In Orsinis Arbeitszimmer stand ein Drucker, mit dem man auch kopieren konnte. Gute Idee. Gleich morgen wollte sie davon Gebrauch machen.

Sie zog den Brief aus dem Umschlag, lehnte sich an das gepolsterte Kopfteil des Bettes und las ihn ein weiteres Mal.

Geliebte Erika

Es fällt mir nicht leicht, Dir diese Zeilen zu schreiben, aber mein Ehrgefühl zwingt mich dazu. Ich kann mir nicht annähernd vorstellen, wie Dir jetzt zumute sein muss. Wie auch, ich bin schließlich nur ein Mann. Aber sei versichert, dass Dir mein größter Respekt und mein größter Dank gewiss sind. Immer, solange ich lebe!

Du hast mir einen unsagbar großen Liebesdienst erwiesen, dass ein Leben nicht ausreicht, um sich bei Dir dafür zu bedanken. Und die Zeit mit Dir gehört zu meinen schönsten Erinnerungen. Ich werde sie in meinem Herzen bewahren, solange ich lebe, das darfst du nicht vergessen.

Vielleicht, wenn wir beide uns in einer anderen Zeit und unter anderen Umständen kennengelernt hätten, hätten wir eine gemeinsame Zukunft gehabt. Aber es ist müßig, sich darüber den Kopf zu zerbrechen, denn es ist, wie es ist. Und Du hast selbst gesagt, dass ich mich der Familientradition beugen, bei meiner Frau bleiben

und Verantwortung übernehmen soll. Entschuldige bitte, dass ich
jetzt so feige von Deiner Großmut Gebrauch mache.
Ich werde Deinen Wunsch respektieren und Dich nie mehr kon-
taktieren. Es ist vermutlich besser so. Du warst schon immer die
Klügere von uns beiden. Nur ein weiterer Grund, weshalb ich mich
in Dich verliebt habe.
Das Kind entwickelt sich prächtig. Es hat Deinen Mund und Deine
hübschen Ohren, und ich bin mir sicher, es wird Dir, je größer es
wird, immer ähnlicher werden. Ein kleiner Trost für mich. Denn
wenn ich es ansehe, werde ich Dich sehen und täglich an Dich
denken.

Geliebte, ich wünsche Dir alles Glück dieser Erde und bleibe für
immer der Deine.
Addio
L.

Ophelia ließ den Brief sinken und wischte sich eine Träne aus
dem Augenwinkel. Es war nicht so, dass Erika Moroder eine
uneheliche Orsini gewesen war, sondern Isabella war Erikas
Tochter. Dieser L. und sie hatten offenbar eine Affäre gehabt,
ein Kind gezeugt, und aus irgendeinem Grund hatte ihre Mutter
dieses den Orsinis gegeben. Deshalb sah sie auf dem Foto auch
nicht in die Kamera, sondern zu ihrer Tochter auf den Armen
einer anderen Frau.

Ophelia fröstelte. Wie konnte eine Mutter – ihre Mutter! –
bloß ihr Kind weggeben? Hatte man sie dazu gezwungen? Aber
wie? Hatte man ihr vielleicht mit einer Bloßstellung gedroht?
Ophelia wusste nicht, wie es 1987 in Bozen zugegangen war,
aber es wäre für eine Frau zu der Zeit sicher noch eine Schande
gewesen, als ledige Mutter nach Hause zu kommen. Ganz zu
schweigen von Omas und Opas Missbilligung, wenn ihr einziges Kind plötzlich mit einem Bastard vor der Tür gestanden

hätte. Ihre Großeltern stammten aus einer Generation, in der eine Frau bis zum Tag ihrer Hochzeit auf Sex verzichtete.

Wie hatte sich das Wort *Bastard* nur in ihre Gedanken einschleichen können? Was für ein hässliches Wort für die wunderschöne Isabella. Niemals im Leben würde sie sie so titulieren. Immerhin hatten sich dieser L. und Erika geliebt, das konnte sie dem Brief entnehmen, und Isabella war die Frucht dieser Liebe. Aber irgendein Umstand, den Ophelia noch nicht kannte, hatte ihre Mutter dazu veranlasst, das Baby den Orsinis zu überlassen. Hatte man ihr vielleicht Geld angeboten, und sie hatte daraufhin ihre kleine Tochter für den schnöden Mammon verkauft? Aber Erika Moroder, oder Hofer, wie sie damals noch geheißen hatte, hatte niemals Geld besessen, das hatte Ophelia doch bereits in Erfahrung gebracht. Wie sie es auch drehte und wendete, es ergab alles keinen rechten Sinn. Nur eines wusste sie jetzt mit Sicherheit, nämlich weshalb Isabella ihrer Mutter so ähnelte.

»Ich habe eine Schwester«, flüsterte Ophelia ergriffen. Seit sie den Brief gelesen hatte, musste sie es sich immer wieder vorsagen, um es glauben zu können. Ein warmes Gefühl breitete sich in ihrem Magen aus. »Ich bin nicht mehr ganz allein auf der Welt.«

Natürlich war Isabella bloß ihre Halbschwester, aber das war genauso gut. Nur wie sollte Ophelia das beweisen? Sie konnte schlecht zu Isabella gehen, ihr ein Haar ausreißen und damit zum nächsten Labor rennen, um einen DNA-Test durchführen zu lassen. Und selbst wenn der Beweis zu 99,9 Prozent feststand, konnte Ophelia Isabellas Leben nicht einfach so in Stücke hauen. Wie schockierend musste es sein zu erfahren, dass ihre leibliche Mutter eine Hausangestellte gewesen war? Die Colonnas würden durchdrehen. Isabella hatte nicht nur einmal erwähnt, wie traditionell ihre zukünftigen Schwiegereltern waren. Wenn die erfuhren, dass ihre Schwiegertochter in spe gar keine waschechte Adlige war, würden sie möglicherweise die geplante Hochzeit platzen lassen.

Nein, Ophelia konnte sich nicht wie der Elefant im Porzellanladen verhalten. Und überhaupt musste sie zuerst diesen L. auftreiben, um herauszufinden, was damals wirklich passiert war. Genau aus diesem Grund war sie auch nach Rom zurückgekommen. In der Villa würde sie die Spurensuche nach L. aufnehmen. Wenn er derjenige gewesen war, der Erikas Baby an die Orsinis vermittelt hatte, musste er ein Bekannter der Familie sein und hatte sich bestimmt öfter in der Villa aufgehalten. Möglicherweise hatte er Erika genau hier kennengelernt. Es blieb Ophelia also nichts anderes übrig, als die Familienalben der Orsinis ein weiteres Mal heimlich durchzusehen.

* * *

Cesare hörte, wie die Haustür ins Schloss fiel. Isabella! Er sprang vom Bett auf und lief in die Eingangshalle hinunter. Seine Schwester zog eine Stola von den bloßen Schultern.

»Na, alles wieder im Lot, Brüderchen?« Sie lächelte verschmitzt, entfernte die Haarspange, schüttelte ihre Locken und schlüpfte aus den hochhackigen Pumps. »Gott, diese Schuhe bringen mich um!« Sie wackelte mit den Zehen und stöhnte leise. Als Cesare nicht antwortete, hob sie den Kopf. »Ist was?«

»Ophelia kann nicht länger in diesem Haus bleiben!«

Isabella verdrehte die Augen. »Was ist denn jetzt schon wieder passiert?«

»Ich … sie …« Er brach ab und raufte sich die Haare. »Dieses Frauenzimmer treibt mich in den Wahnsinn!«

Isabella lachte. »Hübsch gesagt. Was hat sie denn angestellt?«

»Das ist nicht witzig, Isa. Morgen verlässt sie das Haus. Endgültig!«

Seine Schwester schien von seinem Ausbruch ungerührt und verbarg hinter vorgehaltener Hand ein Gähnen. »An dem Punkt waren wir doch schon mal, nicht?«

Ihm blieb der Mund offen stehen. »Machst du dich etwa lustig über mich?«

Sie legte ihm besänftigend die Hand auf den Arm. »Entschuldige, aber ich bin todmüde. Können wir das bitte morgen besprechen? Diese Dinnerabende bei meinen künftigen Schwiegereltern sind so was von öde. Mir fallen gleich die Augen zu.«

Cesare schluckte eine scharfe Erwiderung hinunter, als er ihr erschöpftes Gesicht bemerkte. Obwohl sie stets betonte, dass sie wieder auf dem Damm sei, wirkte sie immer noch angeschlagen.

»Nun gut, dann morgen eben. Aber dieses Mal gebe ich nicht klein bei.«

»Danke, Brüderchen.« Sie stellte sich auf die Zehenspitzen und hauchte ihm einen Kuss auf die Wange. »Gute Nacht.«

Er sah ihr nach, wie sie langsam die Treppe hinaufging und in ihrem Zimmer verschwand. Und plötzlich überfiel ihn die Erkenntnis, dass die Frauen um ihn herum ihn problemlos manipulieren konnten. Aber das hörte jetzt auf! Er war schließlich der Herr im Hause.

Er ging in die Küche und goss sich ein Glas Wasser ein. Müde setzte er sich an den Tisch und rieb sich mit beiden Händen übers Gesicht. Wie sehnte er sich nach seinem langweiligen Leben zurück, als es noch keine flatterhaften Südtirolerinnen gegeben hatte. Und wie dumm er gewesen war, sich eine Zukunft mit dieser Frau vorzustellen.

Nullis amor est medicabilis herbis! Der antike römische Dichter Ovid hatte es auf den Punkt gebracht. Gegen die Liebe war tatsächlich kein Kraut gewachsen.

»Wie recht du hast, alter Freund«, murmelte Cesare seufzend und stürzte das Glas Wasser hinunter. »Und wie dumm sind wir Männer, dass wir uns trotzdem verlieben.«

XXXVIII

Das Knattern des Rasenmähers weckte Ophelia am Freitagmorgen. Sie schlug die Augen auf und kuschelte sich nochmals in die weiche Daunendecke. Durch die offenen Vorhänge fiel strahlender Sonnenschein ins Zimmer und ließ feine Staubpartikel in der Luft glitzern. Wie spät mochte es sein? Sie griff nach ihrem Handy. Kurz vor acht Uhr. Sie hatte herrlich geschlafen, aber jetzt war es Zeit, aufzustehen und das Frühstück zuzubereiten.

Während sie ins Bad lief, summte sie eine kleine Melodie vor sich hin. Ihre Vorfreude, Isabella wiederzusehen, verursachte ihr ein angenehmes Kribbeln im Bauch. Die Vorstellung, Orsini beim Frühstück zu treffen, war jedoch weniger erfreulich. Das musste sie eben in Kauf nehmen, wenn sie das Geheimnis um ihre Halbschwester lösen wollte. Irgendwann würde die Erinnerung an die Stunden in seinem Bett verblassen. Und so toll war der Sex schließlich auch nicht gewesen. Trotzdem schminkte sie sich eine Spur sorgfältiger als sonst. Sollte Orsini nur merken, was ihm entging.

Die Küche war verwaist, als sie eine halbe Stunde später die Kaffeemaschine einschaltete. Isabella ging meist erst gegen neun Uhr aus dem Haus, und was Orsini heute tat, interessierte Ophelia nicht die Bohne. Ihrer Meinung nach konnte er gern ins

Pfefferland fliegen, Hauptsache er blieb unsichtbar. Doch leider erfüllte sich dieser Wunsch nicht, denn gerade klopfte er an die Terrassentür und gab ihr mit einer herrischen Handbewegung zu verstehen, dass sie ihn hereinlassen solle. Er trug sein Joggingoutfit und sah darin zum Niederknien aus. Warum nur waren die schönsten Männer immer die größten Deppen?

Ophelia sammelte sich einen Moment, setzte eine hochmütige Miene auf und entriegelte den Hebel. »Guten Morgen, Signor Orsini. Haben Sie gut geschlafen?«

In seinem Gesicht zuckte ein Muskel, was sie mit Genugtuung registrierte. Er ging jedoch nicht auf ihren ironischen Ton ein, sondern stolzierte erhobenen Hauptes an ihr vorbei. Dabei stieg ihr sein Duft in die Nase. Ein Gemisch aus seinem Aftershave und Testosteron, das sie an ihre gemeinsamen Stunden erinnerte, und sie schluckte mehrmals trocken.

»Das geht vorüber, keine Angst«, murmelte sie tapfer vor sich hin, als sie das Frühstücksgeschirr aus dem Schrank holte.

Zehn Minuten nach neun Uhr stürmte eine verschlafene Isabella in die Küche.

»Mist«, rief sie gehetzt, »ich habe verschlafen! Ciao, Ophelia, schön, dass du wieder da bist. Ist zu Hause alles okay?« Sie umarmte sie kurz, doch bevor Ophelia etwas erwidern konnte, hastete Isabella bereits wieder hinaus. »Ich muss mich beeilen, entschuldige. Wir sehen uns heute Abend. Bis dann!«

Frustriert sah Ophelia ihr nach. Dieses Wiedersehen hatte sie sich anders vorgestellt. Aber natürlich wusste Isabella nichts von ihrer beider Verwandtschaft. Trotzdem fühlte Ophelia einen Stich der Enttäuschung. Aber was hatte sie erwartet? Dass die Römerin sie nur ansehen und die Verbindung zwischen ihnen spüren würde? So ein Schwachsinn, das passierte nur in schlechten Filmen.

Etwas ratlos betrachtete sie den gedeckten Frühstückstisch. Orsini nahm vermutlich gerade eine Dusche und würde in ein paar Minuten herunterkommen. Sich mit ihm an einen Tisch zu setzen, versprach nicht wirklich unterhaltsam zu werden. Also schnappte sie sich zwei frisch aufgebackene Cornetti, ließ einen Espresso in eine Tasse laufen und balancierte das Ganze auf einem Tablett durch die offene Terrassentür. Giulio, der Gärtner, würde sich bestimmt über eine kleine Pause freuen.

* * *

Cesare schlug frustriert mit der Faust gegen die kalten Fliesen der Dusche. Als er Ophelia vorhin durch die Terrassentür beobachtet hatte, war Begehren in ihm aufgelodert. Keine gute Sache, wenn man lediglich eine Jogginghose trug. Hoffentlich hatte die Kleine nichts bemerkt.

Er wollte sie nicht begehren. Am liebsten wäre es ihm gewesen, sie wäre ihm komplett egal, aber das war bloß ein Wunschtraum. In ihren obligaten kurzen Shorts und dem knappen T-Shirt hatte sie eine Wirkung auf ihn wie die schaumgeborene Venus. Verdammt! Ausgerechnet heute hatte Isabella verschlafen und würde nicht vor dem Abend zurückkehren. Die Aussprache über Ophelias Rauswurf verzögerte sich damit um weitere Stunden. Hatte seine Schwester das etwa extra so arrangiert? Natürlich könnte er sich über ihre Wünsche hinwegsetzen und Ophelia selbst an die Luft setzen. Aber sosehr er das auch wollte, so sehr wollte er es eben auch nicht. Es war zum Verrücktwerden!

Während das heiße Wasser auf seinen Rücken prasselte, lehnte er die Stirn an die Wand und atmete tief durch. Hätte er heute bloß nicht seinen freien Tag. Alles wäre besser, als Ophelia ständig über den Weg zu laufen. Sogar ein Orkan der Windstärke zwölf erschien ihm gerade verlockender als ihre Gegenwart.

»Du bist so eine Memme«, stieß er genervt hervor, als er sich die Haare schamponierte. »Benimm dich endlich mal wie ein Mann!«

Aber es half nichts, er fühlte sich elend.

Eine Viertelstunde später ging er auf Zehenspitzen die Treppe hinunter und linste in die Küche. Gott sei Dank, Ophelia war nicht da. Er würde schnell etwas essen, einen Kaffee trinken und wieder verschwinden. Doch gleich darauf rief er sich zur Ordnung. Das war schließlich sein Haus, und er hatte das Recht, sich überall aufzuhalten, egal, ob es dem Dienstpersonal passte oder nicht. Das wäre ja noch schöner, jetzt wie ein geprügelter Hund herumzuschleichen! Wo blieb sein Stolz? Immerhin war er ein Orsini und Ophelia nur eine Angestellte.

Die Terrassentür stand immer noch offen. Während sich Cesare einen Kaffee zubereitete, hörte er ihr helles Lachen aus dem Garten. Er schnaubte und strich sich die noch feuchten Haare aus der Stirn. Hatte sie denn nichts zu tun? Musste sie jetzt auch noch Giulio von der Arbeit abhalten? Der Gärtner war ein Charmeur der alten Schule. Vermutlich überschüttete er sie gerade mit zweifelhaften Komplimenten, und die Südtiroler Mata Hari umgarnte ein weiteres Opfer.

Eifersucht stieg in Cesare hoch. Eifersucht auf einen sechzigjährigen Gärtner, der kaum einen Meter siebzig maß und mit Übergewicht kämpfte? Er war wirklich nicht mehr zu retten!

* * *

»Und meine Philomena, Gott hab sie selig, hatte dasselbe strahlende Lächeln wie du. Wenn ich ein paar Jährchen jünger wäre, müsstest du dich in Acht nehmen.« Giulio wackelte übertrieben mit seinen buschigen Augenbrauen, und Ophelia kicherte.

Sie mochte Giulio Longo. Im Gegensatz zum Hausherrn war er immer guter Laune und würde ihr sicher helfen, wenn es ein schweres Möbelstück zu verrücken oder eine Glühbirne auszuwechseln gab. Er hatte ihr stolz erzählt, dass er schon für den Vater des Geschwisterpaares gearbeitet hatte und vermutlich bis an sein Lebensende den Garten der Villa pflegen würde. Ob er ihr bei der Recherche vielleicht weiterhelfen konnte?

»Giulio, eine Frage, gab es mal jemanden hier, dessen Name mit einem L anfängt?«

Der Gärtner runzelte die Stirn. »L und weiter?«

»Keine Ahnung. Ein Mann, vielleicht ein Freund der Familie, der öfter in der Villa auftauchte?«

Zuerst hatte Ophelia beim Lesen des Briefes natürlich automatisch an Gian-Luca Orsini gedacht. Doch das war absurd, auch wenn sich ein L in seinem Vornamen befand. Isabella hatte ihr einmal erzählt, wie nahe sich ihr Vater und ihre Mutter gestanden hatten und dass er seine Ehefrau sprichwörtlich auf Händen trug. Er sei ein Ehrenmann und Gentleman gewesen, der sehr auf die Wahrung von Konventionen geachtet und diese Einstellung ebenso seinem Sohn vermittelt habe. Lachhaft! Vielleicht hatte Gian-Luca Orsini das ja versucht, aber Orsini Junior scherte sich, wie sie schmerzlich erfahren musste, keinen Deut darum.

Giulio kratzte sich am Kinn. »Ich habe nicht viel mit den Gästen zu tun.« Er warf einen schnellen Blick zur offenen Terrassentür und senkte die Stimme. »Ehrlich gesagt, geben sich die meisten adligen Schnösel nicht mit dem Personal ab. Isabella, Cesare und ihre Eltern natürlich ausgenommen.«

Ophelia grinste. »Verstehe. Dann fällt dir niemand ein?«

»Na ja, es gibt einen Lorenzo Orsini, das ist der Onkel von Isabella und Cesare. Sie haben aber nicht viel Kontakt mit ihm. Verständlich, er ist nämlich ein richtiges Ekel.«

Der Onkel? Ophelia wurde ganz aufgeregt. Das könnte passen.

»Zum Glück wohnt er in Argentinien und taucht nur selten hier auf«, ergänzte der Gärtner.

Mist! Es wäre auch zu schön gewesen. Trotzdem bestand natürlich die Möglichkeit, dass dieser Onkel der ominöse L. war.

»Wohnt er dort schon länger?«

Vielleicht war dieser Lorenzo nach der Liebschaft mit ihrer Mutter ja ins Ausland geflüchtet.

Giulio sah sie verwundert an. »Hat es einen bestimmten Grund, dass du danach fragst?«

Ophelia schüttelte den Kopf. »Reine Neugier.« Sie blickte schnell zu Boden, damit der Gärtner nicht bemerkte, wie sie errötete.

»Er ist dort geboren«, erklärte er. »Die Orsinis sind auf der ganzen Welt verstreut.«

»Verstehe.« Zu dumm, das brachte sie nicht weiter. Sie atmete tief durch. »Nun, ich sollte wohl langsam wieder an die Arbeit.«

Giulio nickte und reichte ihr die leere Espressotasse. »Vielen Dank, *bellezza*, du bist ein Engel.«

Er kniff ihr väterlich in die Wange und wandte sich wieder dem Rasenmäher zu.

Ophelia rieb sich grinsend die schmerzende Backe und schlenderte zur Villa zurück.

Das Gespräch mit Giulio hatte zwar nicht viel gebracht, aber sie würde einfach mal nach der Familie Orsini googeln. Es gab sicher eine Unmenge naher und ferner Verwandter, deren Vornamen mit einem L begannen. Manchmal wurden sogar ganze Stammbäume verlinkt. Und vielleicht stand im Internet sogar, ob dieser Lorenzo Orsini in den Achtzigerjahren länger in Rom gelebt hatte.

Während sie zur Küche zurückging, kam ihr ein schrecklicher Gedanke. Was, wenn das L gar nicht für den Vor-, sondern für den Nachnamen stand?

»Himmel, nein!«, entfuhr es ihr. Dann wäre die Suche praktisch aussichtslos. Es blieb ihr also nichts anderes übrig, als nochmals in den Papieren der Orsinis herumzuschnüffeln und auf ein bisschen Glück zu hoffen.

XXXIX

»Warum bist du denn jetzt wieder in Rom?«

Selmas Stimme klang gleichermaßen erleichtert wie überrascht. Was war nur los mit ihrer Freundin? Normalerweise hatten sie keine Geheimnisse voreinander, aber Selma benahm sich
in letzter Zeit reichlich ungewöhnlich.

»Ich muss etwas herausfinden«, erklärte Ophelia leise, öffnete
die Zimmertür und spähte übers Geländer in die Eingangshalle
hinab. Orsini griff gerade nach seinem Tennisracket und der
Sporttasche. Gut, er würde also die nächste Zeit nicht im Haus
sein, was ihr die Möglichkeit gab, sich in seinem Arbeitszimmer
umzusehen.

»Wegen deiner Mutter?«, fragte Selma.

Ophelia zog sich in ihr Zimmer zurück und schloss die Tür.
»Exakt.«

»Und du hieltest es nicht für nötig, mich darüber zu
informieren?«

Jetzt war sie auch noch beleidigt? Ophelia schüttelte genervt
den Kopf. »Du hast dich kaum um mich geschert, als ich in
Bozen war, meine Liebe«, gab sie schnippisch zurück.

»Ja, du hast recht, tut mir leid.« Einen Moment herrschte
Schweigen, dann fügte Selma in merkwürdigem Ton hinzu:

»Mein Chef ruft nach mir. Wenn du wieder zurück bist, müssen wir unbedingt reden. Viel Glück!«

Die Verbindung brach ab, und Ophelia sah konsterniert auf das Display. Worüber mussten sie denn reden? Egal, das war jetzt zweitrangig, die Suche nach L. ging vor.

Im Arbeitszimmer roch es immer noch nach Möbelpolitur. Ophelia öffnete ein Fenster, stellte die Bockleiter, den Staubwedel und ein antistatisches Putztuch – alles Alibi-Utensilien – neben das Bücherregal. Sollte sie die Zimmertür nicht besser abschließen? Doch das würde peinliche Fragen aufwerfen, falls unverhofft jemand kam und hereinwollte. Also beschloss sie, die Tür einen Spalt offen zu lassen, damit sie hörte, wenn die Haustür ging.

Der kleine Schlüssel lag immer noch unter der ledernen Schreibtischunterlage. Schnell schloss sie die Schublade auf, nahm erneut das Fotoalbum hervor und begann es durchzublättern. Am meisten interessierten sie natürlich die Bilder vor und nach der Geburt Isabellas, doch nachdem sie das Buch durchgesehen hatte, war sie nicht klüger. Es gab zwar ein paar Fotos mit Männern drauf, die zu der Zeit möglicherweise im passenden Alter gewesen sein mochten, aber im Gegensatz zu ihrer Mutter hatte derjenige, der das Album angelegt hatte, nicht überall die Namen der abgebildeten Personen neben die Bilder geschrieben.

Ophelia schnalzte frustriert mit der Zunge. So kam sie nicht weiter. Gab es eventuell noch mehr Alben? Vielleicht eines, das extra für Isabella angelegt worden war? Und wenn ja, wo würde sie es finden?

Sie verstaute das Fotoalbum wieder, legte den Schlüssel an seinen angestammten Platz und sah sich um. Himmel, so viele Bücher! Ob die Orsinis die alle gelesen hatten? Einige waren bestimmt wertvoll. Ihr Buchhändlerherz sehnte sich danach, jeden einzelnen Band aus dem Regal zu nehmen und ihn sich anzusehen. Welche Schätze gäbe es hier zu entdecken? Aber sie durfte gar nicht an so etwas denken, denn die Zeit verstrich unaufhörlich. Orsini würde sich nicht den ganzen Tag auf dem Tennisplatz austoben. Also keine alten Folianten sichten.

Wo hob man noch Fotos auf? Isabellas Zimmer! Natürlich. Wenn ein Fotoalbum nur von ihr existierte, bewahrte sie es sicher in ihrem eigenen Zimmer auf.

Ohne an ihre Alibi-Utensilien zu denken, lief Ophelia aus dem Arbeitszimmer, die Treppe hoch und öffnete die Tür zu Isabellas Schlafzimmer. Es war der schönste Raum in der Villa und roch leicht nach ihrem Parfüm. Von den drei bodentiefen Fenstern hatte man einen fantastischen Blick in den Garten und dahinter über Roms Dächer bis zum Petersdom. Die Einrichtung war ganz in Weiß und Beige gehalten. Das große Doppelbett stand unter einem Baldachin aus cremefarbenem Damast, die dazu passenden Zierkissen lagen perfekt angeordnet vor dem gepolsterten Kopfteil. An der mit Stuck verzierten Decke hing ein Kristalllüster, dessen Form die Wandleuchten ringsherum widerspiegelten. Ein weißer hochfloriger Teppich schluckte Ophelias Schritte, als sie zur Kommode lief, auf der ein Flachbildschirm stand.

Sie hatte selten viel zu tun in Isabellas Zimmer. Die Römerin war ein ordentlicher Mensch, der meist selbst aufräumte. Ganz im Gegensatz zu ihrem Bruder, der immer alles herumliegen ließ.

Die Holzkommode mit den gedrechselten Füßen und den mit Goldfarbe verzierten Rändern erschien Ophelia am geeignetsten, um Fotoalben und persönliche Dokumente darin aufzubewahren. Wenn sie hier nichts fand, blieben ihr noch der Kleiderschrank und die beiden Nachttische. Im angrenzenden Bad würde sie vermutlich nichts Derartiges finden.

Obwohl Ophelia in den vergangenen Tagen ein paar Mal Isabellas Wäsche verstaut, die Bettwäsche gewechselt oder

Staub gesaugt hatte, fühlte sie sich jetzt wie eine Einbrecherin. Doch sie schlug alle Skrupel in den Wind. Sie würde ihrer Halbschwester später erklären, warum sie ohne zu fragen in ihr Zimmer eingedrungen war.

»Halbschwester«, murmelte Ophelia mit einem Lächeln auf den Lippen, als sie die erste Schublade aufzog.

Das Wort war so neu und aufregend. Doch dann runzelte sie die Stirn und stockte in der Bewegung. Was bedeutete das eigentlich im Hinblick auf Orsini? War sie jetzt etwa auch mit ihm verwandt? Nein, ausgeschlossen, wie dumm von ihr, das zu denken! Das wäre nur möglich, wenn Erika Moroder ebenfalls seine Mutter gewesen wäre. Oder Anton Moroder sein Vater. Ophelia lachte bei dem Gedanken. Also nein, sie war Gott sei Dank nicht mit diesem Hohlkopf verwandt.

In der obersten Schublade bewahrte Isabella ihre Dessous auf. Wunderbare Stücke, wie Ophelia sie nur aus Modemagazinen kannte. Ihre eigene Unterwäsche kaufte sie meist als Zehnerpack im Supermarkt, daher konnte sie sich nicht zurückhalten, vorsichtig mit den Fingern über einen besonders schönen Spitzen-BH zu streichen. Zweite Schublade: Strümpfe, Schals, Bikinis und Handschuhe. Handschuhe in Rom? Ophelia zuckte mit den Achseln.

Dritte Schublade. Heureka! Fotoalben, Briefe, CDs, Bücher und sonstiger Krimskrams. Auch diverse Umschläge mit losen Fotos inklusive der Negative, wie man sie vor der Digitalisierung verwendet hatte. Ob sie die alle in der kurzen Zeit durchsehen konnte? Oder sollte sie einen Teil davon mit in ihr Zimmer nehmen, um sie dort zu sichten?

Sie setzte sich im Schneidersitz auf den Teppich und beschloss, zuerst die Alben durchzusehen. Sie zog wahllos eins hervor und schlug es auf. Isabella während ihrer Teenagerzeit. Nein, sie musste frühere Bilder finden! Also das nächste. Das war ein Riesenteil aus dunkelblauem Kunstleder. Als sie es aufschlug, raschelten die feinen Pergamin-Trennblätter geheimnisvoll, und Ophelia lief ein Schauer über den Rücken. Würde sie L. hier drin finden?

Auf der ersten Seite prangte Isabellas Geburtsanzeige. Eine luxuriöse dreiflügelige Karte aus geprägtem Büttenpapier mit goldener Schrift.

Sehnsüchtig erwartet und liebevoll aufgenommen.

Herzlich willkommen, Isabella Lavinia!

Mit großer Dankbarkeit und Freude geben wir die Geburt unserer Tochter bekannt.

Lavinia und Gian-Luca Orsini

Isabella hieß mit zweitem Vornamen also noch Lavinia. Wie ihre Mutter.

Nein, wie die Frau, die sie großgezogen hatte!

Plötzlich hatte Ophelia einen Kloß im Hals, und sie hielt inne. Wie hatte diese Lavinia Orsini es bloß fertiggebracht, das Kind einer anderen Frau zu stehlen? Hatte sie sich nicht geschämt? Und wie hatten die Orsinis überhaupt verheimlichen können, dass Lavinia gar nicht schwanger gewesen war? Mit einem Kissen unter dem Kleid?

Ophelia seufzte tief. Sie durfte sich jetzt nicht von ihren Gefühlen übermannen lassen, dafür blieb später noch Zeit.

Sie schlug die nächste Seite auf. Hier fand sie Fotos von Isabellas Taufe. Eine Unmenge Bilder mit zahlreichen Personen drauf. Festlich gekleidete, lächelnde Frauen und Männer, die abwechselnd den in weiße Spitze gehüllten Säugling auf den Armen hielten. Wie sollte sie hier einen speziellen Mann herausfiltern? Nirgends stand ein Name. Es war hoffnungslos.

»Was tun Sie da?«

Ophelia zuckte erschrocken zusammen und wandte den Kopf. Orsini stand in der offenen Tür und starrte sie aus schmalen Augen an. In der einen Hand trug er seine Sporttasche, in der anderen das Tennisracket. Er sah verschwitzt und sehr wütend aus.

Verdammt, sie war so in die Fotos vertieft gewesen, dass sie die Haustür nicht gehört hatte. Was jetzt?

»Aufräumen, was denn sonst«, platzte es aus ihr heraus. »Sie sehen ja, was hier für ein Durcheinander herrscht.« Sie wies auf die offene Schublade und legte das Fotoalbum auf den Boden. »Isabella hat mich gebeten, mal ein bisschen Ordnung zu schaffen.«

»So, hat sie das?«, erwiderte er spöttisch. »Meine ordnungsliebende Schwester hat Ihnen also aufgetragen, in ihren Privatsachen herumzuschnüffeln?«

»Ich schnüffle nicht!«, fuhr Ophelia auf. »Und ja, das hat sie. Aber ich kann auch am Nachmittag weitermachen, wenn ...«

Orsini ließ die Sporttasche und das Racket auf den Boden fallen und holte sein Handy aus der Gesäßtasche. »Wenn das so ist, dann macht es Ihnen bestimmt nichts aus, wenn ich bei meiner Schwester kurz nachfrage, nicht wahr?«

Sakra! Ophelia sprang auf. Was sollte sie jetzt tun? Vielleicht deckte Isabella sie sogar, wenn ihr wütender Bruder anrief, verlangte später aber bestimmt eine Erklärung. Und was dann? Noch mehr Lügen? Oder sollte sie Orsini jetzt endlich die Wahrheit erzählen? Schließlich ging es um seine Schwester. Auch wenn sie das, nach Ophelias Folgerungen, eigentlich ja gar nicht war. Doch würde er ihr glauben oder gleich die Herren mit den weißen Zwangsjacken anrufen?

»Es klingelt«, unterbrach er ihre wirren Gedanken und schaute sie dabei mit einem überheblichen Grinsen an.

Verdammt sollst du sein, du aufgeblasener Mistkerl! Am liebsten wollte sie ihm die Worte an den Kopf werfen, doch plötzlich verließ sie der Mut.

»Legen Sie auf«, sagte sie endlich resigniert. »Sie hat mir nichts dergleichen aufgetragen.«

Triumphierend ließ er das Handy sinken. »Habe ich es mir doch gedacht.«

Er durchquerte das Zimmer mit zwei Schritten und baute sich vor Ophelia auf. Im ersten Moment sah es so aus, als wolle er sie gleich küssen, und sie starrte hypnotisiert auf seinen Mund. Doch dann straffte er die Schultern und zischte: »Kommen Sie mit in mein Arbeitszimmer! Es wird langsam Zeit, dass wir ein ernstes Wörtchen miteinander wechseln.«

XL

Im Arbeitszimmer standen diverse Putzutensilien herum und zeugten davon, dass Ophelia offenbar vorgehabt hatte, hier eine Reinigungsaktion zu starten. Oder war das nur wieder eine Finte, um sie weiter auszuspionieren?

Cesare setzte sich an den Schreibtisch. Der Geruch nach Möbelpolitur stieg ihm in die Nase. Also hatte sie anscheinend doch geputzt. Er ruckte heimlich an der Tischschublade. Verschlossen. Gut, hier hatte sie demzufolge nicht herumgeschnüffelt.

Ophelia blieb mit gesenktem Kopf vor dem Schreibtisch stehen. Das schlechte Gewissen troff ihr förmlich aus jeder Pore. Sie rieb ihre Hände, als wäre ihr kalt.

»Setzen Sie sich, Signora Moroder!«, befahl er.

Ein wenig genoss er die Situation. Jetzt war er wieder der Stärkere, was seinem Ego unheimlich guttat. Er war gespannt, was sie ihm gleich für eine Erklärung für das Herumschnüffeln in Isabellas Zimmer liefern würde.

Ophelia setzte sich vorsichtig auf die Kante des Stuhls und blickte zum offenen Fenster hinaus. Ein warmes Lüftchen wehte herein, das den Geruch nach gemähtem Gras mit sich trug. Giulios Rasenmäher war verstummt, offenbar war er zum Mittagessen nach Hause gegangen.

»Nun?«, unterbrach Cesare die Stille, lehnte sich zurück und verschränkte die Arme vor der Brust. Er hätte eine Dusche und frische Kleider nötig gehabt, wollte ihr aber keine Gelegenheit bieten, sich in der Zeit eine weitere Lügengeschichte auszudenken.

Sie atmete ein Mal tief durch und sah ihm dann direkt in die Augen. Sie wirkte verletzlich und zugleich angespannt, und der Drang, sie schützend in die Arme zu nehmen, wurde übermächtig. Doch er durfte sich von ihrem unschuldigen Äußeren nicht ins Bockshorn jagen lassen. Sie war eine berechnende, durchtriebene und moralisch zweifelhafte Person.

»Ich habe nicht den ganzen Tag Zeit!«, knurrte er herrisch.

»Es begann mit einem Ausflug zur Mariensäule«, erklärte sie leise. »Dort habe ich Isabella das erste Mal gesehen.«

Er runzelte die Stirn. Das sollte eine Erklärung sein? »Ist das alles?«

In Ophelias Augen blitzte Ärger auf. »Wollen Sie die Geschichte nun hören oder nicht?«

Sie sah zum Anbeißen aus, wenn sie sich ärgerte. In seinem Bauch begann es zu kribbeln. Er räusperte sich und machte eine unwirsche Handbewegung, damit sie fortfuhr.

»Ich bin nicht in Rom, um zu arbeiten«, erklärte sie weiter und strich sich eine Strähne aus dem Gesicht. »Sondern auf Urlaub. Ich habe nämlich bei einem Wettbewerb …« Sie brach ab. »Egal, wichtig ist nur, dass ich an einem Abend die Fotos gesichtet habe, die ich tagsüber gemacht hatte. Dabei entdeckte ich eine Aufnahme, auf der Ihre Schwester zu sehen war. Damit hat alles angefangen.« Wieder stockte sie und zupfte fahrig an ihren Shorts herum.

Cesare wurde langsam ungeduldig. Was sollte das ganze Theater? Tischte sie ihm gerade ein weiteres Märchen auf? »Gibt es auch noch eine Pointe in der Geschichte?«

Er beugte sich vor und verschränkte die Finger auf dem Schreibtisch.

»Herrgott, dazu komme ich doch gleich!«, zischte sie und schob trotzig die Unterlippe nach vorne.

Wenn ich diesen Mund doch nur noch einmal kosten dürfte, ging es ihm durch den Kopf. Noch einmal meine Hände in ihren Haaren vergraben und noch einmal ihre Haut streicheln. Fast wäre er sich mit der Zunge über die Lippen gefahren, aber im letzten Moment konnte er sich zurückhalten.

»Wie gesagt, als ich an jenem Abend die Fotos durchsah, bemerkte ich eine seltsame Ähnlichkeit zwischen Isabella und meiner Mutter. Daraufhin bin ich am nächsten Tag wieder zur Mariensäule gefahren, in der Hoffnung, Ihre Schwester vielleicht noch einmal zu sehen. Ich wollte schärfere Fotos machen, um ...« Ophelia hielt inne und zuckte die Achseln. »Ich fand es zwar eigenartig, dass sich zwei Menschen so ähnelten, und auch recht witzig, den jüngeren Zwilling meiner Mutter getroffen zu haben, aber ich war natürlich nicht auf das vorbereitet, was ich später herausfand.«

Cesare sah sie zweifelnd an. Was sie ihm da erzählte, schien ihm doch reichlich abstrus, doch er ließ sie weiterreden.

»Isabella war auch tatsächlich am nächsten Tag wieder im *Antico Caffè Santamaria*. Mit Ihnen. Ich dachte damals, aber das wissen Sie ja schon, dass Sie ein Paar sind.«

»Und weiter?«

Erneut blitzte Ärger in Ophelias Augen auf, als er sie unterbrach. Doch sie fing sich schnell wieder und fuhr fort: »Die Ähnlichkeit zwischen Isabella und meiner Mutter konnte ich danach nicht mehr ignorieren. Sie sahen aus wie Schwestern, und meine Neugier trieb mich dazu, Ihnen zu folgen, denn ich wollte wissen, wo Sie wohnen.«

»Sie sind mir gefolgt?«

Ophelia nickte. »Dann, einen Tag später, kam ich von einem Ausflug nach Ostia zurück und wollte mir Ihre Villa genauer ansehen. Ich habe mir nichts dabei gedacht. Vielleicht hätte ich sogar geklingelt, um Isabella ein paar Fotos meiner Mutter zu zeigen. Keine Ahnung, ich hatte keinen Plan oder so. Aber dann kam ja alles anders.«

»Weil ich Sie für eine Bewerberin für die Haushaltsstelle hielt«, fügte Cesare hinzu, und Ophelia nickte.

»Ich … es erschien mir wie eine Fügung des Himmels, als Sie mich hereinbaten. Danach hat sich die ganze Sache ein bisschen verselbstständigt.« Sie lachte verhalten. »Nun ja, lange Rede, kurzer Sinn: Ich glaube, dass Isabella …« Ophelia brach ab und schluckte schwer.

»Was glauben Sie?«

Eine plötzliche Kälte griff nach Cesares Herz, und er bekam kaum noch Luft. Unvermittelt wollte er nicht mehr wissen, was Ophelia zu sagen hatte, doch sie sprach unbeirrt weiter, nicht merkend, dass gerade ein Gedankensturm in seinem Kopf tobte.

Sie straffte die Schultern und sah ihm trotzig in die Augen. »Ich glaube, Isabella ist meine Halbschwester.«

* * *

Orsini schaute sie einen Augenblick verblüfft an, dann brach er in schallendes Gelächter aus. »Sie haben ja einen Knall!«, japste er und schüttelte den Kopf.

Ophelia musterte ihn mit verkniffenem Mund. Natürlich klang es unglaublich, und auf der einen Seite konnte sie seine Reaktion sogar verstehen. Aber ihm würde das Lachen schon noch vergehen, wenn sie ihm den Brief zeigte.

Aber was, wenn er ihn ihr wegnahm? Vielleicht sogar vernichtete? Dann hätte sie überhaupt keinen Beweis mehr, um ihre Theorie zu untermauern. Abgesehen von einem DNA-Test natürlich. Doch den würde man ihr bestimmt verweigern. Gründe dafür gab es viele. Isabellas Reputation, mögliche Erbansprüche, wobei Isabella von den Moroders nichts erben konnte, weil es nichts zu erben gab, aber vielleicht umgekehrt. Möglicherweise stand Ophelia etwas zu. Doch hauptsächlich würde der gute Name der Orsinis in den Schmutz gezogen, und das konnte Cesare unter keinen Umständen zulassen.

»Entschuldigen Sie, aber das ist das Dümmste, das ich je gehört habe.« Er strich sich durch die Haare und stand auf. »Ich bin ja ein Fan von guten Geschichten, aber selbst Sie müssen zugeben, dass das kompletter Blödsinn ist.«

Ophelia sprang ebenfalls auf. »Du wirst schon sehen!«

Sie wollte sich abwenden, doch wie durch Zauberhand stand er plötzlich an ihrer Seite und packte sie am Arm.

»Hör zu, du kleine Kröte. Ich warne dich. Wenn du Isabella durch diese Hirngespinste Schaden zufügst, lernst du mich kennen.«

»Lass mich los, du Grobian!«, zischte Ophelia und wand sich aus seinem Griff. »Ich habe nicht vor, ihr Schaden zuzufügen. Wenn es jemand verdient hat, dann eher du, du arroganter Mistkerl!«

Einen Moment wirkte er verdutzt, und sie vermeinte, so etwas wie Schmerz in seinen Augen zu sehen, doch da hatte sie sich bestimmt getäuscht. Sie rieb sich die Stelle, an der er sie gepackt hatte. Das würde sicher einen blauen Fleck geben.

»Du willst mir also drohen?«, fragte er gefährlich leise. »Fein, versuch das mal. Du wirst schon sehen, was du davon hast. Kein normal denkender Mensch wird dir so einen Schwachsinn abnehmen. Leute ähneln sich eben, das gibt es jeden Tag. Glaubst du wirklich, dass eine Orsini von einer Südtirolerin abstammt?« Er lachte hämisch. »Du bist wohl nicht ganz bei Trost. Wir Orsinis sind eines der berühmtesten

Adelsgeschlechter von ganz Italien und keine hergelaufenen Bauerntrampel.«

Ophelia wurde bleich. Sie schwankte und hielt sich an der Stuhllehne fest, um nicht zu fallen.

Cesare wirkte plötzlich schuldbewusst. »Tut mir leid, das hätte ich nicht sagen sollen. Ich ...« Er brach ab und atmete tief durch.

Ophelias Augen füllten sich mit Tränen. Wortlos drehte sie sich um und rannte die Treppe hinauf.

XLI

Ophelia warf sich schluchzend aufs Bett. Sie war so dumm! Wie hatte sie auch nur annehmen können, dass der noble Cesare Orsini ihr Glauben schenkte? Diese Adligen waren doch alle gleich. Ein Haufen selbstgerechter, aufgeblasener Idioten, die sich für etwas Besseres hielten.

Wenn sie bis jetzt noch Skrupel gehabt hatte, ihren Blog-Artikel online zu stellen, hatten diese sich in dem Moment verflüchtigt, als er ihre Familie als Bauerntrampel bezeichnet hatte. Der würde sich wundern, was ihr für Möglichkeiten offenstanden, ihm ans Bein zu pinkeln! Sie stammte vielleicht nicht von Blaublütigen ab, aber dem Internet sei Dank gab es heute Möglichkeiten, seine Meinung über diese sogenannten Aristokraten in die Welt hinauszutragen, auch wenn man keinen Familienstammbaum besaß, der bis ins Neolithikum zurückreichte.

Als es an der Tür klopfte, wischte sie sich die Tränen von den Wangen.

»Lass mich in Ruhe!« Noch mehr Beleidigungen würde sie nicht ertragen können.

»Ophelia, darf ich reinkommen?«

»Verschwinde!«

»Bitte, ich möchte mich entschuldigen. Es war unangemessen, so etwas zu äußern. Verzeih mir. Lässt du mich rein?«

Sie schniefte. Was wollte der Kerl noch? Es gab nichts mehr zu sagen.

»Ich öffne jetzt die Tür, einverstanden? Wenn du mir etwas an den Kopf werfen willst, dann bitte nicht die kleine chinesische Vase auf der Kommode.«

Durch ihre Tränen hindurch musste sie einen Moment grinsen, doch als Orsini vorsichtig die Tür öffnete und seinen Kopf durch den Spalt steckte, flammte ihre Wut erneut auf.

»Komm ja nicht rein!«

»Hör zu, Ophelia. Ich glaube zwar nicht, was du mir vorhin gesagt hast, aber offenbar bist du davon überzeugt. Also werde ich mir weiter anhören, was du zu erzählen hast. Einverstanden?«

»Ach, jetzt plötzlich?«, höhnte sie. »Hast du etwa Angst um deinen guten Ruf bekommen?«

Orsini trat ins Zimmer und nickte. »Ja, in der Tat. Du kannst das vielleicht nicht verstehen, weil du … na ja, in einem anderen Umfeld aufgewachsen bist. Aber hier in Rom zählt ein tadelloser Ruf mehr als ein dickes Bankkonto. Würde etwas von deiner Vermutung an die Öffentlichkeit gelangen, wäre Isabella ruiniert. Die Colonnas würden eine Schwiegertochter mit zweifelhafter Abstammung niemals akzeptieren, auch wenn es nur ein Gerücht ist.«

Ophelia wollte aufbrausen, doch er hob beschwichtigend die Hände. »Das soll nicht heißen, dass du gelogen hast. Aber vielleicht hast du die falschen Schlüsse gezogen. Und du magst meine Schwester doch, nicht wahr? Willst du ihr Glück denn zerstören?«

Ophelia schluckte. Natürlich wollte sie das nicht. Sie hatte ihre Halbschwester doch gerade erst gefunden, und wenn sie jetzt mit ihren Entdeckungen an die Öffentlichkeit ging, würde sie sie bestimmt gleich wieder verlieren. Zähneknirschend musste sie Cesare recht geben. Die Sache war zu heikel, um sie in einem Anfall von Wut in die Welt hinauszuposaunen.

Offenbar zeichneten sich die widersprüchlichen Gefühle auf ihrem Gesicht ab, denn Orsini wirkte erleichtert und setzte sich neben sie aufs Bett.

»Nochmals«, begann er, »es tut mir leid, was ich vorhin gesagt habe. Das war sehr rücksichtslos. Ich war nur so erschrocken. Vergibst du mir?« Er sah sie mit einem treuen Hundeblick an, und sie nickte widerstrebend. »Danke. Und jetzt erzähl mir bitte noch einmal von Anfang an, wie du zu dieser ... seltsamen Feststellung gekommen bist.«

Durchs offene Fenster hörten sie die Glocke der nahen Kirche schlagen.

Die vergangene Stunde hatte Ophelia Cesare jedes Detail ihrer Vermutung dargelegt. Selbst das gemopste Foto, das ihre Mutter auf den Stufen der Villa zeigte, hatte sie aus ihrem Portemonnaie geholt und ihm vorgelegt. Auch von dem Brief dieses L. hatte sie ihm berichtet. Als er ihn jedoch sehen wollte, hatte sie ihm vorgeschwindelt, ihn in Bozen gelassen zu haben. Die Angst, dass er ihn ihr wegnehmen würde, war noch präsent. Dieses Schriftstück war der einzige konkrete Hinweis, und sollte sie es verlieren, stünde sie wieder am Anfang ihrer Nachforschungen.

Cesare war, während sie ihm in hastigen Worten alles erzählte, immer nachdenklicher geworden. Als sie endete, stand er unvermittelt auf und trat ans Fenster. Die Stille im Zimmer wurde nur durch das Zirpen der Grillen im Garten unterbrochen.

»Was meinst du dazu?«, fragte sie gespannt. »Das kann doch alles nicht nur Zufall sein, oder?«

Er blieb stumm. Würde er sich jetzt wieder über sie lustig machen? Sie beleidigen? Das Ganze als Hirngespinst abtun?

Nervös rieb sie sich über die Schenkel. Warum schwieg er so lange?

Endlich drehte er sich um. Sie versuchte, in seinem Gesicht zu lesen, doch er hatte eine undurchdringliche Miene aufgesetzt. Er wirkte nicht mehr belustigt, auch nicht wütend, eher grüblerisch.

»Nun?«

Cesare atmete einmal tief durch. »Es gibt da etwas in meiner Kindheit, an das ich mich erinnere.« Er setzte sich wieder aufs Bett und starrte auf den Boden.

»Woran denn?«

»Ich war damals etwa fünf und saß im Arbeitszimmer meines Vaters. Ich hatte schon zu der Zeit reges Interesse an der Welt und schnappte mir immer den großen Atlas mit den Länderkarten. Das Buch ist sehr wertvoll, und mein Vater hat mich immer ausgeschimpft, wenn er merkte, dass ich darin geblättert hatte. Wertvolle Folianten und schmutzige Jungenhände passen eben nicht zusammen.« Er lächelte kurz. »Also versteckte ich mich damit immer unter dem Schreibtisch. So bemerkten mich meine Eltern nicht, als sie ins Zimmer traten.«

»Was haben sie gesagt?«, fragte Ophelia wie elektrisiert.

»Eigentlich nichts, das Sinn ergab. Für mich damals jedenfalls nicht. Aber jetzt, nachdem du mir das alles erzählt hast ...« Er brach ab und fuhr sich mit beiden Händen durch die Haare.

Ophelia hätte ihm am liebsten über die Wange gestrichen. Er sah plötzlich sehr müde und aufgewühlt aus. Doch sie rief sich seine Worte ins Gedächtnis. Sie war nur eine *Bedienstete* für ihn. Sie musste sich zurückhalten. Dumme Gefühle!

Er hob den Kopf. »Es war schon spät am Abend. Meine Eltern waren ausgegangen und kamen eben zurück. Mein Vater hat sich oft noch einen Amaretto vor dem Schlafengehen genehmigt. Damals stand der Globus mit den Spirituosen im Arbeitszimmer.«

Ophelia nickte.

»Sie kamen also beide ins Arbeitszimmer, und meine Mutter sagte so etwas wie: ›Glaubst du, dass Agostina einen Verdacht hegt?‹ Und mein Vater erwiderte darauf: ›Und wenn schon, sie kann nichts beweisen.‹«

Ophelia starrte ihn verwirrt an, und Cesare erklärte: »Agostina ist die Cousine meines Vaters. Ein dummes, lautes Weib, das ich als Kind nicht ausstehen konnte.«

»Und mehr haben sie nicht gesagt?« Ophelia konnte ihre Enttäuschung nicht verbergen. Diese paar Worte bewiesen überhaupt nichts. »Dabei hätte es sich doch um alles Mögliche handeln können.«

»Ja, stimmt. Doch da war noch etwas.«

Jetzt hätte sie ihn am liebsten geschüttelt. Musste er es so spannend machen?

»Cesare, was haben sie noch gesagt?«

Er sah sie mit waidwundem Blick an. »Meine Mutter schluchzte danach auf und flüsterte: ›Ich könnte es nicht ertragen, wenn sie uns Isabella wegnehmen.‹«

XLII

Ophelia starrte Cesare eine Weile fassungslos an.

»Aber das ist es doch!«, rief sie schließlich. »Das beweist doch eindeutig, dass Isabella nicht ihr Kind ist. Warum sollte eine Mutter sonst Angst haben, dass man ihr die Tochter wegnimmt? Doch nur, weil es sich nicht um ihr leibliches Kind handelt.«

Cesare schwieg betroffen. Was sollte er auch antworten? Hatte er eben einen Fehler begangen, Ophelia von seiner Erinnerung zu berichten? Immerhin untermauerte diese ihre Geschichte. Was, wenn sie jetzt damit zur Presse lief?

Und was zum Teufel hatten sich seine Eltern eigentlich dabei gedacht, einer Hausangestellten das Kind wegzunehmen? Wenn es denn tatsächlich stimmte. Das Podest, auf das er sie die vergangenen Jahre gestellt hatte, geriet bedrohlich ins Wanken. Er wollte ihnen jedoch keine niederen Beweggründe unterstellen. Vielleicht hatte Erika Moroder das Kind gar nicht gewollt. Oder war sogar froh darüber gewesen, dass die Orsinis es ihr abnahmen. Doch was bedeutete das jetzt für Isabella? Ophelia würde kaum davon abzubringen sein, es ihr zu erzählen. Oder doch? Möglicherweise konnte er der Südtirolerin Geld anbieten, damit sie den Mund hielt. Sollte er es versuchen?

Er warf ihr einen schnellen Blick zu. Sie wirkte gerade überglücklich. Auf keinen Fall konnte er jetzt von Geld sprechen, das würde sie nur wieder in eine wütende Furie verwandeln, deren nächste Schritte nicht absehbar waren. Also was sollte er tun?

Und was war das überhaupt für eine lächerliche Behauptung, dass sie diesen ominösen Brief in Bozen gelassen hatte? Nein, das war absolut nicht glaubwürdig. Immerhin hatte sie das Foto, das sie aus dem Familienalbum gestohlen hatte, ja auch dabei. Er musste diesen Brief haben. Unbedingt! Solange er existierte, lag es in Ophelias Hand, Isabellas Leben zu vernichten und seins gleich mit dazu. Vielleicht nicht gewollt, aber Ophelia würde sich irgendwann verraten, das war so sicher wie das Amen in der Kirche. Sie trug das Herz auf der Zunge und würde jemanden einweihen. Falls sie das nicht schon getan hatte.

Oh Gott! Cesare wurde beinahe schlecht bei dem Gedanken. Wenn die Bluthunde der Presse erst davon Wind bekämen … Er durfte gar nicht daran denken. Er musste jetzt sehr überlegt vorgehen, Ophelias Vertrauen zurückgewinnen und wenn möglich ihr Zimmer durchsuchen, um diesen Brief aufzutreiben.

»Hast du in Isabellas Zimmer denn einen Hinweis auf diesen L. gefunden?«, fragte er gespannt.

Ophelia schüttelte den Kopf. »Du hast mich zu früh erwischt.«

Sie lächelte verschmitzt und wirkte dabei so arglos, dass er sich beinahe schämte, ihr etwas vorzumachen. Doch Isabellas Glück musste ihm jetzt wichtiger sein. Ganz egal, ob sie seine leibliche Schwester war oder nicht. Den Ruf der Orsinis galt es unter allen Umständen zu schützen.

»Dann wird es wohl das Beste sein, wenn wir uns zuerst auf die Suche nach diesem Mann begeben. Versprichst du mir, dass du Isabella noch nichts sagst?«

Ophelias Lächeln verschwand. »Ich soll meiner Halbschwester nichts erzählen?«

Bei dem Wort Halbschwester fuhr Cesare zusammen. »Natürlich muss sie es wissen«, gab er schnell zur Antwort. »Nur eben jetzt noch nicht. Zuerst sollten wir alle Beweise zusammentragen. Es dürfen keine Fragen offenbleiben. Oder willst du ihr erläutern, dass wir keine Fakten vorlegen können? Es wird so oder so ein großer Schock für sie sein. Also sollten wir alles hieb- und stichfest belegen können. Meinst du nicht auch?«

Ophelia schürzte die Lippen. Er konnte beinahe hören, wie es hinter ihrer Stirn arbeitete.

»Na gut«, willigte sie zu seiner Erleichterung schließlich ein. »Suchen wir zuerst diesen L., und dann eröffnen wir meiner Halbschwester die Neuigkeit gemeinsam.«

Nachdem Cesare sich endlich von seinen verschwitzten Klamotten befreit und geduscht hatte, gesellte er sich zu Ophelia, die wieder in Isabellas Zimmer saß und in den Fotos wühlte.

»Schon was gefunden?«, fragte er und ließ sich neben ihr auf dem Boden vor der Kommode nieder.

»Leider nein, aber ich kenne die Leute auf den Fotos natürlich nicht. Vielleicht solltest du sie dir ansehen.«

Er war froh, dass sie sich wieder duzten und das blöde Sie ad acta gelegt hatten. Immerhin hatten sie miteinander geschlafen und sich dabei Liebesworte ins Ohr geflüstert. Die Erinnerung an diese gemeinsamen Stunden ließen ihn seufzen.

»Ist was?«, fragte Ophelia.

»Nein, ich musste nur gerade an etwas denken.« Er griff nach dem Stapel loser Fotos auf dem Teppich. »Kommen die infrage?«

Sie sah ihn einen Moment irritiert an und nickte dann. »Ich denke schon. Alles Männer, die ich bereits auf den Fotos von Isabellas Taufe gesehen habe. Kennst du einen davon?«

Er betrachtete die gut gekleideten Herren. Ein paar kannte er, andere Gesichter sagten ihm nichts.

»Das ist Onkel Lorenzo«, erklärte er, wies auf einen Mann im Smoking, der sich gerade mit dem Daumen seinen Schnurrbart glättete. »Wenn deine Mutter sich mit dem eingelassen hat, ist sie zu bedauern. Er ist ein Idiot.«

Ophelia kicherte. »Giulio hat in etwa das Gleiche gesagt.«

»Das zeugt von guter Menschenkenntnis. Erinnere mich daran, dass ich sein Gehalt erhöhe.« Cesare musterte die anderen Bilder. »Meinst du wirklich, dass der Kerl bei Isabellas Taufe dabei war? Wäre das nicht … ich weiß nicht, etwas masochistisch?«

Ophelia zuckte mit den Schultern. »Er spricht im Brief von einem Liebesdienst, den meine Mutter ihm erwiesen hat. Demzufolge musste er deinen Eltern sehr nahegestanden haben, wenn er wollte, dass sie das Baby bekommen. Also wieso sollte er dann nicht dabei sein? Immerhin wurde seine Tochter an dem Tag getauft.«

»Ja, vielleicht. Wenn er Isabella an meine Eltern … vermittelt hat, muss er von ihrer tiefen Sehnsucht nach einem Kind gewusst haben. Und im Gegenzug müssen meine Eltern ihn auch gekannt haben, denn von einem Fremden hätten sie nie einfach so ein Kind angenommen, oder?«

»Das sehe ich ebenso.« Sie lachte.

»Was ist?«

»Ich dachte zuerst sogar daran, dass dein Vater mit meiner Mutter …« Sie brach ab.

Cesare stieß ein abfälliges Schnauben aus. »Nie im Leben! Mein Vater war die Integrität in Person.«

Ophelia nickte. »Isabella hat mir dasselbe gesagt. Es war auch bloß mein erster Gedanke. Fällt dir also niemand ein, dessen Namen mit L anfängt und der häufig bei euch zu Gast war? Vielleicht hatte der Mann Interesse daran, Isabella aufwachsen zu sehen, und hat euch immer mal wieder besucht.«

Cesare dachte scharf nach. Dann schlug er sich mit der flachen Hand an die Stirn. »Natürlich, Onkel Bertolotti! Sandros

Vater. Er heißt mit Vornamen Luciano.« Cesare verzog das Gesicht. »Oh mein Gott, hoffentlich ist er nicht Isabellas leiblicher Vater. Meine Schwester ist mal eine Zeit lang mit Sandro liiert gewesen.« Er schüttelte sich. »Das wäre ja Inzest.«

»Hatten deine Eltern Einwände gegen diese Beziehung?«, fragte Ophelia.

»Nicht mehr als gegen Isabellas andere Freunde. Warum?«

»Deine Eltern hätten wohl kaum eine Beziehung mit ihrem Halbbruder geduldet.«

Cesare stieß erleichtert die Luft aus. »Du hast recht. Nein, das hätten sie nicht.« Er sah sich weiter die Fotos an, die Ophelia herausgesucht hatte. Plötzlich lachte sie laut auf. »Was ist denn?«

Sie hielt ihm ein Foto vor die Nase, das ihn als Knirps zeigte. Nackt stand er in den Wellen des Mittelmeeres, grinste zahnlückig in die Sonne und hielt stolz eine Schaufel und einen roten Plastikeimer in die Höhe.

»Gib das her!«, rief er lachend und wollte danach schnappen, doch Ophelia war schneller.

»Nichts da, das behalte ich als Souvenir.« Sie verbarg das Bild hinter ihrem Rücken und kicherte haltlos. »Klein Orsini im Adamskostüm. Das ist zu süß!«

Er griff nach ihrem Arm und wollte ihr das Foto entreißen. Sie fielen rückwärts auf den Teppich und rangen miteinander.

»Her mit dem Bild, sonst muss ich dich in den Schwitzkasten nehmen!«

Ophelia kicherte unter ihm und wand sich wie ein Aal. Bei dem Gerangel streifte er mit der Hand ihren Busen, und plötzlich war die Stimmung erotisch aufgeladen. Sie hielt abrupt inne und sah ihn mit großen Augen an. Ihr Mund war nur noch Zentimeter von seinem entfernt.

Du darfst sie jetzt nicht küssen!, schoss es Cesare durch den Kopf. Du willst bloß den Brief, nichts sonst. Doch sein Körper scherte sich nicht um das, was sein Kopf ihm befahl.

Er senkte seine Lippen auf Ophelias Mund. Behutsam erst, als hätte er Angst, sie zu erschrecken, doch als sie leise stöhnte, war es um ihn geschehen. Er riss sie in seine Arme, küsste sie leidenschaftlich und schob seine Hand unter ihr T-Shirt. Ihre Haut fühlte sich seidenweich an. Sie keuchte auf, als er seine Finger unter ihren BH schob und die zarte Knospe ihrer Brust reizte. Mit beiden Händen griff sie in seine Haare und zog ihn näher zu sich.

»Nicht hier«, flüsterte sie nach Luft ringend, als er sich einen Moment von ihr löste. Er nickte stumm, stand auf und zog sie mit sich hoch.

In seinem Zimmer sah es schrecklich aus. Kleider lagen auf dem Fußboden, die Sporttasche und das Tennisracket hatte er in eine Ecke gepfeffert, das Bett war zerwühlt, und die Decke lag wie üblich zerknüllt daneben.

Er schaute Ophelia schuldbewusst an, doch sie schien es nicht zu bemerken oder war zu höflich, ihn wegen seiner Unordnung zu rügen. Er hatte viele Talente, aber Ordnungsliebe gehörte leider nicht dazu.

Sie standen ein paar Augenblicke stumm im Raum, als müsste sich jeder den nächsten Schritt gut überlegen.

So sehr es ihn auch drängte, Ophelia wieder in die Arme zu schließen, was würde danach sein? Würde sie abermals die Flucht ergreifen? Und war Sex der richtige Weg, um ihr Vertrauen zurückzugewinnen, um letzten Endes an den Brief zu kommen? Wäre er dann überhaupt noch dazu fähig, sie so gemein zu hintergehen?

Mach dir nur etwas vor, sagte eine Stimme in seinem Kopf. Du liebst sie, deshalb willst du mit ihr schlafen.

Er zuckte zusammen, als hätte ihm jemand eine Ohrfeige verpasst. Nein, das konnte nicht sein, er liebte Ophelia nicht! Sie unterschied sich doch so frappant von seinem bevorzugten

Frauentyp. Viel zu aufbrausend, zu unkonventionell, zu …
anders. Oder war es gerade das, was ihn an ihr reizte? Aber was
geschah, wenn sie ihn danach wieder links liegen ließ? Wollte er
sich das wirklich nochmals antun?

Sie nahm ihm die Entscheidung ab, als sie die Arme um
seine Taille schlang und den Kopf an seine Brust legte.

Zum Kuckuck mit allen Vorbehalten! Es zählte nur der
Moment. Was danach kam, würde er überstehen.

Er löste ihr Haargummi und vergrub seine Hände in der
weichen Pracht. Dann strich er ihr über die Augenbrauen,
hauchte ihr kleine Küsse auf die Stirn, die Schläfen, bevor
er ihren Mund eroberte. Die Lust überfiel ihn wie ein wildes
Tier. Mit einem Stöhnen hob er sie hoch und legte sie aufs
Bett.

In ihrem Blick spiegelte sich sein eigenes Begehren. Und
noch etwas anderes. Furcht? Nein, das konnte nicht sein. Wieso
sollte sie sich fürchten?

»Es hat sich nichts geändert, oder?«, fragte sie leise.

Er war gerade dabei, ihr T-Shirt hochzuschieben, und
stockte in der Bewegung.

»Was meinst du damit?«, fragte er, küsste ihren nackten
Bauch und berauschte sich am Duft ihrer Haut.

Er wollte jetzt keine Grundsatzdiskussionen führen, zudem
hatte er nicht den blassesten Schimmer, was ihre Frage sollte.
Er zog ihr das T-Shirt über den Kopf, betrachtete ihre schlanke
Gestalt und konnte sich nur mühsam zurückhalten, nicht gleich
über sie herzufallen. Seine Lust pochte wild. Er stieß geräusch-
voll die Luft aus, um etwas Zeit zu gewinnen.

Ophelia nestelte an seinem Shirt herum, schob ihre Finger
darunter und streichelte seinen Rücken. Ein angenehmer
Schauer rieselte über seine Haut. Mit einer einzigen Bewegung
zog er das Kleidungsstück aus und warf es auf den Boden.

»Ich meine«, flüsterte sie, »bin ich immer noch nur eine Bedienstete?«

Cesare legte sich auf sie, presste sie mit seinem Gewicht in die Kissen und genoss die Wärme ihrer Haut auf seiner. »Was?«, fragte er atemlos.

Wovon zum Teufel redete sie da eigentlich? Wollte sie jetzt ihr Arbeitsverhältnis besprechen?

Er befreite ihre Brüste aus dem BH und senkte seinen Mund auf die rosafarbenen Spitzen. Mit der Zunge umschmeichelte er die Knospen, bis sie sich ihm begehrlich entgegenstreckten.

Ophelia keuchte. »Ich ...«, begann sie, griff mit beiden Händen in seine Haare und bog ihren Oberkörper zurück. »Es hat sich im Grunde doch nichts geändert, oder doch?«

Cesare verstand kein Wort. Alles hatte sich verändert, das wurde ihm gerade klar. Er begehrte diese Frau wie noch keine andere zuvor. Er wollte sie besitzen, körperlich wie seelisch. Sie sollte ihm Liebesworte zuflüstern, ihm sagen, dass sie nur ihm gehörte, dass sie ihn liebte.

Herr im Himmel, er liebte die kleine Südtirolerin tatsächlich! Wie hatte das nur geschehen können? War er noch zu retten? Sie würde ihm bestimmt das Herz brechen.

Cesare konnte keinen klaren Gedanken mehr fassen. Die Lust vernebelte seinen Verstand. Er wusste nur eins, jetzt wollte er die Frau unter ihm kosten, egal, was für Probleme er sich damit einhandelte.

Er öffnete den Reißverschluss ihrer Shorts, zog sie ihr mitsamt ihrem Slip langsam aus und befreite sich dann selbst von seinen restlichen Kleidern. Sein Geschlecht pulsierte schmerzhaft. Lange würde er sich nicht mehr beherrschen können. Er suchte Ophelias intimste Stelle, fand die Pforte und stöhnte, als er fühlte, wie bereit sie für ihn war.

»Alles hat sich geändert, cara mia«, stammelte er, als er in sie eindrang und die Welt um ihn herum versank. »Alles!«

XLIII

Ophelia war nach dem Liebesspiel kurz eingenickt, jetzt jedoch wieder hellwach. Sie fröstelte, obwohl ein warmer Wind durchs Fenster in Cesares Zimmer wehte. Er lag an ihrer Seite und schlief.

Sie betrachtete sein entspanntes Gesicht. Die steile Falte zwischen seinen Augenbrauen, die normalerweise seine Stirn dominierte, war kaum noch sichtbar. So gelöst wirkte er jünger, als er tatsächlich war. Die dunklen Bartstoppeln unterstrichen jedoch seine Männlichkeit. Er sah wirklich verdammt gut aus! Und was er mit ihrem Körper anstellen konnte, war einfach unglaublich.

Ophelia seufzte verhalten. Er hatte auf ihre Fragen nicht geantwortet. Vorhin war ihr das egal gewesen, da wollte sie nur noch in seinen Armen liegen, aber jetzt plagte sie wieder der Zweifel. Würde es nun immer so sein? Ein bisschen Spaß im Bett, aber ansonsten keine tieferen Gefühle? Und wenn ja, würde sie das aushalten können, nur um ihm nahe zu sein?

Sie stand leise auf und schnappte sich ihr T-Shirt und den Slip.

In Cesares Badezimmer blickte sie in den Spiegel und ordnete mit den Fingern ihre Haare. Sie sahen zum Fürchten aus.

Als hätte eine Krähe versucht, darin ein Nest zu bauen. Doch ihre Augen glänzten, und auf ihre Wangen hatte sich ein rosiger Schimmer gelegt. Sie lächelte ihrem Spiegelbild aufmunternd zu und beschloss, einfach den Augenblick zu genießen. Die Hoffnung, dass Cesare in ihr mit der Zeit mehr sah als bloß eine Bedienstete, blieb ihre einzige Chance. Bald musste sie wieder zurück nach Bozen und ihr angestammtes Leben aufnehmen. Den Gedanken, dass hier in Rom ein neues auf sie warten könnte, schob sie energisch beiseite. Auch wenn Isabella wusste, dass sie ihre Halbschwester war, würde sie ihr wohl kaum anbieten, für immer in der Villa zu wohnen. Oder vielleicht doch? Womöglich lag ein neues, aufregendes Leben vor ihr. Entweder mit Isabella oder an Cesares Seite.

Ophelia atmete tief durch. Es wäre märchenhaft. Doch Märchen gab es leider nur in Büchern. Und diesen L. hatten sie immer noch nicht gefunden. Bald würde Isabella von der Arbeit zurückkommen. Wenn sie das Chaos in ihrem Zimmer bemerkte, könnte das unangenehme Fragen aufwerfen.

»Ophelia?« Cesares Stimme klang beunruhigt.

»Im Bad!«

Sie hörte, wie er aufstand. »Ich dachte schon, du hättest dich wieder verkrümelt.«

Er lehnte grinsend am Türrahmen. Bei seinem Anblick verspürte sie ein Kribbeln im Bauch. Cesare schämte sich offenbar nicht für seine Nacktheit. Und wieso auch, selbst verschlafen und zerzaust sah er unheimlich sexy aus.

»Komm wieder ins Bett«, bat er und streckte seine Hand aus.

»Wir sollten besser Isabellas Zimmer in Ordnung bringen, bevor sie nach Hause kommt.«

Er nickte und wollte sich umdrehen. Doch dann griff er blitzschnell nach Ophelia, warf sie sich über die Schulter, sodass sie erschrocken aufschrie, und trug sie zurück zum Bett.

»Das kann warten«, schmeichelte er, während er sie langsam auf die Matratze gleiten ließ. »Zuerst muss ich noch ein paar weitere geheime Stellen von dir erkunden.«

»Ich verhungere«, stöhnte Cesare, nachdem sie sich ein weiteres Mal geliebt hatten. »Würde mir die hübscheste Hausangestellte, die wir je hatten, vielleicht einen Teller Nudeln zubereiten? Ich kümmere mich auch um die Soße.«

Es war sicher als Scherz gemeint, doch Ophelia verletzten seine Worte in tiefster Seele. Also doch nur die Bedienstete. Es hatte sich nichts geändert. Vor Enttäuschung wurde ihre Kehle eng, und sie räusperte sich.

»Natürlich«, erwiderte sie und schälte sich aus seiner Umarmung. »Wie der Herr befehlen.«

Er runzelte die Stirn. »Was hast du?«, fragte er, sprang ebenfalls aus dem Bett und angelte nach seinen Kleidern.

»Nichts, gar nichts«, beeilte sie sich zu sagen, schnappte ihre Kleider und wandte sich schnell ab, als sie merkte, wie sich ihre Augen mit Tränen füllten. »Ich räume nur schnell Isabellas Zimmer auf, okay? Geh du derweil in die Küche und setz Wasser auf.«

Ohne ihm Gelegenheit zu geben, etwas darauf zu entgegnen, huschte sie über den Flur in Isabellas Zimmer.

Während sie die herumliegenden Fotos wieder in die Schublade räumte, schluckte sie die Tränen tapfer hinunter. Vielleicht war ihr einfach nicht mehr Glück vergönnt als die paar Stunden, in denen sie sich körperlich nahe waren. Es war auch zu vermessen zu glauben, dass sich ein Orsini mit – wie hatte er sich ausgedrückt? – einem Bauerntrampel einließ. Vermutlich reizte ihn an ihr bloß, dass sie so gar nicht den Frauen entsprach, mit denen er sich höchstwahrscheinlich normalerweise abgab. Wer ständig nur Kaviar aß, dem gelüstete es sicher ab und zu nach einem deftigen Wurstbrot. Wie lange konnte sie das ertragen? Zwei, drei Tage? Oder so lange, wie sie noch in Rom weilte?

»Was bist du doch für eine Närrin!«, schimpfte sie leise mit sich selbst, während sie die Kommodenschublade schloss und sich umsah. Sie hatte zwar eine Halbschwester bekommen, aber ihr Herz verloren. Was wog schwerer? Und was würde ihr am Ende mehr Kummer bereiten?

»Pesto oder Tomatensoße?«, rief Cesare in diesem Moment durchs Treppenhaus.

Sie straffte die Schultern, kontrollierte in Isabellas Spiegel, ob man ihr ansah, dass sie kurz vor einem Tränenausbruch stand, und atmete mehrmals ein und aus. »Pesto!«, rief sie zurück und machte sich auf den Weg in die Küche.

Sie würde mit Cesare sprechen müssen. Als Geliebte taugte sie nicht, das wurde ihr langsam klar. Doch wie brachte man einen Mann dazu, sich in einen zu verlieben?

* * *

»Al dente, genau wie ich sie mag.« Cesare schob sich eine weitere Gabel Spaghetti in den Mund. Er war so hungrig wie schon lange nicht mehr. Ophelia stocherte währenddessen nur in ihrem Teller herum.

»Was ist denn?« Er ließ die Gabel sinken und griff über den Küchentisch nach ihrer Hand. »Ist dir nicht gut? War ich zu stürmisch?«

Er zwinkerte ihr zu, doch sie reagierte nicht darauf. Sein Herz begann schneller zu schlagen. Zog sie sich jetzt wieder zurück und überlegte, wie sie ihm eine erneute Abfuhr schonend beibrachte? Der Appetit war ihm gerade vergangen. Doch zu seiner Erleichterung schüttelte sie den Kopf.

»Alles gut. Ich habe nur keinen Hunger.« Sie biss sich auf die Lippen.

»Du benimmst dich aber ein bisschen seltsam. Was ist denn? Sag's dem Onkel Doktor.«

Sie schob abrupt den Stuhl zurück, was ein hässliches Kratzen auf dem Steinboden verursachte, und sprang auf. »Behandle mich nicht wie ein Kind!«, zischte sie.

Er sah sie konsterniert an. »Ist ja gut, entschuldige. Ich wollte doch bloß …«

»Was wolltest du bloß?«, fauchte sie und funkelte ihn wütend an. »Dich mit der Hausangestellten vergnügen? Ist es das, ja? Gibt dir das den besonderen Kick?«

»Ophelia, was ist denn mit dir?« Er stand auf und wollte sie in die Arme schließen, doch sie wich vor ihm zurück, als hätte er eine ansteckende Krankheit. Was zur Hölle war jetzt wieder los? »Habe ich etwas gesagt oder gemacht, das dich verletzt hat?«

Sie schüttelte den Kopf, was ihn ein wenig beruhigte. Doch sie wirkte nach wie vor wie ein gehetztes Tier, das man in die Enge getrieben hatte.

Es war nicht so, dass ihm noch nie eine Frau eine Szene gemacht hatte. Meist aus trivialen Gründen oder weil sie sich dadurch einen Vorteil erhoffte. Ein Versöhnungsgeschenk wie Schmuck oder einen Wochenendtrip in ein Fünfsternehotel zum Beispiel, aber Ophelia spielte das nicht bloß. Er fühlte sich plötzlich so hilflos wie ein kleiner Junge.

»Was kann ich tun, damit du dich wieder beruhigst?«, fragte er verstört.

»Wenn du mich das fragen musst, hat es sowieso keinen Sinn«, spie sie ihm ins Gesicht. »Alles hat keinen Sinn!« Dann stürmte sie aus der Küche. An der Tür wandte sie sich nochmals um. »Und ich will verdammt noch mal nicht dein Wurstbrot sein!«

XLIV

In ihrem Zimmer warf sich Ophelia aufs Bett und vergrub ihr Gesicht im Kissen. Seit wann benahm sie sich denn so hysterisch? Doch sosehr sie in der Küche auch versucht hatte, sich zusammenzureißen, es war ihr nicht gelungen. Seit sie wieder in Rom war, schien sie dünnhäutiger als ein Schmetterlingsflügel zu sein.

Sie stöhnte. Und das mit dem Wurstbrot hatte sie Cesare auch noch an den Kopf geworfen. Er hielt sie jetzt bestimmt für übergeschnappt. Sie konnte es ihm nicht verdenken. Ob sie sich entschuldigen sollte?

Ophelia setzte sich auf und horchte auf seine Schritte, doch niemand kam die Treppe hoch. Vermutlich fürchtete er sich vor ihr.

Sie stieß ein überreiztes Kichern aus. Shakespeare hatte die dem Wahnsinn verfallene Geliebte Hamlets Ophelia genannt. Offenbar war der Name Programm.

Sie atmete tief durch. Ihr blieben zwei Möglichkeiten. Entweder arrangierte sie sich damit, dass Cesare ihr keine romantischen Gefühle entgegenbrachte, genoss den Augenblick und reiste nach ihrem Urlaub mit gebrochenem Herz ab. Oder sie verließ die Villa augenblicklich. Die zweite Möglichkeit würde ihr vermutlich viel Schmerz ersparen, beinhaltete aber auch, dass sie Isabella nicht mehr begegnete und nicht ermitteln konnte, wer ihr leiblicher Vater war. Keine wirkliche Option. Also blieb ihr nur der Liebeskummer. Aber an dem würde sie sowieso leiden. Entweder heute oder später.

Sie sah auf die Uhr. In knapp einer Stunde kam Isabella von der Arbeit zurück. Wenn sie sie in diesem Zustand sah, würden ihr ein paar unangenehme Fragen bevorstehen. Also besser die Spuren dieses Nachmittags tilgen.

Ophelia zog die Kleider aus und stellte sich unter die Dusche. Während sie den Warmwasserhahn einstellte, fuhr sie sich über die Lippen, die durch die leidenschaftlichen Küsse und Cesares Bartstoppeln leicht geschwollen waren. Die Erinnerung an die erotischen Stunden verursachte ihr ein leichtes Ziehen zwischen den Schenkeln, und sie seufzte verhalten.

»Ich werde das überstehen«, murmelte sie trotzig, während sie sich einseifte. »Wir Bauersleute sind ein zähes Volk!«

Eine halbe Stunde später schritt sie erhobenen Hauptes die Treppe hinunter. Sie würde so tun, als sei der Zwischenfall in der Küche nie passiert.

Doch als sie den Raum betrat, war er leer. War Cesare ausgegangen? Sie hatte weder die Haustür noch einen wegfahrenden Wagen gehört. Vielleicht war er vor der Bekloppten in sein Zimmer geflüchtet, hatte den Schrank vor die Tür geschoben und harrte, sein Tennisracket in der Hand, darauf, dass sie schreiend versuchte, ins Zimmer zu stürmen. Die Vorstellung entlockte ihr ein Schmunzeln.

Sie begann das schmutzige Geschirr abzuräumen, stellte die mittlerweile kalt gewordenen Spaghetti in den Kühlschrank und schaltete den Geschirrspüler ein. Als sie durch die Terrassentür in den Garten schaute, erblickte sie Cesare. Er stand mit dem Rücken zu ihr an der Begrenzungsmauer des Grundstückes und sah über die Stadt.

Unangenehmes sollte man gleich hinter sich bringen, hatte ihre Mutter immer gesagt, also fasste sich Ophelia ein Herz und trat in den Garten hinaus.

Es war ein typischer römischer Sommernachmittag, bei dem man das Gefühl hatte, dass die Zeit etwas träger verstrich. Die Temperatur würde noch bis zur Dämmerung ansteigen, um dann während der Nacht nur leicht zurückzugehen. Die Grillen zirpten ihr monotones Konzert. Wie kleine zwitschernde Pfeile flogen ein paar Schwalben durch die Luft. Der frisch gemähte Rasen hatte unter der prallen Sonne bereits seine Farbe verloren und verströmte den Geruch nach Heu, der Ophelia an ihre Heimat erinnerte.

Sie trat auf einen Kiefernzapfen, der ein knirschendes Geräusch von sich gab, und Cesare drehte sich um. Er musterte sie mit gerunzelter Stirn, als müsste er abwägen, ob es zu fliehen galt oder ob er sich der angreifenden Wildkatze stellen konnte. Ophelia verbiss sich ein Lachen.

»Es tut mir leid. Ich war vorhin etwas durch den Wind«, erklärte sie, als sie vor ihm stand. Er neigte den Kopf, erwiderte aber nichts. »Das war alles … etwas zu viel für mich«, fügte sie hinzu und hob die Achseln. »Man erfährt ja nicht alle Tage, dass man eine Halbschwester hat.«

Sie verzog den Mund zu einem schiefen Lächeln, und Cesares angespannte Haltung lockerte sich.

»Kein Thema«, erwiderte er, machte aber keine Anstalten, sie in die Arme zu nehmen. Offenbar traute er dem Frieden nicht.

Sie streckte die Hand aus. »Freunde?«

Er starrte einen Moment auf ihre Hand, schüttelte dann den Kopf, und ihr Herz zog sich schmerzhaft zusammen. Also keine Versöhnung, das hatte sie wohl verdient. Mutlos ließ sie ihre Hand sinken und wollte sich umdrehen.

»Ich will nicht dein Freund sein«, sagte Cesare in diesem Augenblick bestimmt. »Das ist mir verdammt noch mal zu wenig!«

* * *

»Hier ist die Liste derjenigen Männer, deren Vor- oder Nachname mit einem L beginnt und die 1986 oder 1987 im passenden Alter waren.« Cesare reichte Ophelia den Zettel mit den Namen.

Sie saßen im Arbeitszimmer auf der erneuten Suche nach Signor Unbekannt.

Nach dem Ausbruch in der Küche hatte Cesare Ophelia zuerst folgen wollen, es sich dann aber anders überlegt. Er wusste nicht, was in sie gefahren war, aber irgendetwas beschäftigte sie, sonst hätte sie nicht in diesem Ausmaß reagiert. Vielleicht war sie erschöpft oder hatte ihre Tage. Nein, das konnte es nicht sein, das hätte er bemerkt. Er hütete sich aber, sie weiter zu bedrängen. Offenbar konnte sie es nicht ausstehen, wenn man sie ausfragte. Oder einen kleinen Witz auf ihre Kosten machte. Seltsam, das war ihm zuvor nie aufgefallen. Er hatte sie für eine humorvolle Person gehalten, die auch mal über sich selbst lachen konnte, aber offensichtlich saß ihm ein kleines Sensibelchen gegenüber.

Als er gesagt hatte, dass er nicht beabsichtigte, nur ein Freund zu sein, hatte sie jedoch mit so einem strahlenden Gesicht zu ihm aufgeschaut, dass ihm ganz warm ums Herz geworden war.

War das der Grund für ihren Ausraster? Wollte sie einfach, dass er ihr seine Gefühle offenbarte? Er hatte nicht viel Erfahrung in romantischen Dingen. Bis jetzt hatten seine Exfreundinnen mehr auf materielle Liebesbeweise reagiert als auf ein gestammeltes *ti amo*, mit dem sie sich nichts kaufen konnten. Und ein wenig fürchtete er sich auch davor, dass ihn Ophelia erneut verletzte und einfach wieder abreiste. Aber manchmal musste man eben springen, bevor man den Boden sah. Und wenn sie für schöne Worte empfänglich war, würde er das hinkriegen. Doch zuerst galt es jetzt herauszufinden, wer Isabellas Erzeuger war.

Er hatte sich vorhin die Fotoalben im Arbeitszimmer nochmals vorgenommen und alle Namen, an die er sich erinnerte, aufgeschrieben. Zudem hatte er in der Korrespondenz seines Vaters geblättert, die dieser in dicken Ordnern abgelegt hatte.

Gian-Luca Orsini war ein gewissenhafter Mensch gewesen und hatte alle Briefwechsel nach Datum und alphabetisch abgelegt. In den Achtzigerjahren hatten viele ihre privaten Briefe noch von Hand geschrieben, und läge dieser ominöse Brief von Erika Moroders L. vor, wäre die Suche vielleicht nicht ganz so mühsam. Man könnte einfach die Handschriften vergleichen. Doch auch jetzt beteuerte Ophelia nochmals, dass sich dieser Brief in Bozen befand. Auch wenn ihr Verhältnis mittlerweile wieder vertrauter war, er glaubte ihr das immer noch nicht. Wieso belog sie ihn? Und wie konnte er an diesen Brief gelangen, ohne ihr Vertrauen gleich wieder zu verlieren?

»Das sind doch schon mal ein paar Namen«, sagte sie. »Und wie finden wir jetzt heraus, ob es einer von denen ist?«

»Wir rufen sie an und fragen.«

Ophelia riss die Augen auf. »Echt jetzt?«

Er lachte. »Quatsch. Ich habe nicht den leisesten Schimmer, wie wir das herausfinden sollen. Es würde wohl keiner so einen Fehltritt freiwillig zugeben.«

»Ja, kann ich mir vorstellen. Das ist doch bestimmt gegen das Gesetz. Oder verjährt so etwas?«

Cesares Grinsen erstarb. Himmel, daran hatte er gar nicht gedacht! Mit ihrer Suche würden sie schlafende Hunde wecken. Auch wenn Erika Moroder damals ihr Einverständnis gegeben hatte, rechtlich gesehen war so eine Kindsübergabe bestimmt strafbar. Das Ganze nahm eine Dimension an, die ihn überforderte. Auf der einen Seite war da Ophelia, die ihm viel bedeutete und die den Wunsch verspürte, Isabella zu helfen, ihre Wurzeln zu finden. Und auf der anderen Seite fürchtete er um Isabellas Ruf und dass der gute Name seiner Eltern bei der Enthüllung eines solchen Skandals für alle Zeiten in den Dreck gezogen werden würde. Sollten sie jetzt nicht besser gleich mit Isabella sprechen und ihr die Entscheidung überlassen? Immerhin betraf es sie am meisten. Jedoch hatte er Ophelia eingestellt und war letztendlich schuld daran, dass der Stein ins Rollen gekommen war. Sprechen oder schweigen? Er konnte es drehen und wenden, wie er wollte, er musste zu einem Entschluss kommen. Und zwar bald.

XLV

Die Eingangstür fiel ins Schloss. Ophelias und Cesares Köpfe schnellten hoch.

»Mist!«, er schob rasch die ausgebreiteten Papiere und Fotos zusammen und stopfte alles in die Schreibtischschublade.

»Schneller!«, trieb ihn Ophelia zur Eile.

»Huhu, wo seid ihr denn?«

Isabella trat gerade durch die offene Tür ins Arbeitszimmer und runzelte die Stirn, als sie Ophelia und ihren Bruder erblickte, die sie mit schuldbewussten Mienen anstarrten. Sie mussten auf sie wie zwei ungezogene Kinder wirken, die man bei einem Streich erwischt hatte.

»Gibt es ein Problem?«, fragte sie und strich sich über die Stirn.

Sie wirkte müde, und Ophelia hätte sie gern in den Arm genommen. Einfach nur, weil man das unter Familienangehörigen so tat, wenn es dem anderen nicht gut geht. Doch sie hatte Cesare versprochen, Isabella noch nicht einzuweihen, und daran wollte sie sich halten. Übertriebene Zuneigungsbekundungen hätten die Römerin bestimmt misstrauisch gemacht.

»Ich ... wir«, stammelte Ophelia, dabei fiel ihr Blick auf die Putzutensilien, die immer noch herumstanden. »Ich wollte endlich mal die Bücher abstauben, habe mich dann aber von einigen wunderbaren Folianten verleiten lassen, darin zu blättern. Unglaublich, was für Schätze hier lagern.«

Isabella lächelte. »Kein Wunder bei deinem Beruf.« Sie setzte sich auf den Stuhl vor dem Schreibtisch und schlug die Beine übereinander. »Papà wollte sie immer katalogisieren, nicht wahr Cesare?« Ihr Blick schweifte über die Bücherwand, und Ophelia bemerkte die Wehmut auf ihrem Gesicht. »Noch etwas, wozu er nicht mehr gekommen ist.«

Ophelia schluckte trocken. Cesare hatte recht, sie durfte Isabella mit ihren Spekulationen nicht einfach so überfallen. Diese delikate Sache musste mit Feingefühl behandelt werden.

»Ja«, pflichtete er seiner Schwester bei. »Etwas, das ich Ophelia gern in Auftrag geben möchte. Wir haben gerade darüber gesprochen.«

Er stieß sie unter dem Tisch mit dem Fuß gegen das Schienbein, bevor sie nachfragen konnte, was er damit meinte. Der Schmerz trieb ihr das Wasser in die Augen.

»Genau!«, bekräftigte sie hastig. »Eine … tolle Idee.«

Sie warf ihm einen bösen Blick zu und rieb sich dabei heimlich das Bein. Noch mehr blaue Flecke? Man sollte ihr in diesem Haus eine Gefahrenzulage zahlen.

Isabella nickte erfreut, stand auf und wandte sich zur Tür. »Ich springe schnell unter die Dusche. Essen wir heute draußen? Amadeo wollte später noch auf einen Kaffee vorbeikommen. Er diniert mit seiner Familie. Irgend so ein Bankett, ich habe nur mit halbem Ohr zugehört.« Sie hob entschuldigend die Achseln. »Nach der Hochzeit werde ich wohl an den meisten dieser Veranstaltungen teilnehmen müssen.«

Sie klang nicht gerade begeistert, und Ophelia stimmte ihr innerlich zu. Für sie wäre das der Horror.

»Was gibt's denn Feines?«, wandte Isabella sich an sie.

Das Abendessen! Das hatte sie vollkommen vergessen.

»Wir lassen uns eine Pizza liefern«, kam ihr Cesare zu Hilfe. »Mein Fehler, ich habe Ophelia heute zu lange von ihren Pflichten abgehalten.«

Er zwinkerte ihr heimlich zu, und sie errötete.

Isabella sah mit hochgezogenen Augenbrauen zwischen ihnen hin und her, bevor ein wissendes Lächeln über ihr Gesicht huschte. »Pizza ist super. Also bis gleich.« Sie drehte sich um und lief die Treppe hinauf.

»Sag mal, spinnst du!«, zischte Ophelia, als Isabellas Zimmertür ins Schloss fiel. »Du hättest mir fast das Schienbein gebrochen.«

Er lachte, griff nach ihrem Knöchel und zog ihren Fuß auf seinen Schoß. »Mi dispiace«, sagte er zu ihrem Bein und begann, kleine Küsse auf den Schenkel zu hauchen.

Ophelia kicherte und wollte sich ihm entziehen, doch er hielt sie fest, wanderte mit seinem Mund von ihrem Oberschenkel zum Knie und arbeitete sich sukzessiv bis zu ihrem Schienbein hinunter. Und obwohl sie mehr als kitzlig war, genoss sie seine Berührungen, und es ergriff sie bereits wieder ein starkes Sehnen nach intimeren Zärtlichkeiten. Es war verrückt. Als wäre Cesare imstande, sie wie eine Glühbirne an- und auszuknipsen. Wie lange dauerte es wohl, bis sie ausgebrannt sein würde?

Der Gedanke ernüchterte sie, und sie zog ihr Bein zurück.

»Danke, ist schon wieder gut.« Sie räusperte sich. »Was sollte das denn mit dem Katalogisieren? War das nur eine Ausrede für Isabella?«

Er schüttelte den Kopf. »Mitnichten, ich wollte dir das schon vorschlagen, als du … na ja, vor ein paar Tagen halt. Mein Vater hatte das vor, und ich dachte mir, da du ja Buchhändlerin bist, würdest du dich gern daran versuchen. Interessiert?«

Sie wandte den Kopf und musterte die Bücherwand. Am liebsten wäre sie gleich aufgesprungen, um sich ans Werk zu machen. Doch wie sollte das enden? In ein paar Tagen musste sie wieder nach Bozen zurück. Die Bücher zu katalogisieren, würde aber vermutlich ein halbes Jahr in Anspruch nehmen, wenn nicht länger. Und wie sollte sie das neben ihren Pflichten als Haushälterin noch erledigen?

Als hätte Cesare ihre Gedanken erraten, fügte er hinzu: »Natürlich wäre das ein Fulltime-Job, und wir würden für die Hausarbeit jemand anderen suchen. Ich kann mir vorstellen, darüber wärst du nicht unglücklich, oder?« Er grinste frech. »Also, was sagst du? Hättest du Lust?«

Sie ließ sich noch einen Moment Zeit, doch das Angebot war zu verlockend. Zudem könnte sie dann bequem online nach Isabellas Erzeuger fahnden. Und womöglich barg eines der Bücher sogar ein Geheimnis. Bei dem Gedanken fuhr ihr ein erregender Schauer über den Rücken.

»Gut, Orsini, ich mach's.«

»Die Frau benahm sich dermaßen daneben, dass sich sogar mein Großvater darüber mokierte. Und das muss etwas heißen, der Gute ist nämlich stocktaub und meistens nur am Wein interessiert.«

Alle lachten. Sie saßen zu viert auf der Terrasse, vor sich die leeren Pappkartons, in denen die Pizzen geliefert worden waren, und lauschten amüsiert Amadeos Geschichten vom Bankett. Die Sonne war vor einer Stunde in einem fulminanten Feuerwerk aus Rot- und Orangetönen untergegangen und machte einer seidenweichen Nacht Platz.

Ophelia mochte Isabellas Zukünftigen. Trotz seines Adelstitels war auch er, genau wie die Orsinis am Tisch, überhaupt nicht eingebildet. Von dem sonstigen Dünkel, an dem die römische Aristokratie litt, wie Cesare ihr erzählt hatte, war bei ihm nichts zu spüren. Er würde ihrer Halbschwester bestimmt ein wundervoller Ehemann sein.

Sie warf Isabella einen schnellen Blick zu. Immer, wenn ihr Verlobter auftauchte, strahlte sie richtiggehend. Als würde ihre Schönheit durch seine Anwesenheit noch verstärkt. Sie ähnelte in diesen Momenten Erika Moroder noch ein Stück mehr, und Ophelia fiel es immer schwerer, das Geheimnis für sich zu behalten. Offenbar versuchte sich Cesare gerade wieder im Gedankenlesen, denn er schüttelte leicht den Kopf, als sich ihre Blicke begegneten. Sie nickte verhalten, und er entspannte sich. Auch wenn es schwerfiel, sie würde den Mund halten, bis sie alle losen Enden verknüpft hatten.

»Und jetzt will ich endlich wissen, was mit euch beiden los ist.« Amadeo sah Ophelia auffordernd an. »Ihr wechselt schon den ganzen Abend bedeutungsschwangere Blicke. Habe ich etwas verpasst?«

Ophelia verschluckte sich an dem schweren Chianti Classico Gran Selezione, den Cesare aus dem Weinkeller geholt hatte, und begann zu husten.

»Was soll denn los sein?«, krächzte sie und wischte sich die Tränen aus den Augenwinkeln.

»Das frage ich dich.« Amadeo beugte sich vor und sah sie auffordernd an. »Raus mit der Sprache!«

Isabella kam ihr Gott sei Dank zu Hilfe. »Lass sie, amore. Sie hat sich freundlicherweise dazu bereit erklärt, endlich unsere Bibliothek zu katalogisieren. Du weißt doch noch, dass Papà das immer hatte tun wollen. Offenbar hat sie ein bisschen zu viel Staub geschluckt.«

Amadeo blickte Ophelia aus schmalen Augen an. »Na, dann viel Spaß. Das ist bestimmt eine richtige Sisyphusarbeit.«

Ophelia atmete auf. Noch mal gut gegangen. Doch Amadeos folgende Worte ließen sie zusammenzucken.

»Aber das ist nur die halbe Wahrheit, nicht wahr, kleine Ophelia?«

Sie lachte bemüht. »Ich habe keine Ahnung, was du meinst.«

Schnell stand sie auf und stapelte die Pizzakartons aufeinander. Nur weg von den penetranten Fragen, sonst würde sie sich noch verplappern.

Amadeo lehnte sich mit verschränkten Armen im Stuhl zurück. »Ich komme schon noch dahinter«, murmelte er lächelnd. »Ich bin ein richtiges Trüffelschwein, wenn ich ein Geheimnis wittere.«

Isabella schlug ihm auf den Arm. »Nun lass sie doch in Ruhe, Sherlock.«

»Will jemand Kaffee?« Cesare sprang auf. Amadeo und Isabella nickten. »Kommt sofort!«

Er half Ophelia, das benutzte Geschirr in die Küche zu tragen, und schaltete die Kaffeemaschine ein.

»Meinst du, er vermutet etwas?«, fragte Ophelia und drückte die Pappkartons zusammen, während Cesare die Tassen aus dem Schrank holte. Sie versuchte, das Paar auf der Terrasse nicht anzustarren.

»Nein, bestimmt nicht. Er hat vielleicht …« Cesare brach ab und verbiss sich ein Lachen. »Eine erotische Spannung wahrgenommen, mehr ist da nicht.«

»Denkst du?«

Er nickte und strich ihr zärtlich über den Arm. »Und damit hat er ja nicht einmal unrecht, oder?«

Sie verdrehte die Augen, musste dann aber lächeln. In der Tat fiel es ihnen beiden schwer, die Finger voneinander zu lassen. Doch es erschien ihnen im Moment eher hinderlich, ihre Vertrautheit Amadeo und Isabella zu offenbaren. Also hielten sie sich zurück. Doch offensichtlich war Amadeo Colonna ein scharfer Beobachter. Oder hatte Isabella eventuell ihm gegenüber eine Bemerkung fallen lassen? Ihr konnten sie nichts vormachen, sie hatte bestimmt registriert, was zwischen ihnen lief. Doch im Grunde war es auch egal, was sie und ihr Zukünftiger vermuteten. Cesare und Ophelia waren beide erwachsen und brauchten von niemandem die Erlaubnis, miteinander zu schlafen.

Wenn es doch bloß nur um Sex ginge … Ophelia unterdrückte ein Seufzen und öffnete den Geschirrspüler. Aber nein, natürlich kamen ihr wieder mal die blöden Gefühle ins Gehege. Sie wurde zwar älter, aber nicht gescheiter.

»Alles in Ordnung?« Cesare sah sie aufmerksam an.

»Ja, klar. Tutto bene.« Sie lächelte, was ihr offensichtlich gut gelang, denn er nickte erleichtert.

»Hoffentlich geht er bald.« Er wies mit dem Kopf auf die Terrasse. »Dann können wir uns zurückziehen.«

Er wackelte übertrieben mit den Augenbrauen, und plötzlich sackte Ophelias Laune in den Keller. Er ging offenbar automatisch davon aus, dass sie die Nacht bei ihm verbrachte. Im Grunde eine logische Folgerung, nachdem sie sich schon so nahegekommen waren, aber diese Automatisierung ihrer sexuellen Beziehung ging ihr gehörig auf die Nerven. Natürlich wollte sie keinen Prinzen, der sich für einen Kuss mit dem Schwert in eine Dornenhecke stürzen musste. Aber etwas mehr Romantik wäre doch ganz nett. Verdiente sie die etwa nicht?

Sie gab der Tür des Geschirrspülers einen heftigen Kick und winkte ab, als sie Cesares verblüfftes Gesicht bemerkte.

»Entschuldigst du mich bitte bei den beiden? Ich bekomme gerade Migräne und muss mich hinlegen.«

Er nickte besorgt. »Möchtest du eine Tablette?«

»Nein. Ich brauche einfach nur ein bisschen Ruhe, sonst nichts.«

»Natürlich.« Er wirkte gekränkt, machte jedoch keine Anstalten, sie zurückzuhalten, als sie die Küche verließ. »Gute Besserung!«, rief er ihr nach.

Ophelia seufzte. Sein Wort in Gottes Ohr, aber gegen Liebeskummer halfen weder Ruhe noch Medikamente.

XLVI

»Also habt ihr eure Ophelia wieder«, konstatierte Amadeo mit einem süffisanten Lächeln in Cesares Richtung, als er erneut auf die Terrasse trat. »Du musst dich darüber doch überaus freuen, nicht wahr?«

Cesare servierte ihnen den Kaffee, griff selbst nach dem Weinglas und genehmigte sich einen großen Schluck. »Ach, halt doch den Mund!«

Amadeo grinste unverschämt. »Komm schon, Kumpel. Ein Blinder mit Krückstock sieht doch, dass ihr euch nähergekommen seid. Und wieso auch nicht? Sie ist ein hübsches Ding. Und überaus praktisch, dass sie gleich im selben Haus wohnt, nicht?«

»Amadeo, bitte«, schaltete sich Isabella ein und warf ihrem Verlobten einen strafenden Blick zu. Doch der ließ sich nicht von seinen Sticheleien abhalten.

»Was denn, mein Herz? Darf man das Offensichtliche nicht laut aussprechen? Du hast mir ja selbst erzählt, dass dein Brüderchen ein Auge auf die Kleine geworfen hat.«

Cesare bedachte seine Schwester mit einem finsteren Blick, und diese senkte beschämt den Kopf. Natürlich konnte es Isabella nicht entgangen sein, dass Ophelia und er sich füreinander interessierten. Seine Schwester hatte einen feinen Instinkt, was das Zwischenmenschliche betraf, dass sie aber damit gleich zu Amadeo gelaufen war, enttäuschte ihn zutiefst.

Seine Schwester? Im Grunde war sie das nicht. Wenn das, was Ophelia ihm erzählt hatte, denn tatsächlich stimmte, war Isabella gar nicht mit ihm verwandt. Nicht im eigentlichen Sinne, obwohl sie diesen Status, auch wenn sie nicht blutsverwandt waren, natürlich immer innehaben würde. Ihre gemeinsame Kindheit, der Verlust ihrer Eltern – all das verband sie stärker als lediglich dasselbe Blut.

Doch plötzlich lief ihm ein eiskalter Schauer über den Rücken. Was, wenn seine Eltern ihn ebenfalls »gekauft« hatten? Vielleicht von einer anderen Hausangestellten? Doch nein, das war vollkommener Blödsinn. Die äußeren Ähnlichkeiten mit seinen Eltern waren bei ihm offensichtlich. Er war ein Gemisch aus Lavinia und Gian-Luca Orsini, daran gab es keinen Zweifel.

Er warf Isabella einen prüfenden Blick zu und versuchte, sie aus einem objektiven Blickwinkel zu betrachten. Man hatte dem Geschwisterpaar stets vorgebetet, dass Isabella nach dem Vater und er nach der Mutter kam. Und tatsächlich konnte er physiognomische Gemeinsamkeiten zwischen Gian-Luca Orsini und Isabella erkennen. Die Form der Augenbrauen, der Schwung der Oberlippe. Auch benahm sich Isabella in vielen Situationen ähnlich wie Gian-Luca Orsini: die Art, wie sie den Kopf neigte, wenn sie eine Geschichte erzählte, und wie sie ihn in den Nacken warf, wenn sie lachte. Natürlich hatte das Verhalten Gian-Luca Orsinis sie geprägt, aber all diese Parallelen konnten doch kein Zufall sein. Oder doch? Nein, daran glaubte er nicht. Also stammte Isabellas leiblicher Vater vermutlich ebenfalls aus der Orsini-Dynastie. Ein ferner Verwandter vielleicht. Oder doch Onkel Lorenzo? Jedenfalls war der zu ihrer Taufe in Rom gewesen. Möglicherweise auch neun Monate vorher bei ihrer Zeugung?

Cesare unterdrückte ein Seufzen. Wenn Lorenzo tatsächlich Isabellas biologischer Vater war, dann hatte sie mit ihm ein mieses Blatt gezogen. Niemand mochte den Kerl; alle waren überglücklich, dass er die meiste Zeit in Argentinien lebte. Oder gab es sonst noch einen Orsini, dessen Vorname mit L begann? Vielleicht war ein potenzieller Kandidat in den letzten einunddreißig Jahren verstorben. Er musste unbedingt ihren Familienstammbaum checken.

»Er träumt von seiner Ophelia, wie süß!« Amadeos spöttische Stimme riss Cesare aus seinen Gedanken. »Sag mir jetzt nicht, dass du dich in die Kleine verliebt hast.«

Cesare hob den Blick. »Was? Nein, Blödsinn!«, entgegnete er harsch. »So dumm bin ich nun wirklich nicht, mich in eine Angestellte zu verlieben.« Er stand auf. »Ich muss jetzt ins Bett, morgen geht's wieder nach Schweden. Schlaft gut.«

Als er sich umdrehte, hörte er, wie oben ein Fenster geschlossen wurde. Verdammt, hoffentlich hatte Ophelia seine letzten Worte nicht mitbekommen!

* * *

Ophelia saß auf dem Bett und starrte ins Nichts. Cesares Worte hatten sie zutiefst getroffen. Alles wie gehabt: Sex, aber keine Gefühle. Die leise Hoffnung, dass die vergangenen Stunden zwischen ihnen ein innigeres Band geknüpft hatten, löste sich gerade in Luft auf.

Als sie vorhin in ihr Zimmer getreten war, hatte sie das Fenster gleich schließen wollen, damit sie das Gelächter auf der Terrasse nicht mitbekam, doch als ihr Name fiel, blieb sie abrupt hinter dem Vorhang stehen.

Der Lauscher an der Wand hört seine eigene Schand.

Selten hatte ein Spruch besser gepasst.

Ungeweinte Tränen brannten in ihren Augen, aber sie wollte jetzt nicht weinen. Nicht schon wieder, das wurde sonst langsam zur Gewohnheit. Orsini verdiente keine Tränen! Oder hatte er möglicherweise seine Gefühle vor Isabella und seinem zukünftigen Schwager nicht offenbaren wollen und daher so reagiert?

»Hör endlich auf, ihn auch noch zu verteidigen!«, zischte sie wütend. Wie dumm war sie eigentlich, dass sie für ihn noch nach Rechtfertigungen suchte? Schließlich hatten ihm nur Isabella und Amadeo gegenübergesessen und nicht Journalisten vom TV-Sender Rai 1. Wenn Cesare Ophelia wahre Gefühle entgegenbringen würde, hätte er das vor den beiden doch zugeben können. Keiner der Anwesenden hätte das weitergetragen. Also hatte er einfach die Wahrheit gesagt und ihre dummen Kleinmädchenträume von einer möglichen gemeinsamen Zukunft damit erneut vernichtet.

Sie strich sich müde eine Strähne hinters Ohr. Flucht war wieder der erste Gedanke. Ab nach Hause, sich im Bett vergraben, haufenweise Schokolade in sich hineinstopfen und darauf hoffen, dass der Schmerz irgendwann nachließ. Doch sie musste sich endlich gegen ihr Hasenblut durchsetzen. Sie war erwachsen, hatte eine Halbschwester und würde zum Teufel noch mal nicht einfach wieder davonlaufen!

Ihr blieb etwas mehr als eine Woche. In dieser Zeit musste sie herausfinden, wer Isabellas Erzeuger gewesen war, und ihr die Wahrheit erzählen. Danach konnte diese selbst entscheiden, was sie mit dem Wissen anstellen und ob sie den Kontakt zu ihrer Halbschwester aufrechterhalten wollte. Ophelia würde keine Forderungen stellen, es bliebe allein Isabellas Entscheidung.

»Ach, Mama«, murmelte Ophelia resigniert, während sie ins Bad lief, um sich abzuschminken. »Warum hast du mir nie etwas davon erzählt?«

XLVII

Am Samstagmorgen wurde Ophelia vom Summen ihres Laptops geweckt.

Die Nacht war wenig erholsam gewesen. Sie hatte sich stundenlang von einer Seite auf die andere gewälzt, ohne einschlafen zu können, dabei hatte sie darauf gewartet, dass Cesare an ihre Tür klopfte. Doch er hatte ihre Ausrede mit der Migräne wohl geschluckt und sie in Ruhe gelassen. Auf der einen Seite durchaus höflich, auf der anderen aber auch maßlos enttäuschend. Wie lange mochte es dauern, bis sie ihre Gefühle für ihn in den Griff bekam? Heute musste er wieder zur Arbeit, was ihr zumindest einen ganzen Tag ohne seine Anwesenheit bescherte. Gut!

Das nervtötende Summen entpuppte sich als Skype-Anruf, also stand Ophelia auf und öffnete ihren Laptop. Selma!

»Wo steckst du eigentlich die ganze Zeit?«, empfing sie ihre Freundin.

»In Rom, wo sonst«, gab Ophelia zur Antwort und unterdrückte ein Gähnen.

»Mann, du siehst ja beschissen aus«, konstatierte Selma.

»Ich freue mich auch, dich zu sehen«, gab Ophelia gereizt zur Antwort. »Und ja, ich habe schlecht geschlafen. Was ist?«

»Hör zu, Pheli, ich wollte es dir eigentlich erst nach deiner Rückkehr sagen, aber ...« Sie brach ab und biss sich auf die Lippen.

»Was denn?«

Ophelia stieg Kaffeeduft in die Nase. Offenbar war Isabella schon aufgestanden, da sie am Samstag nicht im Museum arbeitete, und bereitete gerade das Frühstück vor.

Ophelia runzelte die Stirn. Galt ihr neues Arbeitsverhältnis eigentlich ab sofort, und sie musste sich jetzt nicht mehr um den Haushalt kümmern? Sie würde Isabella danach fragen.

»Selma, was ist denn?«, fragte sie ungehalten. Sie hatte jetzt keinen Nerv für die Launen ihrer Freundin.

Selma ließ sich jedoch noch einen Moment Zeit und stieß dann atemlos hervor: »Also, es ist so. Du erinnerst dich an vergangenen Mittwoch, als ich versprach, dir bei der Suche nach den Dokumenten zu helfen?«

»Was du ja nicht getan hast.«

»Richtig. Ich wollte ja, aber es ... kam etwas dazwischen.«

Wieder stockte sie, und Ophelia wurde langsam ungeduldig.

»Nun spuck's schon aus. Ich hatte noch keinen Kaffee, und du weißt, dass ich ohne Koffein am Morgen unausstehlich bin.«

Selma lachte, doch es klang ein bisschen verlegen. Was zum Kuckuck war denn mit der los?

»Ich sag's am besten rundheraus«, fuhr ihre Freundin fort und stieß die Luft aus.

»Das wäre nett.«

»Marco und ich sind ein Paar!«

Ophelia starrte Selma an, als hätte sie ihr gerade eröffnet, dass der Papst ein heimliches Mitglied der Hells Angels sei.

»Du und Marco? Aber du kannst ihn doch gar nicht leiden.«

Selma war mit Ophelias Exfreund nie richtig warm geworden und froh darüber gewesen, als die Beziehung auseinanderbrach.

»Ich weiß. Es ist einfach so passiert«, sprudelte es aus ihr heraus. »Ich hab ihn am Mittwoch zufällig in der Stadt getroffen, und er hat mich zu einem Kaffee eingeladen. Das eine führte zum anderen. Es tut mir so leid, Pheli. Ich wollte dich nicht hintergehen. Und …«

»Alles gut, Selma, kein Problem. Das mit Marco und mir ist doch schon lange vorbei. Und wenn er dich glücklich macht. Meinen Segen habt ihr.«

»Echt?«

Ophelia nickte. »Sicher. Nimm dich aber in Acht, wenn er dir erzählt, dass sie eine außerplanmäßige Feuerwehrübung abhalten. Du weißt ja, woran das mit ihm und mir gescheitert ist.«

Selma grinste. »Keine Angst, ich halte ihn an der kurzen Leine. Danke, Pheli, mir fällt ein Riesenstein vom Herzen. Ich hätte es nicht ertragen, wenn unsere Freundschaft deswegen zerbricht.«

»Aber doch nicht wegen eines Mannes!«

Selma gluckste. »Du hast recht. Ich muss los, Marco und ich wollen heute auf das Rittner Horn wandern.«

Ophelia hob die Augenbrauen. Offensichtlich war ihr Exfreund schwer verliebt, wenn Selma ihn zu einer Wandertour hatte überreden können. Als sie zusammen waren, war ihm schon der Gang zur Mülltonne zu mühsam gewesen.

»Na, dann viel Spaß.«

»Danke. Und wie läuft es mit der adligen Verwandtschaft?«

Ophelia unterdrückte ein Seufzen. Obwohl sie mit ihrer Freundin gern über die Suche nach Isabellas Vater und die Probleme mit Cesare gesprochen hätte, fühlte sie, dass Selma lediglich aus Höflichkeit fragte und mit den Gedanken bereits wieder bei Marco war.

»Noch nichts Konkretes. Ich melde mich, sobald ich mehr weiß, okay?«

»Fein, dann bis bald. Tschüss, Pheli, du bist die Beste!«

Nachdenklich klappte Ophelia den Laptop zu. Seltsam, welche Wege das Schicksal manchmal einschlug. Aus Gegnern wurden Geliebte, aus Fremden Freunde und mitunter sogar Verwandte. Was hielt die Vorsehung für sie noch bereit?

Ophelia stieg von der Leiter und wischte sich mit dem Handrücken den Schweiß von der Stirn. Zwei Stunden waren vergangen, in denen sie gerade mal fünf Bücher katalogisiert hatte. Zum größten Teil kam sie nur deshalb so langsam voran, weil sie nicht widerstehen konnte, in den prächtigen, ledergebundenen Werken zu blättern und umfangreiche Passagen zu lesen. Sie bedauerte zwar, keine Bibliothekssoftware mit einer entsprechenden Eingabemaske zur Verfügung zu haben, aber mit der von ihr angelegten Excel-Tabelle würde es auch klappen.

Die Spalten hatte sie mit Vor- und Nachnamen des Autors, Co-Autoren, dem Titel des Buches, Erscheinungsdatum und dem Namen des Verlags überschrieben. Zudem mit Genre, Auflage und, wenn vorhanden, der ISBN-Kennzeichnung. Zusätzlich legte sie für jedes Buch ein Stichwortverzeichnis an, damit eine Suche schneller vonstattenging. In einer Rubrik trug sie den geschätzten Preis ein, was sich als schwierig erwies, weil sie im Internet oft gar kein Vergleichsexemplar fand. Für diese Aufgabe müssten die Orsinis wohl einen Fachmann engagieren.

Ophelias Zusammentreffen mit Isabella am Frühstückstisch war ein bisschen seltsam gewesen, als sie jetzt daran zurückdachte. Zwar war ihre Halbschwester nach wie vor freundlich zu ihr, aber Ophelia spürte plötzlich eine gewisse Distanz zwischen ihnen. War es Isabella nicht recht, dass sie mit ihrem Bruder das Lager teilte?

Bei dem altmodischen Ausdruck setzte sich ein bitterer Zug in Ophelias Mundwinkel fest. Seit wann waren die Römer denn so moralisch veranlagt? Seit den Tagen des Caligula und der

Messalina gehörten wechselnde Geliebte aus der Unterschicht doch zur Tagesordnung. Aber es war nicht fair, den Orsinis die ganze Schuld an ihrem Schlamassel in die Schuhe zu schieben. Immerhin hatte sie die Wahl gehabt und war offenen Auges in ihr Verderben gerannt.

Sie beschloss, sich einen weiteren Kaffee aus der Küche zu holen und eine kleine Pause einzulegen. Isabella hatte sich bereit erklärt, den Wochenendeinkauf zu übernehmen, damit sie mit ihrer neuen Aufgabe gleich starten konnte, und würde erst am Nachmittag wiederkommen. Von Cesare hatte sie vor einer Stunde eine SMS erhalten, in der er sich nach ihrem Befinden erkundigte. Sie hatte ihm etwas Nichtssagendes zurückgeschrieben, darauf jedoch keine Antwort erhalten. Wenn er in der Luft war, so hatte er ihr erklärt, schaltete er sein Handy normalerweise aus.

Sie setzte sich mit dem Cappuccino auf die Terrasse, legte die Füße auf einen Stuhl und genoss die Sonne. Für einen Moment schloss sie die Augen und erfreute sich an der Wärme, dem Duft der Blüten im Garten und dem Konzert der Grillen. Alles wirkte so friedlich. Selbst das Summen des Verkehrs fügte sich wie ein Instrument in das Konzert dieses Sommermorgens ein.

Als sie ein diskretes Räuspern neben sich hörte, zuckte sie zusammen und verschüttete beinahe den Cappuccino. Sie beschirmte ihre Augen mit der Hand.

»Sandro?«

Der Maler stand im Gegenlicht, war aber an seiner Silhouette erkennbar.

»Ciao, Ophelia. Du hast mein Klingeln nicht gehört, da habe ich mir erlaubt, durch den Garten hereinzukommen.« Er setzte sich unaufgefordert an den Tisch. »Du meldest dich ja gar nicht mehr. Geht's dir gut?«

Sie nickte. »Kann ich dir einen Kaffee anbieten?«

»Das wäre nett, grazie.«

Sie stand auf und trat in die Küche.

»Wo sind denn Brüderchen und Schwesterchen?«, fragte der Maler durch die offene Tür.

Ophelia holte eine weitere Tasse aus dem Schrank. »Cesare fliegt, und Isabella erledigt Einkäufe.«

Sandro war ihr gefolgt und lehnte jetzt mit verschränkten Armen am Kühlschrank. Offenbar lag ihm etwas auf dem Herzen.

»Dann hättest du ja Zeit, mit mir einen kleinen Ausflug zu unternehmen. Oder hast du Roms Sehenswürdigkeiten alle schon abgegrast?«

Sie lachte. »Schön wär's. In der letzten Zeit bin ich überhaupt nicht mehr dazu gekommen, mir die Stadt anzusehen. Arbeit, Arbeit, Arbeit …«

Sie verdrehte die Augen und suchte im Schrank den Zucker, als sie sich daran erinnerte, wie Sandro seinen Kaffee trank.

»Ophelia, weshalb ich eigentlich hier bin.« Er strich sich mit einer Hand durch die Haare. »Ich wollte mich für den Kuss entschuldigen. Ich habe dich damit erschreckt, nicht wahr?«

Ach herrje, sein Kuss! An den hatte sie überhaupt nicht mehr gedacht. Zu viele andere Emotionen waren mittlerweile über sie hinweggerollt. Wie süß von ihm, dass er sich darüber Gedanken machte.

»Kein Thema, Sandro. Du musst dich dafür nicht entschuldigen. Ich habe ihn bereits vergessen.«

»So?«

Er runzelte die Stirn. Offenbar hatte sie ihn gerade beleidigt. Himmel noch mal, Männer und ihr Ego!

»Also nicht, dass er mir nicht gefallen hätte, aber nein, das mit uns würde nicht klappen.«

»Verstehe. Es wäre auch zu schön gewesen.«

Er zwinkerte ihr zu, und sie lachte. Warum konnte Cesare nicht so locker drauf sein? Alles wäre viel einfacher. Oder war es gerade umgekehrt, und sie sollte alles entspannter sehen?

In diesem Moment klingelte ihr Handy auf dem Küchentisch. Das Display zeigte Cesares Namen an. Bevor sie rangehen konnte, schnappte Sandro sich das Gerät.

»Hier der Anschluss der unvergleichlichen Ophelia. Was willst du, Kumpel? Deine Haushälterin ist gerade damit beschäftigt, meine Wünsche zu befriedigen, und hat jetzt keine Zeit für dich. Ciao!«

Er drückte den Anruf weg und grinste Ophelia frech an.

XLVIII

Cesare starrte verblüfft auf sein Handy. Ophelia befriedigte gerade Sandros Wünsche? Was zum Teufel hatte das zu bedeuten? Die Bilder, die sich bei dem Gedanken vor seinem inneren Auge aufbauten, ließen ihn vor Wut erzittern. Natürlich zeigten sie zwei nackte, verschwitzte Körper in inniger Umarmung.

Sein Magen rebellierte, und er hielt sich keuchend an einem Regal des Bekleidungsgeschäfts auf dem Stockholmer Flughafen fest.

Er war gerade dabei gewesen, für Ophelia einen dieser hübschen skandinavischen Strick-Sweater auszusuchen, und wollte sie nach ihrer Konfektionsgröße fragen. Nicht, dass man so einen dicken Pulli in Rom benötigte, aber in Südtirol doch bestimmt. Dort gab es schneereiche Winter. Und jetzt war Sandro bei ihr? Nahm sogar ihre Anrufe entgegen und …

Nein, das konnte nicht wahr sein! Sandro hatte sich lediglich einen Scherz erlaubt. Er kannte seinen Freund doch.

Und wenn nicht?

Vor der Boutique stand Renzo und tippte auf seine Armbanduhr. Cesare nickte und steckte das Mobiltelefon in seine Sakkotasche. Es war Zeit für den Rückflug. Er konnte es gar nicht abwarten, so schnell wie möglich nach Rom zurückzukehren!

* * *

»Sag mal, spinnst du?« Ophelia riss Sandro das Handy aus den Fingern.

Er grinste. »Komm schon, das war doch nur Spaß.«

Sie starrte ihn wütend an. Himmel, Cesare würde jetzt weiß Gott was denken. Aber war das denn so schlimm? Er machte sich schließlich nichts aus ihr. Vielleicht wäre sein Selbstbewusstsein ein bisschen angeknackst, wenn er vermutete, dass sich sein Freund jetzt gerade mit ihr auf den Laken wälzte, aber wirklich treffen würde es ihn vermutlich nicht.

Sie sah einen Moment auf das Gerät und war versucht, Cesare eine erklärende SMS zu schicken. Doch wieso? Wenn er sich wirklich darüber ärgerte, geschah ihm das recht. Er nahm keine Rücksicht auf ihre Gefühle, also brauchte sie auch keine auf seine zu nehmen.

»Du hast doch einen Vogel«, sagte sie schließlich kopfschüttelnd zu Sandro und legte ihr Handy wieder auf den Küchentisch.

Der Maler deutete eine Verbeugung an. »Stets zu Diensten, Signora. Also, was wollen wir an diesem strahlend schönen Tag unternehmen?«

»Die sind wirklich köstlich.«

Ophelia stopfte sich das letzte Stück des frittierten Stockfisches in den Mund und warf die ölgetränkte Papiertüte in den nächsten Abfalleimer.

»An den Straßenständen werden die besten Filetti di baccalà verkauft«, stimmte Sandro ihr zu, stieg über das schmiedeeiserne

Geländer der Fontana dei Tritoni, wusch sich die Hände im Brunnen und wischte sie an seinen Jeans trocken.

Er hatte sie dazu überredet, eine Pause zu machen, um das tolle Wetter zu genießen. Und tatsächlich hatte Ophelia keine Lust, an so einem schönen Tag die ganze Zeit mit staubigen Büchern zu verbringen, auch wenn diese noch so interessant waren. Also hatte sie Isabella einen Zettel auf den Küchentisch gelegt, dass sie am späten Nachmittag wieder mit ihr rechnen könne.

Gegenüber dem Tritonen-Brunnen und dem Vesta-Tempel lag die Kirche Santa Maria in Cosmedin, in deren Säulenvorhalle sich das berühmte scheibenförmige Relief Bocca della Verità, der Mund der Wahrheit, befand. Im Gegensatz zum Film *Ein Herz und eine Krone*, in dem sich Audrey Hepburn und Gregory Peck allein davor aufgehalten hatten, standen jetzt eine Unmenge Touristen vor dem Eingang, die alle den antiken Lügendetektor sehen wollten.

Ophelia verzog das Gesicht. »Es war zwar meine Idee, hierherzufahren, aber ich mag mich da jetzt nicht anstellen«, wandte sie sich an Sandro. »Du kennst nicht zufällig wieder jemanden, der uns an der Schlange vorbeischleusen kann?«

Er schüttelte den Kopf. »Leider nicht. In Rom ist es eben so, dass man entweder ganz früh oder dann erst wieder sehr spät etwas besichtigen sollte. Ansonsten tritt man einander nur auf die Füße.« Er zuckte mit den Schultern. »Wir leben vom Tourismus, aber mögen müssen wir ihn deshalb nicht.« Er zwinkerte ihr zu und sah dann auf seine Uhr. »Lust, mal etwas abseits der Touristenströme zu wandeln?«

»Klar!«

»Hast du einen empfindlichen Magen?«

Sie sah ihn verwirrt an. »Wie meinst du das?«

Er schmunzelte. »Nun ja, ich möchte natürlich nicht, dass dir der Stockfisch hochkommt.«

»Ich verstehe nicht.«

»Das wirst du schon noch.« Er winkte einem Taxi. »Wir müssen uns beeilen. Um zwölf schließen sie nämlich, und Samstagnachmittag werden dort oft Hochzeiten abgehalten.« Er öffnete ihr galant die Tür, als ein Taxi anhielt. »Wobei ich es schon immer für reichlich morbide hielt, dort den Bund fürs Leben zu schließen«, fügte er kopfschüttelnd hinzu.

»Ach herrje!«

Ophelia schluckte hart. Die Fresken waren so wirklichkeitsgetreu, dass sie eine Gänsehaut bekam. Sandro an ihrer Seite vergrub die Hände in den Taschen seiner Jeans und legte den Kopf in den Nacken.

»Daher die Frage nach deinem Magen«, kommentierte er ihren Ausruf.

Die kreisrunde Kirche Santo Stefano Rotondo war offensichtlich ein Geheimtipp. Außer ihnen befand sich nur noch ein älteres Ehepaar in dem Gebäude. Die beiden starrten mit weit aufgerissenen Augen auf die Wandmalereien, die sämtliche Martyrien der frühen Christen in Rom darstellten. Auf den Bildern wurden die Opfer ertränkt, aufgespießt, ihre Glieder abgehackt; sie wurden bei lebendigem Leib gekocht, von Tieren zerfleischt und auf diverse andere Arten, die sich kranke Hirne ausgedacht haben mussten, gefoltert und zu Tode gebracht.

»Das ist wirklich heftig«, meinte Ophelia, knipste aber doch ein paar Bilder, überlegte allerdings, ob sie die tatsächlich auf ihrem Blog veröffentlichen sollte. Davon bekam man ja Albträume.

In der Mitte der Kirche waren Stühle und Blumenschmuck aufgestellt. Offensichtlich gab es am Nachmittag tatsächlich eine Hochzeit inmitten dieser makabren Kulisse. Sie schauderte und verstaute die Kamera in ihrer Handtasche, dabei warf sie einen schnellen Blick auf ihr Handy. Nichts.

»Hat er sich gemeldet?«

Sie errötete. »Ich weiß nicht, was du meinst.«

Sandro lachte. »Vielleicht hätten wir uns doch bei der Bocca della Verità anstellen sollen. Denn wenn ich dort gefragt hätte, ob zwischen dir und dem Prinzen etwas läuft, und du geschwindelt hättest, hättest du jetzt eine Hand weniger.«

Er zwinkerte ihr wieder zu und drehte sich um.

Sie verließen die Kirche mit ihren blutrünstigen Fresken und setzten sich auf eine Steinbank unter einer mächtigen Zeder. Palmen, Farne und blühende Sträucher umgaben die Kirche der Schrecken, und obwohl sie sich mitten in der Stadt aufhielten, hörte man nur das Gezwitscher der Vögel. Der kleine Park, der das Gotteshaus umgab, bot eine angenehme Erholung nach den Bildern im Kircheninneren. Der Temperaturunterschied zwischen drinnen und draußen war jedoch gewaltig. Ophelia brach augenblicklich der Schweiß aus.

»Was meintest du mit Prinz?«, fragte sie nach einem Moment des Schweigens.

Sandro scharrte mit den Füßen im Kies, der die Einfahrt zur Kirche bedeckte. »Ein Spitzname. Cesare hasst ihn. Ich würde ihn in seiner Gegenwart nicht verwenden, außer, du möchtest ihn gegen dich aufbringen.«

Sie nickte. »Aber so falsch ist die Bezeichnung doch nicht, oder? Die Orsinis sind meines Wissens adelig.«

Sandro lehnte sich mit dem Rücken an den Zedernstamm und verschränkte die Arme vor der Brust. »Ja, natürlich gehören sie zum Adel, aber im Gegensatz zu Isabellas zukünftiger Familie finden die Orsinis ihren Adelstitel eher unzeitgemäß. Ein Relikt aus den Tagen, als sich die Aristokratie für etwas Besseres hielt.« Er warf ihr einen schnellen Blick zu. »Und? Habe ich recht?«

Obwohl sie genau wusste, worauf er anspielte, schwieg sie.

»Dann halt nicht.« Sandro klopfte sich auf die Schenkel und stand auf. »Fahren wir zurück?«

»Bist du mir jetzt böse?« Sie erhob sich ebenfalls und hängte sich ihre Handtasche diagonal über die Schulter.

»Keineswegs, liebste Ophelia. Da mein Charme bei dir offenbar nicht wirkt, ist Cesare bestimmt eine gute zweite Wahl.«

»Zweite Wahl?«

Er grinste, wurde dann aber wieder ernst. »Ich bin nur …« Er brach ab und runzelte die Stirn. »Überrascht? Ja, das ist das richtige Wort.«

Sie wollte aufbrausen, doch er hob beide Hände, als hielte sie ihm einen Revolver vor die Brust.

»Versteh mich nicht falsch. Ich bin nicht überrascht, dass er dich mag oder du ihn. Es ist nur so, dass Cesare trotz seiner modernen Einstellung immer größten Wert auf die Wahrung des guten Rufs der Orsinis legt. Und dass er sich jetzt, verzeih mir den Ausdruck, auf eine Beziehung mit einer Angestellten einlässt, wundert mich einfach.«

Ophelia senkte den Blick. Sie wollte nicht, dass Sandro merkte, wie tief sie seine Worte trafen. Doch er sprach ja nur die Wahrheit aus. Vielleicht war es aber gerade die, die sie am meisten fürchtete.

»Sieh mich mal an, Ophelia«, befahl Sandro mit sanfter Stimme.

Sie atmete tief durch und hob den Blick.

»Er wäre der größte Idiot auf Erden, wenn er es nicht täte. Und ich hoffe, mein kleiner Spaß am Telefon wird ihm zeigen, dass er sich mal richtig entscheiden soll, okay? Römer sind wahnsinnig eifersüchtig, und unser Prinz ist da keine Ausnahme. Also, wenn er bis jetzt nicht wusste, was er an dir hat, wird ihm das hoffentlich bald klar.«

Er schloss sie in die Arme, und Ophelia legte gerührt ihre Wange an seine Brust.

»Ich wünsche euch alles Glück dieser Welt, meine Liebe.«

XLIX

Cesare benötigte normalerweise für die Strecke vom Flughafen bis in die Via Bartolomeo Ammannati um die vierzig Minuten, meist sogar mehr, heute schaffte er es in einer knappen halben Stunde. Die zahlreichen eindeutigen Handzeichen und das Hupkonzert, die er sich bei seinen riskanten Überholmanövern einhandelte, waren ihm egal.

Den gesamten Rückflug über und auch während der Autofahrt zur Villa versuchte er, seinen Ärger zu zügeln, doch je mehr er sich vornahm, über den Dingen zu stehen und Ophelia ganz normal gegenüberzutreten, desto wütender wurde er auf sie.

Was zum Teufel ging in ihrem Kopf bloß vor? Oder sollte er sich das von ihrem Herzen fragen? Es konnte doch nicht sein, dass sie von einem Bett ins andere hüpfte! Hatte er sich in ihrem Charakter so getäuscht? Und bedeutete er ihr etwa gar nichts?

Die Eifersucht nagte an seinem Selbstbewusstsein wie ein hungriger Wolf an einem alten Knochen.

Was fand Ophelia nur an Sandro? Hatte er etwa bessere Qualitäten als ein Cesare Orsini? Lachhaft! Zugegeben, auf eine unkonventionelle Weise wirkte sein Freund für die Damenwelt attraktiv, das hatte die Vergangenheit gezeigt, aber mehr war da nicht. Sandro war wie ein Soufflé: viel warme Luft und wenig Substanz!

Cesare schüttelte den Kopf. Er benahm sich wie ein Idiot. Wie erbärmlich, seinen ältesten Kumpel auf diese Weise herabzusetzen – und sei es auch nur in Gedanken. Gewiss war Sandro kein Heiliger, aber so eine abfällige Titulierung hatte er nicht verdient. In der ganzen Zeit, die sie sich schon kannten, und das waren immerhin zwanzig Jahre, hatten sie sich noch nie für dieselben Frauen interessiert. Und dass jetzt offenbar beide um Ophelias Aufmerksamkeit buhlten, irritierte Cesare mehr, als ihm lieb war. Damit konnte er nicht umgehen. Er wollte Ophelia für sich … und nur für sich! Und wenn das aus irgendeinem Grund nicht möglich war, dann musste sie gehen. Denn es wäre ihm unmöglich, sie noch weiter im Haus zu wissen, wenn sie und Sandro ein Paar wären. Wieder schüttelte Cesare den Kopf. Nein, das konnte niemand von ihm verlangen!

Während er wartete, dass sich das Tor der Villa öffnete, atmete er mehrmals tief durch, um sich zu beruhigen. Er konnte nicht wie ein wütender Stier ins Haus stürmen. Möglicherweise wären Isabella und Amadeo hier, und was er mit Ophelia zu besprechen hatte, ging die beiden nichts an.

Er fuhr rasant die Auffahrt hoch und stoppte den Wagen direkt vor dem Hauseingang. Ohne sich um sein Gepäck zu kümmern, lief er die Eingangsstufen hinauf, vertippte sich beim Eingeben des Sicherheitscodes und fluchte leise vor sich hin.

In der Eingangshalle brannte nur die kleine Tischleuchte, doch durch die offene Küchentür fiel ein breiter Lichtstreifen auf die marmornen Fliesen. Es roch nach Tomatensoße, und trotz seines Ärgers knurrte plötzlich sein Magen.

Als er die Küche betrat, stand Ophelia vor der offenen Terrassentür und sah in die Nacht hinaus. Sie trug ihre üblichen Shorts und ein knappes T-Shirt. Trotz seines Unmutes registrierte er, dass sie seit ihrer Ankunft in Rom Farbe bekommen hatte, was ihr ausnehmend gut stand. Zu seinem knurrenden Magen gesellten sich ein paar Flatterwesen, die er mit einem Schnauben in die Schranken wies. Er wollte keine Frau attraktiv finden, die ihn schamlos hinterging.

Ophelia musste ihn gehört haben, denn sie drehte sich um. Als sie seine Anwesenheit registrierte, lächelte sie, und seine Wut legte sich ein wenig. War sie wirklich so abgebrüht?

»Du bist schon da?«, fragte sie. »Ich habe die Haustür gar nicht gehört. Wie war dein Flug? Hast du Hunger?« Ohne seine Antwort abzuwarten, lief sie zum Kühlschrank und holte eine Tupperwaredose heraus. »Es sind noch Penne all'arrabbiata vom Abendessen übrig. Soll ich sie dir schnell aufwärmen?«

Cesare schluckte. Alles, was er ihr hatte an den Kopf werfen wollen, war plötzlich weg. Sie wirkte so gelöst, als könne sie kein Wässerchen trüben. Benahm sich so eine Frau, die wechselnde Liebschaften pflegte?

»Cesare?« Sie stand, die Plastikdose in der Hand, vor der Mikrowelle und schaute ihn fragend an.

»Nein, ich habe keinen Hunger.«

Sie zuckte mit den Schultern und legte die Dose wieder in den Kühlschrank. Als sie sich umdrehte, bemerkte er, wie sie sich auf die Lippen biss. Also doch nicht so unschuldig. Womöglich gestand sie ihm gleich etwas, das er eigentlich gar nicht hören wollte. Aber alles war besser als diese nagende Ungewissheit.

Er hätte sich gern hingesetzt, einfach, um schon zu sitzen, wenn das Fallbeil fiel, doch seine Muskeln wollten ihm plötzlich nicht mehr gehorchen. Also blieb er stehen und starrte Ophelia an, als könne pure Willenskraft sie zu einem Geständnis zwingen. Seltsamerweise schien das sogar zu funktionieren, denn sie strich sich mit einer fahrigen Bewegung das Haar aus dem Gesicht, hob das Kinn und sagte: »Wir müssen reden.«

* * *

Ophelia hatte sich den ganzen Nachmittag lang überlegt, ob sie Cesare auf das, was sie durchs Schlafzimmerfenster gehört hatte, ansprechen sollte. Zwar musste sie wissen, wie er wirklich zu ihr stand, aber die Angst vor der Wahrheit hatte sie beinahe davon abgehalten. Auch in diesem Moment war sie sich immer noch nicht sicher, ob sie den Mut aufbringen würde, sich dem zu stellen, was die nächsten Minuten bringen mochten. Was, wenn er ihr offen mitteilte, dass er nur an ihrem Körper interessiert war? Wie sähen die Konsequenzen aus? Hätte sie dann die Kraft, ihre Sachen zu packen und zu verschwinden? Oder sollte sie mit dem zufrieden sein, was er ihr zu geben bereit war? Doch selbst wenn die körperliche Vereinigung mit ihm das Schönste war, das sie bis jetzt erlebt hatte, das würde ihr nicht reichen. Möglicherweise gab es Menschen, die Sex und Gefühle trennen konnten; sie gehörte definitiv nicht zu dieser Sorte!

Sie räusperte sich und setzte sich an den Küchentisch. Im ersten Moment sah es danach aus, als würde Cesare ihrem Beispiel nicht folgen. Er starrte sie bloß an und machte sie dadurch nur noch nervöser. Ob er ahnte, worüber sie sprechen wollte?

Endlich ging ein Ruck durch seinen Körper, und er setzte sich ihr gegenüber. Kein Kuss, keine Zärtlichkeit, kein aufmunterndes Wort. Ophelias Herz wurde schwer. Also auf die harte Tour.

Sie suchte nach einem passenden Einstieg, doch bevor sie einen gefunden hatte, stieß er ärgerlich hervor: »Was läuft da zwischen dir und Sandro?«

Sie runzelte die Stirn. Ach ja, sein Anruf und Sandros blöde Reaktion darauf. Daran hatte sie gar nicht mehr gedacht. Sie wischte seine Frage mit einer Handbewegung weg.

»Das war nur ein Scherz«, entgegnete sie leichthin. »Aber worüber wir uns wirklich unterhalten ...«

Cesare sprang auf, und sie zuckte zusammen. »Ein Scherz, ja? Und wieso kann ich nicht darüber lachen?« Er fuhr sich mit beiden Händen durch die Haare. »Gibt es sonst noch ähnliche Scherze, von denen ich wissen müsste?«

Sie starrte ihn entgeistert an. Was zum Teufel unterstellte er ihr denn da? Das klang ja gerade so, als würde sie sich durch Roms Betten schlafen. Hatte sie der Kerl nicht mehr alle?

»Es ist wohl besser, wir reden morgen miteinander, wenn du ausgeruht bist«, entgegnete sie spitz und stand ebenfalls auf. »Ich habe keine Lust, mich hier verteidigen zu müssen.«

Sie drehte sich um, doch er packte sie am Arm.

»Hiergeblieben!«, befahl er. »Zuerst will ich wissen, wieso Sandro deine Telefonanrufe entgegennimmt und was er damit meinte, als er sagte, du würdest seine Wünsche befriedigen. Für mich klingt das nämlich gar nicht nach einem Scherz!«

Er funkelte sie wütend an, und Ophelia erwiderte seinen Blick genauso zornerfüllt.

»Lass mich gefälligst los!«, rief sie entrüstet. »Ich bin dir keine Rechenschaft schuldig!« Sie riss sich los und rieb ihren Unterarm.

»Ach nein?« Cesares Stimme hatte einen eisigen Ton angenommen. »Und was war das mit uns? Etwa nur Stressabbau? Kommen alle deine Arbeitgeber in diesen Genuss?«

Ophelias Mund klappte auf. Was für eine bodenlose Unverschämtheit! Der Kerl war wirklich komplett verrückt.

»Es ist wohl besser, wenn du mal eine kalte Dusche nimmst«, entgegnete sie mit vor Wut zitternder Stimme.

Am liebsten hätte sie ihm eine runtergehauen. Noch nie hatte sie jemand so beleidigt. Und diesen Mann liebte sie? Sie war doch genauso verrückt wie er. Als sie sich umwandte, hielt sie seine Stimme zurück.

»Wenn du jetzt gehst, war es das.«

Langsam drehte sie sich um. »Ach, tatsächlich? Natürlich, denn ich bin ja bloß eine Angestellte, nicht wahr, verehrter Prinz? Die sind bloß für ein bisschen Sex nütze.«

Mit Genugtuung registrierte sie, wie sich sein Mund verhärtete, als sie den verhassten Spitznamen verwendete. Sie war jetzt dermaßen aufgebracht, dass es ihr egal war, was er über sie dachte. Daher ließ sie ihrem Zorn freien Lauf.

»Doch halt«, ergänzte sie mit vor Sarkasmus triefender Stimme. »Eigentlich gehöre ich ja zur Familie. Wie dumm für dich. Stell dir mal vor, was passiert, wenn ich auf meinem Blog veröffentliche, dass Isabella keine Orsini, sondern nur meine Halbschwester ist.« Ophelia lachte hochmütig. »Die römische Presse wird sich mit Freuden auf dieses schmutzige Geheimnis stürzen. Und was dann, verehrter Prinz? Werden Sie dann immer noch so stolz auf Ihren angeblich so guten Namen sein?«

Von der Küchentür hörte sie einen erstickten Laut. Sie und Cesare wirbelten gleichzeitig herum. Isabella stand im Morgenmantel auf der Schwelle. Sie war kreidebleich, eine Hand presste sie auf ihre Brust, die andere lag an ihrer Kehle, als würde sie jemand würgen.

Grundgütiger, sie hatte alles mit angehört!

»Isabella.« Ophelia wollte zu ihr eilen, doch die Römerin wandte sich um und lief wie von Furien gehetzt die Treppe hinauf.

»Bist du nun zufrieden?«, fragte Cesare müde hinter ihrem Rücken.

L

Ein lautes Klopfen weckte Ophelia am Sonntagmorgen. Sie griff nach ihrem Handy auf dem Nachttisch. Kurz vor sechs. Wer zum Teufel weckte sie um diese Uhrzeit? Wieder klopfte es heftig, dann rüttelte jemand vehement am Türgriff.

»Ophelia, mach auf, Isabella ist verschwunden!«

Cesares Stimme klang besorgt.

Ophelia rieb sich verschlafen die Augen. Verschwunden? Was? Doch plötzlich überfiel sie siedend heiß die Erinnerung an gestern Nacht und vertrieb jede Müdigkeit: ihr Streit mit Cesare, ihre Ankündigung, alles öffentlich zu machen, Isabellas schreckgeweitete Augen.

Ophelia hatte gestern Nacht noch versucht, mit Isabella darüber zu reden, doch sie hatte auf ihr Klopfen nicht reagiert. Schmerzhaft, aber verständlich. Hatte Ophelia mit ihrer vorlauten Klappe das zarte Band der Freundschaft zwischen ihnen zerrissen? Natürlich wollte sie Isabellas Herkunft nicht in die Öffentlichkeit tragen. Das war nur eine leere Drohung gewesen, weil Orsini sich wie ein Vollidiot aufgeführt hatte. Wer konnte auch ahnen, dass Isabella das alles mit anhören würde? Als sie nicht auf ihr Flehen vor der verschlossenen Tür reagiert hatte, war Ophelia geknickt in ihr Zimmer geschlichen und hatte erneut ihre Sachen gepackt, um am nächsten Tag nach Bozen zurückzukehren. Cesare liebte sie nicht, und Isabella würde vermutlich kein Wort mehr mit ihr reden. Also weshalb das Leiden noch verlängern?

»Verflucht, Ophelia, wenn du jetzt nicht sofort aufmachst, bei Gott, dann trete ich diese verdammte Tür ein!«

»Ich komme ja«, knurrte sie, sprang aus dem Bett und lief durchs Zimmer. Dabei stieß sie mit dem großen Zeh an ihren Rollkoffer. Der jähe Schmerz trieb ihr Tränen in die Augen. Sie sog scharf die Luft ein und drehte den Schlüssel. Die Tür sprang auf, und ein aufgelöster Cesare stürzte herein. Er trug sein Joggingoutfit und blickte sich hektisch im Zimmer um, als ob er hoffte, dass sich seine Schwester hier versteckt haben könnte. Als er sie nirgends entdeckte, ließ er sich aufs Bett fallen und fuhr sich mit beiden Händen durch die Haare.

»Wie kommst du darauf, dass Isabella verschwunden ist?«, fragte Ophelia und setzte sich wohlweislich auf ihren Koffer. Auf keinen Fall wollte sie ihm zu nahe kommen. Auch wenn er der größte Idiot auf Gottes Erde war, sah er einfach zum Anbeißen aus. Vor allem mit dem dunklen Bartschatten und den vom Schlaf zerzausten Haaren. Sie unterdrückte ein Seufzen und rieb sich ihren schmerzenden Zeh, um sich abzulenken.

»Weil ihr Zimmer aussieht, als wäre eine Horde Wilder hindurchgefegt«, erklärte er. »Zwei Koffer fehlen, Schubladen und Schränke sind aufgerissen, das Bett ist zerwühlt, Kleider liegen herum. Normalerweise würde Isabella ihr Zimmer nie so zurücklassen.«

Ophelia verkniff sich eine spitze Bemerkung und unterdrückte ein Gähnen. »Sie ist bestimmt zu Amadeo gefahren. Nach dem Schreck gestern Nacht nur zu verständlich. Ich wollte mich noch entschuldigen und ihr alles erklären, aber sie hat mir die Tür nicht geöffnet.«

Cesare schüttelte den Kopf. »Mir auch nicht, leider. Und ich denke nicht, dass sie zu Amadeo gefahren ist. Das würden seine Eltern nie erlauben. Sie sind in der Hinsicht … nun ja, sehr traditionell. Ein Zusammenleben gestatten sie erst nach der Hochzeit.«

Ophelia hob verwundert die Augenbrauen. Dass es so etwas in der heutigen Zeit noch gab. Aber Isabella hatte ja schon öfter erwähnt, dass sich die Colonnas etwas altmodisch gebärdeten.

»Hast du schon versucht, sie auf dem Handy zu erreichen?«

Cesare warf ihr einen vernichtenden Blick zu. »Sensationelle Idee, darauf wäre ich wirklich nie gekommen!«

Sie schnaubte beleidigt. Was erwartete der Herr denn von ihr? Vor ihrem ersten Kaffee konnte sie wahrlich nicht mit irgendwelchen Geistesblitzen aufwarten.

»Was soll eigentlich der Koffer?«, fragte er und musterte mit gefurchter Stirn ihr Gepäck. »Willst du schon wieder abhauen?«

Sie sprang auf. »Wundert dich das?« Gott, der Mann ging ihr so auf die Nerven! An ihrer wiederholten Flucht war er immerhin nicht ganz unschuldig.

Er schloss die Augen und schüttelte nur den Kopf. Offenbar fehlte ihm die Energie für ein erneutes Streitgespräch.

»Vielleicht macht sie einfach einen Spontanurlaub«, lenkte sie das Thema wieder auf Isabellas Verschwinden. Dann trat sie zum Fenster und öffnete es.

Dunst lag über der Stadt. Die Luft roch frisch, nach trockenem Gras und Blüten. Ein wunderbarer Sommermorgen, der nur darauf wartete, erobert zu werden. Dass es vermutlich ihr letzter in Rom sein würde, bescherte ihr einen Kloß im Hals. Sie räusperte sich.

»Isabella ist nicht der Typ für Spontanurlaube«, murmelte Cesare. »Was, wenn sie sich etwas antut?«

Ophelia wirbelte herum. »Quatsch, das ist doch absurd! Wieso sollte sie?«

Isabella war eine wunderschöne, erfolgreiche Frau. Auch wenn sich ihre Abstammung als nicht ganz so lupenrein entpuppte, wie sie geglaubt hatte, war das doch kein Grund, sich etwas anzutun. Nein, Cesares Fantasie ging eindeutig mit ihm durch.

Er starrte mit leerem Blick auf den Fußboden. »Ich kenne meine Schwester, sie würde es Amadeo früher oder später selbst erzählen, um ihm die Wahl zu lassen, die Verlobung zu lösen. Aber selbst wenn sie ihn nicht informiert, sobald Amadeos Eltern davon Wind bekommen, sagen sie die Hochzeit sofort ab. Das würde Isabella nicht überleben.«

Ophelias Mund klappte auf. »Das würden sie? Nein, du scherzt. Amadeo lässt das niemals zu! Er liebt sie.«

Um Cesares Mund spielte ein bitteres Lächeln. »Du kennst die Colonnas nicht. Wenn sie erfahren, dass Isabella ein Bastard ist, garantiere ich für nichts.«

Ophelia zuckte bei dem Wort *Bastard* zusammen, als hätte man ihr eine Ohrfeige verpasst. »Sprich nicht so von ihr«, sagte sie leise und rieb sich ihre bloßen Arme.

Er wischte sich über die Augen. »Ja, du hast recht, tut mir leid.« Dann stand er auf. »Also, was tun wir?«

Ophelia stand an der Kaffeemaschine und schäumte Milch auf, derweil Cesare am Küchentisch saß und sein Handy nach den Nummern von Isabellas Freundinnen durchforstete.

Er hatte sich umgezogen, trug jetzt Jeans und ein T-Shirt, und Ophelia schmachtete ihn aus dem Augenwinkel an. Die Abreise hatte er ihr ausgeredet. Er bräuchte sie jetzt hier, hatte er gesagt, mehr aber auch nicht. Keine Entschuldigung, keine Liebeserklärung … niente. Und trotzdem blieb sie. Schon wegen ihres schlechten Gewissens gegenüber Isabella. Trotzdem war es reine Folter, ihm weiterhin so nahe sein zu müssen.

»Dumme Ophelia«, murmelte sie.

Er hob den Kopf. »Bitte?«

»Ach, nichts.« Sie füllte den Milchschaum in zwei Tassen mit Kaffee und setzte sich ihm gegenüber. »Schon was gefunden?«

»Zwei Einträge, die aber schon alt sind. Giulietta, die hat mit Isabella mal eine Weile im Museum zusammengearbeitet, und Seraphina, eine alte Schulfreundin. Die erste Nummer existiert nicht mehr, und bei der zweiten geht niemand ran.«

Ophelia nippte an ihrem Kaffee. »Willst du es nicht noch mal bei Amadeo versuchen? Vielleicht ist Isabella bloß ein bisschen herumgefahren, um sich zu beruhigen, und erst danach bei ihrem Verlobten aufgetaucht.« Sie zuckte mit den Achseln. »Also ich an ihrer Stelle würde sofort Trost bei dem Mann suchen, der mich liebt. Bei wem auch sonst?«

Cesare schaute sie verwundert an, und sie errötete. Mist! Doch gottlob ging er nicht darauf ein. Sie hatte sich mit ihren Gefühlen schon viel zu lange zum Affen gemacht – das musste aufhören!

»Ich will ihn nicht beunruhigen«, entgegnete Cesare. »Wenn ich ihn ständig anrufe, merkt er natürlich sofort, dass etwas nicht stimmt. Ich habe schon beim ersten Mal eine dümmliche Ausrede benutzt. Und irgendwann würde er gegenüber seinen Eltern eine Bemerkung fallen lassen.« Er seufzte tief. »Das muss ich verhindern.« Dann warf er Ophelia einen bösen Blick zu. »Alles deine Schuld.«

»Wenn du mich auch so provozierst!«, brauste sie auf, doch er hob die Hand.

»Jetzt nicht, Ophelia, bitte.«

Langsam wurde auch sie unruhig. Was, wenn sich Isabella tatsächlich etwas antat? Wenn sie keinen Ausweg aus diesem Dilemma sah? Aber wieso hatte sie nicht gewartet, bis sie die ganze Geschichte kannte, und gleich alles für bare Münze genommen? Hatte sie vielleicht insgeheim gespürt, dass die

Orsinis nicht ihre biologischen Eltern waren? Man sagte ja oft, dass Kinder dafür einen siebten Sinn hätten.

An Isabellas Stelle hätte Ophelia aber auf alle Fälle eine Erklärung verlangt. Oder brauchte Isabella die gar nicht, weil die Orsinis ihr womöglich irgendwann die Wahrheit gesagt hatten? Möglicherweise im Vertrauen, als sie erwachsen geworden war. Und vielleicht hatten die drei ein Abkommen geschlossen, es für sich zu behalten und nicht mal Cesare einzuweihen. Und erst Ophelias hirnlose Drohung, die Presse zu informieren, hatte Isabellas Kurzschlussreaktion ausgelöst. Cesare hatte recht, es war alles ihre Schuld.

Denk nach!, befahl sie sich. Wo würde ich hingehen, wenn ich nicht mehr weiterweiß? Selma! Ja, das wäre vermutlich ihre erste Anlaufstelle. Doch Isabella hatte laut Cesares Auskunft keine beste Freundin. Diese Möglichkeit fiel also weg. Wohin dann? Eine Familie hatte Ophelia nicht, bei der sie sich ausheulen könnte. Isabella hingegen schon. Doch würde sie so ein Geheimnis tatsächlich mit einer Cousine teilen? Wohl kaum. Also, an wen hatte sie sich gewandt?

Ophelia würde vielleicht bei ihrer Chefin anklopfen. Sie verstanden sich prächtig, und Luise Gamper war eine gute Ratgeberin. Aber Isabellas Chefs waren die Colonnas, also fiel auch diese Möglichkeit ins Wasser.

Ophelia trank den Kaffee in schnellen Schlucken. Marco? Nein, keine normal veranlagte Frau würde bei so einem Problem zu ihrem Exfreund rennen. Also fiel auch Sandro weg. Vermutlich hatte Cesare ihn sogar schon angerufen, trotz seiner momentanen Animosität ihm gegenüber.

»Was ist mit Simona Moravia, eurer pensionierten Haushälterin?«

»Schon versucht«, murmelte Cesare. »Ohne Erfolg.«

Ophelia schürzte die Lippen. »Giulio, der Gärtner? Jemand anderer, der mal für euch gearbeitet hat? Oder vielleicht …«

»Stopp!«

Sie fuhr zusammen. »Was?«

Hektisch scrollte Cesare auf seinem Handy. »Du hast mich da auf eine Idee gebracht.«

»Ah ja? Welche denn?«

Er unterbrach seine Suche, hob einen Finger und drückte auf einen Eintrag. Nach einem kurzen Moment wurde offenbar am anderen Ende abgehoben.

»Rosa? Cesare hier. Ist Isabella bei dir?«

LI

Auf der A24 herrschte an diesem Sonntagmorgen wenig Verkehr. Die Römer lagen noch in den Federn, und die Touristen saßen vermutlich beim Frühstück. Cesare warf Ophelia einen kurzen Blick zu. Sie tippte auf ihrem Handy herum, schmunzelte kurz und verstaute es dann wieder in ihrer Handtasche.

Er unterdrückte den Wunsch, seine Hand auf ihren hübschen, gebräunten Schenkel zu legen, denn er fürchtete sich vor ihrer Reaktion darauf. An welchem Punkt hatte sich das, was ihn seiner Meinung nach mit ihr verband, aufgelöst? Oder hatte es gar nie eine engere Verbindung zwischen ihnen gegeben, und er hatte sich das nur eingebildet?

Es war wie verhext. Entweder lagen sie sich in den Armen, oder sie fetzten sich. Es gab nur diese zwei Möglichkeiten. Eine Achterbahnfahrt war ein Witz dagegen! Doch im Moment ging es weder um seine Gefühle für Ophelia noch um ihre Beziehung. Sie mussten Isabella finden und den Schaden, den Ophelia mit ihren Worten angerichtet hatte, in Ordnung bringen. Er wusste zwar nicht, wie, aber er musste es mit allen Mitteln versuchen.

Bis jetzt ahnten weder die Colonnas noch die Presse etwas davon, dass Isabella in Wahrheit die Tochter Erika Moroders war, und dass dies so blieb, war sein oberstes Ziel. Zum Glück hatte Ophelia ihm versprochen, Isabellas Wurzeln auf keinen Fall öffentlich zu machen. Die Drohung wäre ihr lediglich in der Hitze des Gefechts herausgerutscht.

Er hätte Isabella gern die vollständige Lösung des Rätsels ihrer Abstammung präsentiert, das würde den Schock vielleicht ein wenig abmildern. Immerhin wusste Isabella nun, wer ihre leibliche Mutter war. Zugegeben, das allein war schon ein Grund, dass ihr Familienbild in tausend Stücke zersplitterte, aber Wahrheit blieb Wahrheit, auch wenn sie schmerzte. Es war besser, sie zu kennen.

Er seufzte verhalten. Natürlich konnte er jetzt kluge Sprüche von sich geben, da es ihn nicht selbst betraf, aber er an Isabellas Stelle hätte auf alle Fälle die gesamten Fakten kennen wollen. Dass er und Ophelia das Geheimnis um Isabellas biologischen Vater bis jetzt nicht ergründet hatten, lag ihm schwer im Magen. Aber vielleicht, wenn Isabella damit einverstanden wäre, könnten sie einen professionellen Privatdetektiv mit der Suche beauftragen. Bis dahin tröstete es sie hoffentlich, dass sie auf so plötzliche Weise eine Halbschwester gewann. Und auch wenn er selbst nicht ihr Blutsverwandter war, sie würde immer seine geliebte Schwester bleiben, egal, von wem sie abstammte.

»Seht ihr diese Rosa noch oft?«, unterbrach Ophelia seine Gedanken.

»Leider nicht«, erwiderte er. »Das letzte Mal zur Trauerfeier unserer Eltern. Rosa ist zwar erst fünfzig, aber schon Großmutter und hat mit ihren Enkeln alle Hände voll zu tun, da bleibt wenig Zeit, um uns zu besuchen.«

»Verstehe. Wie lange war sie denn eure Nanny?«, fragte Ophelia weiter und blinzelte. Sie sah immer noch etwas verschlafen aus, wenngleich auch so süß wie üblich, und er unterdrückte einen Seufzer.

»Das weiß ich eigentlich gar nicht so genau«, erklärte er nachdenklich. »Ich glaube, sie hat Isabella schon als Baby

313

betreut, und an meinem zwanzigsten Geburtstag war sie auf alle Fälle noch in der Villa. Kurz darauf ist sie dann aber wieder zurück nach Tivoli gezogen und lebt jetzt mit ihrer Tochter und deren Familie im selben Haus.«

Er lächelte, als er an Rosa Escolano zurückdachte. »Sie war, was sage ich, sie ist einfach großartig! Du wirst sie mögen.«

Er verlangsamte die Fahrt, als vor ihnen die Mautstelle der Autobahn auftauchte. In seinem Auto befand sich ein Telepass, der es ihm gestattete, ohne anzuhalten einfach hindurchzufahren. Aber Schritttempo war natürlich vorgeschrieben.

»Also ist Isabella zu eurem ehemaligen Kindermädchen geflüchtet«, konstatierte Ophelia.

Er nickte. »Mir hätte das eigentlich sofort klar sein müssen. Rosa ist für meine Schwester wie eine zweite Mutter.«

»Zum Glück hast du ja mich, die dich immer aufs Naheliegendste hinweist«, scherzte Ophelia und grinste ihn dabei frech an.

Sein Herz machte einen Sprung. Die Unstimmigkeiten zwischen ihnen schienen infolge der gemeinsamen Sorge um Isabella kurz zu pausieren, was ihn überaus freute. Sobald sich die Wogen geglättet hatten, wollte er einen letzten Versuch starten, die Zwistigkeiten zwischen ihnen aus der Welt zu schaffen. Er musste es einfach wagen, weil er die kleine Südtirolerin liebte. Es gab keine Ausflüchte mehr, keine dummen Rechtfertigungen. Und es abzustreiten, war so albern wie erfolglos. Und wenn sie ihm das Herz brechen würde, dann wäre es eben so. Aber er hätte es immerhin versucht und würde sich nichts vorwerfen müssen.

Zum Teufel damit, was Amadeo oder sonst jemand sagte, meinte oder für nicht standesgemäß hielt. Wer seinem Herzen folgte, konnte nichts falsch machen!

Ob das auch bei Erika Moroder und ihrem Geliebten der Fall gewesen war? Schließlich war aus dieser Liaison Isabella hervorgegangen, und das allein war schon ein Grund, der Liebe zu vertrauen.

»Vermutlich ist es in euren Kreisen üblich, die Kinder einer Nanny anzuvertrauen«, sagte Ophelia nachdenklich. »Aber ich könnte das nicht.«

Cesare stellte das Radio leiser. »Wieso denn nicht?«

Sie zuckte mit den Schultern. »Ich weiß nicht. Vielleicht wegen der Angst, dass mein Kind sein erstes Wort mit jemand anderem wechselt?« Sie lachte. »Eine nicht sehr moderne Einstellung, was?«

»Meine Mutter hatte eben viele gesellschaftliche Verpflichtungen und brauchte eine Vertrauensperson, der sie uns ohne schlechtes Gewissen überlassen konnte. Ich weiß nicht, wie Isabella das sieht, aber ich habe nie etwas vermisst. Wenn unsere Eltern da waren, waren sie wirklich für uns da, und wenn nicht, wussten sie uns bei Rosa in guten Händen.« Er lachte.

»Was?«, fragte Ophelia.

»Ich erinnere mich immer noch an Rosas Geschichten. Sie war eine fantasievolle Nanny mit einem Hang zu skurrilen Liebesgeschichten. Ich weiß nicht mehr, wie viele sie uns erzählt hat, aber es waren eine Menge. Und nicht immer gingen sie gut aus. Wir liebten diese Storys, aber meine Mutter hielt sie für unpassend. Zu blutig, zu gewalttätig und daher nicht für empfindsame Kinderseelen geeignet. Das war auch der einzige Punkt, bei dem sie und Rosa sich regelmäßig in die Haare kriegten.«

»Erzähl mir eine!«

»Eine von Rosas Geschichten?«

Ophelia nickte. »Nach deinen Worten sind wir vierzig Minuten unterwegs, die wir überbrücken müssen.«

»Himmel, nein, das ist mir zu peinlich!«

Doch sie ließ nicht locker. »Komm schon, Orsini, sei kein Frosch!«

Er seufzte. »Na gut.« Er dachte einen Moment nach. »Kennst du die Geschichte von den Töchtern des Mondkönigs?« Sie schüttelte den Kopf. »Okay, dann versuche ich mal, sie noch zusammenzubekommen. Sie ist nicht gar so blutrünstig, und ich habe sie immer sehr gemocht.«

LII

Ophelia kuschelte sich tiefer in den bequemen Autositz, um Cesares Geschichte zu lauschen. Die Stimmung zwischen ihnen hatte sich beruhigt, ein Außenstehender hätte sie womöglich für ein Liebespaar gehalten. Schade, dass dem nicht so war. Doch sie wollte jetzt nicht darüber nachdenken. Liebe konnte man eben nicht erzwingen, so gern sie das auch gehabt hätte.

»Also«, begann Cesare. »Es war einmal vor langer Zeit ein junger Mann, den hatten seine Brüder am Ufer des Tibers zurückgelassen, damit er die Pferde bewachte. Als es Abend wurde, setzte sich der Bursche ans Ufer und spielte auf seiner Flöte. Da stieg aus dem Fluss ein wunderschönes Mädchen. Ihre Kleider glänzten wie reines Silber, ihre Haare flossen wie glitzernde Mondstrahlen über ihren Rücken. Sie sagte zu dem Jungen: ›Spiel mir ein lustiges Lied, damit ich tanzen kann, und ich werde dich reich belohnen, denn ich bin die Tochter des Mondkönigs.‹ Also tat der Junge, wie ihm geheißen, und als das schöne Mädchen genug getanzt hatte, gab sie ihm eine silberne Sichel und sprach: ›Mit dieser Sichel kannst du jeden Feind besiegen. Benutze sie klug. Morgen komme ich um die gleiche Zeit wieder her. Dann sollst du mir wieder zum Tanz aufspielen, und ich werde dich abermals beschenken.‹

Am nächsten Tag verspätete sich der junge Mann jedoch, und als er atemlos beim Tiberufer ankam, lag das wunderschöne Mädchen tot am Boden. Er jedoch dachte, sie schliefe nur, und fing an, auf seiner Flöte zu spielen, damit sie wieder tanzen konnte. Da stieg aus dem Fluss ein noch schöneres Mädchen, ebenfalls ganz in Silber gekleidet, und rief wütend: ›Was spielst du noch, du Dummkopf? Meine Schwester ist gestorben, weil du nicht zur versprochenen Zeit gekommen bist. Ich bin auch eine Tochter des mächtigen Mondkönigs und werde dich deshalb verfluchen: Wenn du ein Mann bist, so sollst du zur Frau werden, und wenn du eine Frau bist, so sollst du zum Mann werden!‹ Dann hob sie ihre tote Schwester vom Boden auf und verschwand mit ihr im Fluss.«

Cesare warf Ophelia einen kurzen Blick zu, und sie nickte ihm aufmunternd zu, also erzählte er weiter.

»Der Bursche war entsetzlich erschrocken. Da hörte er plötzlich hinter sich ein Scharren. Er drehte sich um und sah ein Pferd, das so schwarz war wie die Nacht. Das Tier sprach zu ihm: ›Mich hat die Tochter des Mondkönigs, die soeben hier gestorben ist, hergebracht, damit ich dir dienen soll. Setz dich auf meinen Rücken, und ich werde dich dahin bringen, wo dein Glück wartet.‹

Der junge Mann schwang sich also auf das Pferd, das sich in die Luft erhob und wie der Blitz davonflog. Als sie unter sich die Stadt Rom erblickten, landete das Pferd auf einer Wiese. Dort saß ein schönes Mädchen unter einem Baum und weinte bitterlich. Der Bursche fragte, was ihm denn fehle, da erzählte es ihm, dass sie die Tochter des Königs von Rom sei. Sie sei durch das Los bestimmt, von einem Drachen gefressen zu werden, der in einer Quelle hauste und deren Wasser zurückhalte, wenn er nicht jedes Jahr ein Mädchen zu fressen bekäme. Der Bursche versprach darauf, dass er sie retten und den Drachen töten werde. Im selben Moment kam das Untier auch schon aus seiner Höhle gekrochen, und der junge Mann griff nach der silbernen Sichel, mit der er das Ungeheuer tötete. Drauf ging er mit der Königstochter in die Stadt und wurde überall freudig empfangen, und der König gab ihm als Dank seine Tochter zur Frau.«

Ophelia stieß ein abfälliges Schnauben aus. »Und was hatte deine Mutter an so einer Geschichte auszusetzen? Die unterscheidet sich doch überhaupt nicht von den üblichen Märchen.«

Cesare grinste. »Warte, sie ist ja noch nicht zu Ende. Also, wo war ich? Ach ja, der Kerl heiratete also die hübsche Königstochter. Doch er hatte den Fluch vergessen. Und in der Hochzeitsnacht, tja, da konnte er leider nicht ... du weißt schon.«

Ophelia unterdrückte ein Kichern. »Was geschah dann?«

»Die Ehefrau verübelte ihrem Gatten natürlich sein Unvermögen und klagte dem Vater ihr Leid. ›Du hast mir einen Gatten gegeben, der gar kein Mann ist!‹, beschwerte sie sich lautstark, doch der König befahl: ›Schweig! Wenn meine Untertanen das erfahren, lachen sie uns aus. Wir können deinen Mann nicht töten, denn er ist zu stark, aber ich werde ihn zum Nebelkönig schicken, damit er dessen drei goldene Äpfel stielt. Von dort ist noch keiner zurückgekommen.‹

Er befahl also seinem Schwiegersohn, ihm die drei goldenen Äpfel des Nebelkönigs zu holen. Der junge Mann bestieg sogleich sein Pferd und jagte davon. Als er aus der Stadt ritt, fragte er den Gaul: ›Weißt du, wo der Nebelkönig wohnt? Und weißt du auch, wie ich die drei goldenen Äpfel bekomme?‹ Das Pferd antwortete: ›Natürlich, aber die Äpfel bewacht ein Wesen, das halb Mensch, halb Hund ist. Alle wollen diese Äpfel, denn sie machen seinen Besitzer reich, glücklich und gesund. Aber ich kenne eine List! Wenn wir zu dem Hundemenschen kommen, so pinkle ihm in die Augen, dann wird er für kurze Zeit blind, und du kannst die Äpfel pflücken.‹«

Ophelia lachte laut auf.

Cesare grinste. »Das Pferd erhob sich also in die Luft, und bald befanden sie sich über einem hohen Gebirge, wo ein großer Palast stand. Vor dem Tor saß der Hundemensch, der die drei goldenen Äpfel bewachte. Als das Pferd gerade über ihm war, da pinkelte der junge Mann, und das ... nun ja, Pipi traf prompt die Augen des Hundemenschen. Und während der sich jaulend die Augen auswischte, stahl der Bursche die Äpfel. Das Pferd stieg wieder in die Luft, und der geprellte Hundemensch heulte: ›Weil du die Äpfel gestohlen hast und ein Mann bist, so sollst du zur Frau werden, und wenn du eine Frau bist, so sollst du ein Mann werden!‹

Als der Bursche mit den drei goldenen Äpfeln nach Hause kam, da jubelten ihm alle Leute zu. Am meisten aber freute sich natürlich seine Frau in der folgenden Nacht. ›Liebster‹, sagte sie, ›ich weiß nicht, was geschehen ist, aber du, mein geliebter Mann, bist doch ein richtiger Mann!‹«

Cesare rollte theatralisch mit den Augen. »Du verstehst, die beiden Flüche hoben sich gegenseitig auf. Und von nun an lebten alle in Glück, Reichtum und Gesundheit. Und wenn sie nicht gestorben sind ... den Rest kennst du.«

Ophelia schmunzelte. »Okay, jetzt verstehe ich, was deine Mutter gegen Rosas Geschichten einzuwenden hatte.«

Er nickte. »Du kannst dir Mammas Ärger bestimmt ausmalen, als ich als Dreikäsehoch versucht habe, unserem damaligen Cockerspaniel in die Augen zu pinkeln, weil ich natürlich auch drei Zauberäpfel haben wollte.«

Ophelia prustete los. »Ich stelle dich mir gerade dabei vor. Oh Mann, Orsini, das ist ja der Hammer! Und du hast recht, ich mag Rosa jetzt schon.«

LIII

Nach einer knappen halben Stunde erreichten sie die Ausfahrt Richtung Tivoli. Wie schon vorher mussten sie eine Mautstelle passieren, die auf dem Telepass aufzeichnete, wie viele Kilometer Cesare auf der kostenpflichtigen Straße gefahren war. Links und rechts der Landstraße reihten sich hässliche Industriebauten, Autowerkstätten und Tankstellen aneinander, dazwischen standen farbige Werbeschilder, die verschiedene Dienstleistungen anboten. In der Ferne erhoben sich bewaldete Hügel im dunstigen Morgenhimmel.

Ophelia bemerkte einen braunen Wegweiser, auf dem *Villa Adriana* stand.

»Ist das der Weg zur berühmten Hadriansvilla?«, wandte sie sich an Cesare, und er nickte.

»Stimmt genau. Kaiser Hadrian ließ sie mehr als hundert Jahre nach Christi Geburt erbauen und nutzte sie als Sommerresidenz. Eine Besichtigung lohnt sich. Auch die Villa d'Este liegt ganz in der Nähe. Die dortigen Gärten mit ihren Brunnen und Wasserspielen sind weltberühmt. Und wenn man noch mehr Kultur tanken möchte, ist die Villa Gregoriana die letzte Station. Danach brauchst du aber bestimmt eine Fußmassage.«

Er zwinkerte ihr zu, und Ophelia lächelte. Wenn er in dieser lockeren Stimmung war, fiel es ihr schwer, ihren Weggang aus Rom zu planen. Aber da es für sie keine gemeinsame Zukunft gab, musste es sein.

»Weiß Isabella eigentlich, dass wir kommen?«, fragte sie weiter, während sie in ihrer Handtasche nach der Sonnenbrille suchte.

»Nein, Rosa hat mir versprochen, ihr nichts zu sagen. Sonst wäre Isabella glatt in der Lage, nochmals Reißaus zu nehmen, und dann wüsste ich wirklich nicht mehr, wo ich sie suchen sollte.«

»Wird sie ungehalten sein, dass wir einfach so auftauchen?«

»Sie wird vermutlich stinkwütend werden. Aber du kennst sie nicht so gut wie ich. Sie wirkt nach außen hin zwar recht tough, aber tief in ihrem Herzen ist sie immer noch ein verletzliches kleines Mädchen. Nach dem Tod unserer Eltern habe ich mir große Sorgen um sie gemacht. Das Unglück hat sie komplett aus der Bahn geworfen, und eine Zeit lang musste sie sogar Antidepressiva schlucken.« Er blickte kurz zu Ophelia. »Das hast du jetzt aber nicht von mir. Sie mag es gar nicht, wenn ich aus dem Nähkästchen plaudere.«

Ophelia nickte. »Selbstverständlich bleibt das unter uns.«

»Erst als sie mit Amadeo zusammengekommen ist«, fuhr er fort, »stabilisierte sich ihr Zustand. Heute merkt man es ihr nur noch an, wenn ihre Hypochondrie ausbricht. Dann bildet sie sich ein, sie wäre todkrank oder ähnlichen Unsinn. Wenn sie also denkt, dass Amadeo sie wegen ihrer zweifelhaften Abstammung sitzen lässt, ist sie durchaus in der Lage, etwas Dummes anzustellen.«

Wie als Reaktion auf diese Aussage gab Cesare Gas und überholte eine Ape. Auf der Ladefläche des dreirädrigen Kleintransporters lag eine Ziege, die gelangweilt an etwas kaute.

»Und alles wegen mir«, erwiderte Ophelia kleinlaut.

»Nun ja, das war wohl nicht die feinfühligste Art, jemandem so etwas beizubringen. Aber du hast es ja nicht absichtlich getan.«

Er berührte kurz ihren Arm, was sie auf eine Art tröstlich fand und zugleich seltsamerweise erotisch. Sie war wirklich nicht mehr zu retten.

Mittlerweile hatten sie die mittelalterliche Altstadt von Tivoli erreicht. Auf einem Hügel erhob sich eine trutzige Burg mit vier mächtigen zinnenbewehrten Türmen.

»Das ist die Rocca Pia«, erklärte Cesare. »Papst Pius hat sie im fünfzehnten Jahrhundert als Fluchtburg erbauen lassen.«

»Wovor musste er denn flüchten?«

»Vor den internen Machtkämpfen zwischen den Nachkommen der Colonnas und Orsinis.«

Sie lachte. »Und schon sind wir wieder in der Realität angekommen.«

Cesare grinste und parkte den Wagen unter einer schatten-spendenden Platane. Auf der gegenüberliegenden Straßenseite reihte sich ein Souvenirshop an den anderen. Die Besitzer begannen gerade, ihre Läden zu öffnen, und stellten Ständer mit Ansichtskarten, T-Shirts, Hüten und sonstigem Krimskrams auf den Gehweg.

»Von hier aus müssen wir zu Fuß weiter. Die Straße, in der Rosa mit ihrer Familie wohnt, ist so schmal, dass kein Auto dort parken kann. Komm, beeilen wir uns!«

Sie liefen über die Fahrbahn und folgten einem Fußweg, der sich unter mächtigen Pinien durch den Ort schlängelte. Auf beiden Seiten lagen Cafés und Bars, aus denen es verführerisch nach frischem Kaffee und warmen Backwaren roch.

Ophelia lief das Wasser im Mund zusammen. Sie war hung-rig und durstig, doch Cesare ging zielstrebig an den Lokalen vorbei, und sie trottete ihm zähneknirschend hinterher. Hoffentlich bekamen sie wenigstens bei Rosa Escolano etwas aufgetischt … und zwar etwas, das nicht nur aus Vorwürfen und Beschimpfungen bestand.

Plötzlich fühlte Ophelia sich unsicher. Was, wenn Isabella gar nicht mit ihr sprechen wollte? Vielleicht jagte sie sie mit Schimpf und Schande davon. Sie blieb stehen, und Cesare drehte sich um.

»Was ist?«

»Vielleicht ist es besser, wenn du allein gehst«, sagte sie.

»Wieso denn?«

»Ich weiß nicht. Ich …«, sie brach ab.

Als Cesare ihr vorgeschlagen hatte, zu Isabella zu fahren, war ihr das als eine gute Idee erschienen, und nicht nur, weil ihr das noch mehr Zeit mit ihm bescherte. Doch plötzlich verließ sie der Mut. Vielleicht wäre es das Beste für alle, sie würden die Sache auf sich beruhen lassen und einfach vergessen, was sie herausgefunden hatten.

Während der Jagd nach Isabellas biologischen Eltern hatte Ophelia sich nie überlegt, was sie damit in Wirklichkeit anrichtete. Sie zerstörte nicht nur das Leben der Römerin, sondern vielleicht auch das von Amadeo, und zog den Namen der Orsinis in den Schmutz. War es das alles wirklich wert?

Cesare griff nach ihrer Hand. Ein leichtes Prickeln ging von seiner Berührung aus.

»Wer ist jetzt hier der Frosch?«, versuchte er zu scherzen, doch ihr war das Lachen vergangen.

»Wohl eher der Hase«, entgegnete sie niedergeschlagen.

Ihr Fluchtinstinkt hatte wieder voll zugeschlagen. So viel zu ihrer Annahme, dass sie ihr Hasenblut endlich besiegt hatte.

»Was?«, fragte er verständnislos.

Sie schüttelte den Kopf. »Nichts. Ich versuche nur, erwachsen zu werden, und stelle gerade fest, wie weit ich davon noch entfernt bin.« Cesares verwirrte Miene brachte sie zum Schmunzeln. »Also los!«

Sie drückte seine Hand und atmete tief durch.

Rosa Escolano und ihre Tochter wohnten in der Via dei Glicini in einem roten zweistöckigen Haus, dessen Farbe an einigen Stellen abblätterte. Die grünen Fensterläden waren zum Schutz vor der Hitze fest verschlossen. Eine mächtige Pinie stand im Vorgarten und warf ihren Schatten auf terrakottafarbene Blumentöpfe, in denen Küchenkräuter gezogen wurden. Von irgendwoher vernahmen sie das Geschrei eines Babys, ansonsten war nur das Zirpen der Zikaden zu hören.

Cesare öffnete das rostige Tor des Metallzauns, der das Grundstück umgab. Die Scharniere quietschten, und Ophelia unterdrückte ein Frösteln. Sie gingen einen kurzen Kiesweg entlang, der zu ausgetretenen Steinstufen führte. Eine schwere, zweiflügelige Holztür stand einen Spalt offen und gewährte einen Blick in einen dämmrigen Korridor, der mit schwarzweißen Fliesen ausgelegt war. Das Babygeschrei wurde lauter. Dazwischen ertönte eine dunkle Stimme, die nach einer frischen Windel rief.

»Das wird Adolfo sein«, erklärte Cesare. »Rosas Schwiegersohn.« In Ermangelung einer Klingel klopfte Cesare an die halb offene Tür.

»Hallo?«, rief er. »Besuch ist da!«

* * *

»Du hast renoviert?«

Cesare sah sich neugierig um. Sie saßen im Wohnzimmer, das ihm heller und größer erschien als früher. Adolfo schaukelte seinen jüngsten Spross auf den Knien und winkte ab.

»Ist schon zwei Jahre her, mein Freund. Du solltest öfter vorbeikommen.«

Cesare nickte. »Ja, sollte ich. Wie geht es Rosa?«

Das Baby rülpste, und etwas gelblicher Brei floss ihm dabei aus dem Mundwinkel. Adolfo griff nach dem Stofffetzen, der ihm über der Schulter hing, und wischte dem Kind damit den Mund ab.

»Gut. Sie ist Domenica eine große Hilfe mit unserer Rasselbande und treibt sie im Gegenzug öfter mal in den Wahnsinn.«

»Ihre Gutenachtgeschichten?«

Adolfo nickte, und Cesare grinste. Nachdem er Rosas Schwiegersohn mit Ophelia bekannt gemacht hatte, warteten sie jetzt im Wohnzimmer auf den Rest der Familie. Rosa, Domenica und Isabella seien mit den Kindern ein Eis essen gegangen, hatte er erklärt. Sie würden sicher bald zurückkommen.

»Ich freue mich zwar immer, wenn die Orsinis uns besuchen«, fuhr Adolfo fort. »Aber gleich zwei innerhalb von zwei Tagen? Das erscheint mir doch ein wenig seltsam.«

Cesare schürzte die Lippen. »Rosa hat dir nichts erzählt?«

Adolfo schüttelte den Kopf. »Gibt es Probleme?«

Cesare warf Ophelia einen schnellen Blick zu. Sie errötete, sagte aber nichts.

»Na ja, Familienangelegenheiten eben«, erklärte er vage. »Es ist …«

Er stockte, und Adolfo winkte ab. »Schon gut, du musst es mir nicht erzählen. Irgendwann werde ich es schon erfahren.« Er stand auf und drückte Ophelia das Baby in die Arme. »Halt mal!«, sagte er. »Ich mache uns einen Espresso.«

Die verblüffte Ophelia nickte nur. Das Baby fing an zu brabbeln und strampelte entzückt mit den Beinen.

Der Anblick wärmte seltsamerweise Cesares Herz. Jetzt wurde er schon sentimental, wenn er Ophelia mit einem Kind auf dem Schoß sah. Wunderbar!

Das Wohnzimmer war durch einen gemauerten Rundbogen mit der offenen Küche verbunden. Auf dem mit rostroten Ziegelplatten ausgelegten Fußboden waren Spielsachen, Kissen und Kinderschuhe verstreut. Auf den geblümten Sofas, auf denen sie saßen und die der Albtraum jedes Rheumageplagten sein mussten, lagen T-Shirts, Badesachen und Handtücher. Trotz des Durcheinanders, das im krassen Gegensatz zur peniblen Ordnung in der Villa Aurelia stand, fühlte man sich hier gleich zu Hause.

»Habt ihr Hunger?«, fragte Adolfo von der Küche her. »Ich habe hier noch frischen Panettone.«

»Bitte ja!«, rief Ophelia freudig zurück. »Ich bin am Verhungern!«

»Cesare?«

»Gern.«

»Kommt sofort.«

Während die Kaffeemaschine zischte, betrachtete Cesare Ophelia, wie sie leise mit dem Baby sprach, das ihr aufmerksam lauschte. Offenbar konnte sie gut mit Kindern umgehen. Ein Umstand, der ihn darin bestärkte, nach diesem Ausflug nochmals mit ihr über ihre Beziehung zu reden. Wer so viele Talente in sich vereinte, den konnte er auf keinen Fall gehen lassen. Zudem gehörte sie jetzt praktisch zur Familie. Und wie wichtig die Familie war, das sah man in diesem Haus.

In diesem Moment hörten sie übermütiges Kindergeschrei im Flur. Eine Tür wurde zugeknallt, und Cesare vernahm die mahnende Stimme Domenicas und Isabellas Lachen. Während die Kinder in den ersten Stock hinaufstürmten, betraten Domenica, Rosa und Isabella das Wohnzimmer. Als seine Schwester sie auf dem Sofa sitzen sah, wich ihr alle Farbe aus dem Gesicht.

»Cesare!«, rief Rosa lächelnd. »Wie schön, dich zu sehen!«

Sie ging mit ausgebreiteten Armen auf ihn zu.

Er stand auf. Doch noch ehe er seine ehemalige Kinderfrau begrüßen konnte, drehte sich Isabella um und floh durch die Haustür nach draußen.

LIV

Cesare wollte Isabella folgen, doch Rosa hielt ihn am Ärmel zurück.

»Lass ihr einen Moment Zeit«, sagte sie. »Sie wird sich schon beruhigen und zurückkommen.«

Er schien nicht überzeugt. »Und wenn sie sich etwas antut?«

Rosa schüttelte bedächtig den Kopf. »Du kennst deine Schwester schlecht. Sie ist stark, sie wird es verkraften und sich nicht gleich von der Rocca Pia stürzen. Zudem liegen die Autoschlüssel im Gästezimmer, und sie wird kaum per Anhalter flüchten. Und jetzt begrüße mich, wie es sich gehört, und dann stell mir diese hübsche Frau vor, die meinen sabbernden Enkel hält.«

Zuerst schien es, als wolle Cesare ihrer Aufforderung nicht Folge leisten, doch dann straffte er die Schultern und schloss Rosa in die Arme. Sie klopfte ihm mütterlich auf den Rücken und löste sich dann von ihm. Er räusperte sich und wandte sich um.

»Rosa, das ist Ophelia Moroder. Durch sie kam das Ganze ins Rollen.«

Domenica nahm Ophelia das Baby ab, und sie stand hastig auf. »Sehr erfreut, Sie kennenzulernen«, sagte sie schüchtern.

Rosa Escolano sah sie einen Moment aufmerksam an, und Ophelia errötete. Dann ging die ältere Dame auf sie zu und küsste sie auf die Wange.

»Ich erkenne Erika in deinen Zügen«, sagte sie lächelnd. »Es tut mir sehr leid, dass sie so früh gestorben ist. Wir haben uns immer gut verstanden.«

Ophelia atmete innerlich auf. Offenbar hatte Rosa nicht vor, ihr Vorwürfe zu machen. Oder kämen die erst später? »Danke«, erwiderte sie erleichtert. »Sie haben meine Mutter gekannt?«

Rosa nickte und wies auf das Sofa. »Setzen wir uns doch. Adolfo, machst du mir bitte auch einen kleinen Kaffee?«

Ihr Schwiegersohn nickte, stellte das Tablett mit dem Panettone und den Espressi auf den Couchtisch und ging zurück in die Küche. Domenica folgte ihm mit dem Baby, und Ophelia hörte sie leise miteinander sprechen. Als auch Rosa ihren Kaffee serviert bekommen hatte, verließen er und seine Frau das Wohnzimmer und folgten ihren anderen Kindern in den ersten Stock. Offenbar hielten sie es für angebracht, sie allein zu lassen.

Eine Weile sagte niemand ein Wort. Von oben hörten sie Gepolter, ab und zu einen spitzen Schrei und dann Kinderlachen. Cesare warf immer wieder einen besorgten Blick zur Haustür, doch Isabella blieb verschwunden.

»Nun«, ergriff Rosa endlich das Wort und lehnte sich im Sofa zurück. »Wie kommen Sie darauf, dass Isabella Ihre Halbschwester ist?«

Also hatte Isabella ihr alles erzählt. Auch gut, so musste Ophelia ihr keine Lügengeschichte auftischen. Es wäre allen viel erspart geblieben, wenn sie von Anfang an mit offenen Karten gespielt hätte.

»Sagen Sie doch Ophelia zu mir. Also, es ist so …« Sie warf Cesare einen Hilfe suchenden Blick zu, doch er starrte zu Boden. Also keine Schützenhilfe von seiner Seite.

»Es war eigentlich reiner Zufall«, begann sie und erzählte Rosa darauffolgend die ganze Geschichte. Von den Fotos, wie ihr die Ähnlichkeit von Isabella mit ihrer jüngeren Mutter keine Ruhe gelassen hatte, wie sie Cesare gefolgt war und die Verwechslung, die ihr anschließend einen Job als Haushälterin in der Villa Aurelia beschert hatte.

Rosa kicherte, als Ophelia schilderte, was ihr im Haushalt alles misslungen war. Dann berichtete Ophelia davon, wie sie zu Hause den versteckten Brief dieses L. gefunden hatte und wieder nach Rom zurückgekehrt war. Von dem Streit in der Küche und ihrer gedankenlosen Drohung, mit ihrem Wissen an die Presse zu gehen, und wie Isabella daraufhin aus der Villa geflüchtet war. Ophelia ließ nichts aus, außer ihren Gefühlen für Cesare. Das wäre ihr in seiner Anwesenheit doch zu peinlich gewesen. Als sie geendet hatte, sah Rosa sie gequält an.

»Ich hätte nie gedacht, dass diese Sache nach so vielen Jahren doch noch ans Tageslicht kommt«, sagte sie mit spröder Stimme und fuhr sich mit der Hand über die Augen.

Sie wirkte plötzlich sehr müde. Die Falten um ihre Mundwinkel herum erschienen mit einem Mal tiefer.

Cesare schnappte nach Luft. »Du hast davon gewusst?« Er starrte die ältere Frau verblüfft an. Dann wandelte sich seine Verblüffung in Wut. »Wie konntest du so lange schweigen, Rosa? Wie konntest du uns das antun?«

»Nicht in diesem Ton«, wandte sich die ehemalige Kinderfrau an ihn. »Auch wenn du jetzt erwachsen bist, lasse ich nicht so mit mir sprechen, capito? Also sei still, bevor du nicht die ganze Wahrheit kennst.«

Cesare klappte der Mund auf. Vermutlich hatte schon lange niemand mehr so mit ihm gesprochen, und Ophelia verbiss sich ein Lachen. Wenn sie sich jetzt über ihn lustig machte, würde er ihr das wohl nie verzeihen.

»Also stimmt es«, wandte sie sich an Rosa. »Isabella ist die Tochter meiner Mutter?«

Rosa nickte seufzend. »Ja, das stimmt. Sie … ich meine du hast also eine Halbschwester.«

»Und du hieltest es nicht für nötig, uns darüber in Kenntnis zu setzen?«, knurrte Cesare. »Zum Beispiel nach dem Tod unserer Eltern?«

Rosa wirkte ein wenig schuldbewusst und schloss für einen Moment die Augen. Als sie wieder zu sprechen begann, klang ihre Stimme aber fest. »Alle, die davon gewusst haben, und es waren nur wenige, haben deinen Eltern geschworen, darüber Stillschweigen zu bewahren. Und ein Schwur ist heilig und über den Tod hinaus gültig. Es war nur zu eurem Besten.«

Cesare stieß ein abfälliges Schnauben aus, sagte aber nichts mehr.

»Dann wissen Sie auch, wer Isabellas richtiger Vater ist?«, fragte Ophelia.

Ihre Hände waren plötzlich eiskalt, und sie rieb sie sich verstohlen an den Shorts.

Rosa öffnete den Mund, doch bevor sie antworten konnte, flog die Haustür auf, und Amadeo Colonna stürzte herein.

»Wo ist sie?«, rief er beunruhigt.

LV

»Amadeo?« Cesare starrte seinen zukünftigen Schwager verdutzt an. »Woher wusstest du …?«

»Himmelherrgott noch mal!«, blaffte der ihn an. »Sie ist meine zukünftige Frau. Meinst du nicht, dass ich sie so gut kenne, dass ich vermuten kann, wohin sie sich flüchtet, wenn sie nicht mehr weiterweiß? Zudem hat mir euer Gärtner einen Tipp gegeben.« Er sah sich hektisch um. »Also, wo ist sie? Und was zum Teufel ist eigentlich los? Aus Giulios Gebrabbel wurde ich nicht schlau.«

»Was hat denn Giulio …« Cesare schüttelte den Kopf. »Ach, egal.«

Er presste die Lippen zusammen. Verdammt, er hatte so gehofft, Amadeo heraushalten zu können! Schon allein, um Isabella das Leben nicht noch schwerer zu machen, als es bereits war. Wenn ihr Bräutigam sie jetzt fallen ließ … Cesare durfte gar nicht daran denken, was dann passierte. Zwar hatte Rosa recht damit, dass seine Schwester eine starke Frau war, doch gleich zwei Schicksalsschläge auf einmal verkraftete niemand ohne Blessuren.

»Signor Colonna«, mischte sich Rosa ein. »Kommen Sie, setzen Sie sich neben mich. Isabella wird bald zurückkommen.

332

Sie musste … ein wenig Luft schnappen.« Rosa klopfte auffordernd neben sich aufs Sofa. »Hätten Sie gern einen Espresso?«

* * *

Ophelia fühlte sich wie in einer Theateraufführung. War das alles wirklich real, oder lag sie in ihrem Bett in Bozen und träumte es nur? Ihr wäre Zweiteres lieber gewesen. Als Amadeo sich mit verkniffener Miene neben Rosa aufs Sofa setzte, sprang sie auf und lief in die Küche, um ihm einen Kaffee zuzubereiten. Nur weg und aus der Schusslinie!

Während sie sich mit der Espressomaschine vertraut machte, sah sie zum Fenster hinaus. Hinter dem Haus erstreckte sich ein kleiner Garten mit einer Pergola. Davor befand sich ein gemauerter Grill, daneben standen ein paar Gartenstühle und ein aufblasbares Planschbecken, das unter Schwimmringen und Badespielzeug kaum noch zu erkennen war. Dahinter, auf einem brunnenähnlichen Trog, saß Isabella. Ihre Schultern zuckten. Offenbar weinte sie gerade bitterliche Tränen.

Ophelias Kehle wurde eng. Alles meine Schuld, dachte sie bekümmert. Wie sollte sie das nur wieder in Ordnung bringen?

Sie warf einen Blick über ihre Schulter. Rosa unterhielt sich mit Amadeo, während Cesare auf seinem Handy herumtippte. Leise öffnete sie die Tür in den Garten und schlüpfte hinaus.

»Isabella?«

Die Römerin schnellte herum und starrte sie wütend an. »Verschwinde!«, fauchte sie.

Ophelia erstarrte. »Es tut mir leid«, sagte sie dann leise. »Ich wollte das alles nicht. Bitte, komm doch herein und lass uns reden. Amadeo ist auch da.«

Isabellas gerötete Augen weiteten sich. »Amadeo ist hier?«

Ophelia nickte.

»Oh Gott!« Isabellas Schultern sackten zusammen. »Er wird mich verlassen. Die Colonnas werden die Hochzeit nie erlauben. Mein Leben ist vorbei!«

Ophelia streckte die Hand aus, um ihr Trost zu spenden, doch der Mut verließ sie, und sie ließ sie wieder sinken. »Das glaube ich nicht«, sagte sie daraufhin. »Er liebt dich, es wird ihm nichts ausmachen.«

»Was weißt du schon!?«, stieß Isabella wütend hervor. »Denkst du tatsächlich, die Colonnas würden einen Bastard einheiraten lassen? Was bist du doch naiv!« Sie schüttelte wild den Kopf. »Bist du jetzt zufrieden? Hast du alles erreicht, was du wolltest? Wie viel zahlt dir die Presse dafür, dass du mein schmutziges Geheimnis an die Öffentlichkeit zerrst?«

»Aber ich werde meine Schwester doch nicht …«

»Schweig!«, schrie Isabella und sprang auf, das hübsche Gesicht zu einer hässlichen Maske verzerrt. »Ich habe keine Schwester! Capito? Ich habe einen Bruder und sonst niemanden. Ich habe dir vertraut, dich in mein Haus und mein Leben gelassen. Und wie hast du es mir gedankt? Du hast mich belogen, betrogen und hintergangen. Und als wäre das noch nicht genug, hast du dich hinterrücks an meinen Bruder herangemacht. Geh mir aus den Augen, du …«

»Isabella, nicht!« Cesare war unbemerkt zu ihnen getreten. »Sag nichts, was dir später leidtut.«

Isabella warf den Kopf in den Nacken. »Du bist also auf ihrer Seite?« Sie stieß ein höhnisches Lachen aus. »Ich hätte dich für klüger gehalten. Aber zwischen zwei warmen Schenkeln …«

»Genug jetzt!« Er packte sie am Arm. »Vergiss nicht, wer du bist!«

Seine Schwester funkelte ihn an. »Wer bin ich denn? Ein Bastard bin ich«, zischte sie, »und so kann ich mich auch benehmen.«

»Isabella Lavinia Orsini, du kommst jetzt sofort rein und beruhigst dich gefälligst wieder!« In der Terrassentür stand Rosa und sah ihr ehemaliges Ziehkind strafend an. »Benimm dich nicht wie eine wild gewordene Furie. So habe ich dich nicht erzogen.«

Isabella schürzte trotzig die Lippen, verschränkte die Arme vor der Brust, tat aber keinen Schritt.

»Habe ich den Satz vielleicht mit ›wenn es Euch beliebt, Eure Hoheit‹ angefangen?«

»Sprich nicht in diesem Ton mit mir«, blaffte Isabella Rosa an. »Ich bin kein Kind mehr!«

»Wenn du dich wie eins benimmst, rede ich auch so mit dir«, gab Rosa zurück und furchte die Stirn.

Und endlich bewegte sich Isabella. Mit hochmütiger Miene stapfte sie wortlos an ihnen vorbei ins Haus.

Rosa verdrehte die Augen und winkte Ophelia und Cesare, ihr zu folgen. »Es ist Zeit, euch die Wahrheit zu erzählen, bevor noch mehr Geschirr zerschlagen wird.«

LVI

Isabella setzte sich mit finsterer Miene zwischen Rosa und Amadeo aufs Sofa. Als ihr Verlobter jedoch seinen Arm um sie legen wollte, zuckte sie zusammen. Er sah sie mit hochgezogenen Augenbrauen an, sagte aber nichts. Ophelia bemerkte jedoch, wie er schwer schluckte. Offenbar wurde ihm langsam klar, dass es sich bei Isabellas Flucht um viel mehr handelte als bloß um eine vorhochzeitliche Panik, was Ophelias schlechtes Gewissen zusätzlich schürte. Auch sein Leben würde sich komplett ändern, wenn Rosa ihnen jetzt die ganze Geschichte erzählte.

Keiner sagte ein Wort, und die plötzliche Stille wurde mit jeder Sekunde belastender. Offenbar schien niemand so recht zu wissen, wer den ersten Schritt tun sollte. Als sich Cesare laut räusperte, straffte Rosa endlich die Schultern.

»Also, ihr Lieben, um das Ausmaß dessen, was damals geschehen ist, verstehen zu können, muss ich ein bisschen ausholen.«

Sie strich ihren Rock glatt, verschränkte die Finger im Schoß und begann.

Rom, Villa Aurelia, 1986

Rosa stand vor einem geschlossenen Holztor, das den Abschluss einer hohen Mauer bildete. Sie musterte den Zettel, den sie vom Stellenvermittlungsbüro erhalten hatte, um sich zu vergewissern, dass sie auch tatsächlich vor dem richtigen Anwesen stand. Dann atmete sie tief durch und klingelte.

Cosmo Escolano, ihr Verlobter, war zwar strikt dagegen gewesen, dass sie sich in einer adligen Familie um eine Anstellung bewarb, aber sie wollten bald heiraten und brauchten dafür Geld.

Cosmo hielt nichts von Aristokraten. »Blutsauger allesamt!«, wetterte er stets. »Durch die Jahrhunderte haben sie das einfache Volk ausgenommen, unterdrückt und bevormundet.«

Er konnte sich wunderbar über die Adligen aufregen und betrachtete es als persönliche Niederlage, dass seine Verlobte bei der Familie Orsini arbeiten wollte. Was würden seine Kameraden aus der Partei dazu sagen? Doch Rosa scherte sich nicht um die Hitzköpfe der *Partito Comunista Italiano*. Geld stank bekanntlich nicht. Und sie konnten jede Lira gebrauchen.

Kurze Zeit später öffnete ihr eine schwarz gekleidete ältere Frau mit straff zurückgekämmten, grauen Haaren die Toreinfahrt. Eine blütenweiße Schürze und ein Häubchen vervollständigten ihre Angestelltenuniform.

»Rosa Calvi?«, fragte sie.

»Genau.«

»Nur herein, Signorina.«

Die ältere Frau lächelte, und Rosa fiel ein Stein vom Herzen. Nicht, dass sie einen feuerspeienden Drachen erwartet hatte, aber man wusste ja nie.

»Mein Name ist Maria, ich bin die Hausdame«, plauderte die Angestellte, während sie einen gepflegten Plattenweg entlanggingen, der zum Eingang führte. »Darf ich dich duzen, ja? Du bist ja noch so jung und könntest praktisch meine Enkelin sein.«

Rosa nickte erfreut. Das war doch ein gutes Zeichen, dass es unter dem Personal so locker zuging.

»Also, liebe Rosa«, fuhr Maria fort, »du wirst zusammen mit einem anderen Mädchen für die tägliche Hausarbeit zuständig sein. Putzen, Betten machen, dich um die Wäsche kümmern und so weiter. Das kennst du ja. Wir haben eine Köchin und eine Küchenhilfe. Wenn Gäste da sind, serviert ihr die Speisen. Außerdem gibt es den Chauffeur, und fürs Grobe sind der Gärtner und sein Gehilfe zuständig. Aber manchmal müssen wir Frauen auch selbst fest zupacken können.«

Rosa nickte wieder. Schwere Arbeit machte ihr nichts aus, das war sie von zu Hause gewohnt, und die Bezahlung war schließlich überdurchschnittlich.

Als sie bei der Villa ankamen, blieb Rosa der Mund offen stehen. Sie hatte in ihrem ganzen Leben noch nie ein schöneres Anwesen gesehen, von den vatikanischen Gebäuden mit ihrem Prunk natürlich abgesehen. Das Haus erschien ihr wie ein Märchenschloss.

»Hübsch, nicht?«, sagte Maria an ihrer Seite und seufzte dann. »Nur leider kinderlos.« Dann ging sie die Steinstufen zum Hauseingang hinauf und winkte Rosa, ihr zu folgen.

»Wieso kinderlos?«, fragte Cesare verwirrt. »Wurdest du nicht als Kindermädchen für Isabella eingestellt?«

Die Anwesenden hatten Rosas Bericht bisher stumm gelauscht, ohne sie zu unterbrechen. Auf Cesares Frage hin sahen sie sich jetzt aber verständnislos an. Selbst Ophelia runzelte die Stirn. Hatte Rosa schon vor Isabellas Geburt in der Villa gearbeitet? Und lag darin etwa der Schlüssel zu den nachfolgenden Ereignissen? Vor Spannung wurde ihr Mund trocken.

»Zu Anfang half ich nur im Haushalt«, erklärte Rosa. Mehr sagte sie nicht, sondern sah einen Moment zum Fenster hinaus in den sonnigen Garten.

Es ging schon gegen Mittag zu. Musste Domenica nicht das Essen für die Familie zubereiten? Ophelia warf einen Blick in den Flur. Doch niemand störte die illustre Gästeschar. Möglicherweise hielt es Rosas Tochter für deplatziert, ihre Mutter jetzt zu stören. Selbst von den Kindern war aus der oberen Etage nichts mehr zu hören, als würde das alte Haus mit seinen Bewohnern den Atem anhalten wegen dem, was noch kommen mochte.

»Isabella, Liebes, würdest du mir bitte ein Glas Wasser holen? Mein Hals ist ganz rau«, sagte Rosa.

Isabella sprang auf und lief in die Küche. Ophelia hätte auch gern etwas Kaltes getrunken, wagte aber nicht, Isabella darum zu bitten. Zu frisch waren noch ihre verletzenden Worte im Garten. Mit welchem Ekel Isabella sie dabei angesehen hatte.

»Möchtest du auch etwas trinken?«, fragte Cesare in diesem Moment.

So schlimm ist der Kerl eigentlich gar nicht, ging es Ophelia durch den Kopf. Im Grunde durfte sie ihm nicht vorwerfen, dass er sie nicht liebte. Der Liebe konnte man eben nicht befehlen, sie ging ihren eignen Weg. Sie nickte dankbar und schenkte ihm ein Lächeln, das er erwiderte, dann stand er auf und holte ihr aus der Küche ein Glas Wasser. Isabella hatte Ophelia mit keinem Blick gewürdigt, als sie an ihr vorbeiging, Rosa das Glas auf den Salontisch stellte und sich wieder hinsetzte.

Ophelia fühlte, wie ihr Tränen in die Augen schossen, und sie senkte rasch den Blick. Niemand sollte sehen, wie nahe ihr Isabellas plötzliche Abscheu ging.

Als sich Cesare wieder zu ihnen gesellte, nahm Rosa den Faden erneut auf.

Rom, Villa Aurelia 1986

»Warum hast du denn so gute Laune?« Rosa sah ihre Arbeitskollegin Erika Hofer fragend an.

Seit einer Stunde wuselte die Südtirolerin mit dem Staublappen durch die Villa und trällerte dabei ein Liedchen nach dem anderen.

Rosa arbeitete nun schon vier Wochen bei den Orsinis, und es gefiel ihr gut. Cosmos Unkenrufe, dass die sie nur ausnutzen würden, waren mittlerweile verstummt. Der Padrone war zwar streng, aber gerecht und seine Frau, die eigentlich die Aufsicht über das weibliche Personal innehatte, praktisch nie zu Hause.

Lavinia Orsini war eine elegante, wunderschöne Frau, die von einem Termin zum anderen hetzte. Und wenn sie einmal zu Hause war, lud sie Gäste ein, die bis in die Morgenstunden zechten und meist eine schreckliche Unordnung hinterließen, die das Personal danach wegräumen musste.

Die Padrona war stets freundlich, wenn auch etwas kühl zu ihren Angestellten, aber Rosa fühlte, dass hinter der perfekten Fassade der Orsinis eine Traurigkeit schwelte, die sie zu verbergen suchten. Was es war, wusste sie jedoch nicht. Wie konnte man so traurig sein, wenn man alles hatte? Maria hatte einmal eine Bemerkung fallen lassen, dass sich die Orsinis sehnlichst ein Kind wünschten. War es das? Überschattete die Kinderlosigkeit des Ehepaares tatsächlich ihr sonst so perfektes Leben?

Rosa war diesen Sommer achtzehn geworden, und auch wenn sie sich später eigene Kinder wünschte, lag das für sie noch in weiter Ferne. Zuerst musste Geld gespart werden, um zu heiraten. Alles zu seiner Zeit und wie es die heilige Mutter Kirche vorschrieb. Sie konnte daher mit ihren Arbeitgebern nicht wirklich mitfühlen. Doch für ein Paar, das sich nichts inniger wünschte, als Eltern zu werden, musste das wohl eine große Belastung sein.

»Darf ich denn nicht fröhlich sein?«, holte Erika sie aus ihren Überlegungen. Die Augen der Südtirolerin blitzten. Sie arbeitete schon über ein halbes Jahr in der Villa und hielt sich deshalb für Rosas Vorgesetzte, auch wenn beide im selben Alter waren und die gleichen Arbeiten verrichteten.

»Von mir aus«, erwiderte Rosa schnippisch und widmete sich wieder dem Polieren der Fensterrahmen.

Im Grunde verstand sie sich gut mit Erika, mit der sie ein Zimmer im zweiten Stock teilte. Nur in letzter Zeit benahm sich die Südtirolerin eigenartig. Von einem Augenblick zum anderen wechselte ihre Laune. Zuerst noch himmelhoch jauchzend, im nächsten Moment zu Tode betrübt. Aber darüber reden wollte sie nicht. Als Rosa sie letzthin gefragt hatte, was eigentlich mit ihr los sei, hatte sie nur mit den Augen gerollt und gelacht.

Signor Orsini trat aus dem Arbeitszimmer, und die jungen Frauen hielten in ihrer Arbeit inne. »Ah, Erika, gut, dass ich Sie sehe. Würden Sie mir bitte eine Kanne starken Kaffee ins Arbeitszimmer bringen?«

Erika knickste. »Sehr wohl, Signor Orsini.«

Sie drückte Rosa den Staublappen in die Hand und stolzierte mit erhobenem Kopf in die Küche.

»Meine Mutter war also schwanger, als du dort gearbeitet hast?«, fragte Ophelia.

Rosa nickte. »Ich war damals zu jung, um das zu bemerken. Aber ja, die Launen, ihre ständige Müdigkeit, der Hang zu Süßem. Bei meinen Schwangerschaften erging es mir später ähnlich. Aber zu der Zeit ...« Sie zuckte entschuldigend mit den Achseln. »Doch selbst wenn ich es gewusst hätte, was hätte es geändert?«

»Die Tochter eines Dienstmädchens also«, stieß Isabella angewidert hervor. »Wie schön.«

»Sei still, du dummes Ding!«, befahl Rosa und funkelte Isabella ärgerlich an. »Erika war eine liebe Person.«

Isabella schnaubte verächtlich. »Ja, so lieb, dass sie mich den Orsinis verkauft hat.«

Ophelia entfuhr ein Schluchzer, und Cesare griff tröstend nach ihrer Hand.

»Mäßige dich, Isabella!«, fuhr er seine Schwester an. »Du sprichst hier auch von Ophelias Mutter, und wir kennen noch nicht die ganze Geschichte.«

Isabella hob hochmütig das Kinn, sagte aber nichts mehr.

Amadeo an ihrer Seite war kreidebleich geworden. »Kann mich bitte mal jemand aufklären, worum es hier eigentlich geht? Ich verstehe nur Bahnhof. Was soll das heißen, dass du die Tochter eines Dienstmädchens bist? Und was meinst du mit *verkauft*?« Er sah Isabella verstört an. Sein Gesicht war ein einziges Fragezeichen.

»Beruhigt euch jetzt erst mal alle wieder«, warf Rosa ein. »Wenn ich zu Ende erzählt habe, könnt ihr den Stab über die Beteiligten brechen. Auch wenn nur noch ich übrig geblieben bin.«

Rom, Villa Aurelia, 1986

Gegen zehn Uhr abends stieg Rosa müde die Treppe in den zweiten Stock hinauf. Sie hatte bis vorhin das Tafelsilber geputzt, weil morgen zwanzig Leute zum Mittagessen erwartet wurden, die natürlich nicht mit schwarz verfärbtem Besteck speisen wollten.

Sie gähnte hinter vorgehaltener Hand und verzog das Gesicht, als ihr der Geruch der Silberpolitur in die Nase stieg. Jetzt konnte sie wieder die Hände schrubben, bis sich die Haut löste, aber Marias Empfehlung, die Arbeit mit Handschuhen zu erledigen, war Rosa zuwider. In den Plastikdingern schwitzte sie wie Prosciutto in der prallen Sonne. Dann doch lieber Stinkehände.

Als sie das Zimmer betrat, saß Erika auf dem Boden vor ihrem Bett und schluchzte herzerweichend.

»Erika, was ist denn? Hast du dir wehgetan?« Rosa sah sich schnell um, ob sich ihre Freundin verletzt hatte, aber sie konnte nirgends Blut entdecken. Erst jetzt registrierte sie den halb gepackten Koffer neben dem Bett. »Willst du verreisen?«

Erika hob den Kopf. Ihre Augen waren rot und geschwollen, Tränen liefen über ihre Wangen und hinterließen Spuren in ihrem Make-up.

»Ich weiß nicht, was ich tun soll, Rosa«, sagte sie mit zitternder Stimme. »Er kann mich nicht heiraten. Ich möchte am liebsten sterben!«

Rosa runzelte die Stirn. Heiraten? Wen wollte ihre Freundin denn heiraten? Erika hatte doch nicht mal einen Freund. Ob ein Bursche aus ihrer Heimat ihr den Laufpass gegeben hatte? Vielleicht per Brief oder Anruf? Was musste das für eine Demütigung sein.

»Dann ist er ein dummer Kerl!«, rief sie erzürnt, setzte sich neben Erika auf den Boden und legte ihren Arm um deren Schultern. »So einer hat dich gar nicht verdient«, fügte sie mit fester Stimme hinzu. »Du findest einen …«

»Ach, Rosa, kleine, naive Rosa. Wenn es doch nur so einfach wäre.« Erika schob die weiße Rüschenbluse, die zu ihrer Angestelltenuniform gehörte, bis zu ihrem Busen hoch. »Damit wird mich kein anständiger Mann mehr nehmen.«

Rosa sah erschrocken auf Erikas Bauch. Grundgütiger, ihre Freundin war schwanger!

»Aber wer ist der Vater?«, unterbrach Cesare Rosas Bericht.

Ihre Geschichte war zwar spannend, und vermutlich genoss sie es sogar, sie ihnen zu erzählen, wie eines ihrer skurrilen Märchen von früher. Aber letztendlich interessierte ihn nur, wer

Isabellas biologischer Vater war und weshalb seine Eltern Erikas Kind als ihr eigenes ausgegeben hatten.

Natürlich war ihm bewusst, dass die Kinderlosigkeit seiner Eltern der Grund für dieses Arrangement gewesen sein musste. Doch wie hatten sie ihre Angestellten dazu gebracht, all die Jahre darüber Stillschweigen zu bewahren? Und wenn seine Eltern keine Kinder hatten bekommen können, wieso existierte er dann? Die Vorstellung, dass er selbst kein Orsini war, hatte er mittlerweile ad acta gelegt, zu sehr ähnelte er in Aussehen und Charakter den anderen Familienmitgliedern. Aber tat das Isabella nicht ebenfalls?

Ein eiskalter Schauer lief ihm über den Rücken. Nein, das konnte doch nicht sein!

Rosa warf ihm einen tadelnden Blick zu. »Du warst schon immer so ungeduldig, mein Lieber.«

»Herrgott, Cesare, nun unterbrich sie doch nicht ständig«, mischte sich Isabella genervt ein. »Ich will es jetzt genau wissen. Schließlich spiele ich die Hauptrolle in dieser griechischen Tragödie.«

Sie warf Ophelia bei diesen Worten einen giftigen Blick zu, und diese sackte auf dem Sofa zusammen, als hätte man ihr die Luft herausgelassen.

Wieder nahm Cesare Ophelias Hand und drückte sie. Er konnte sich kaum darauf konzentrieren, was Rosa weiter erzählte, zu schrecklich war der Verdacht, der sich gerade in seinem Kopf formte. Doch er musste abwarten, zuhören, Rosa erzählen lassen – und vielleicht täuschte er sich ja auch. Und wenn nicht? War das wirklich so schlimm? Oder eher eine zweite Chance für sie alle?

Er streichelte unbewusst mit dem Daumen über Ophelias Handrücken und konzentrierte sich weiter auf Rosas Geschichte.

»Du bekommst ein Kind?«, fragte Rosa fassungslos. Erika nickte. »Aber wieso?«

Ihre Freundin lachte bitter. »Muss ich dir die Geschichte von den Blümchen und Bienchen erzählen?«

Rosa schüttelte den Kopf. Natürlich wusste sie, wieso man ein Kind bekam, und ihre Frage zielte auch mehr darauf ab, weshalb sich Erika mit einem Mann eingelassen hatte, der sie nicht heiraten wollte. Jetzt, in ihrem Zustand.

Zwar drängte Cosmo sie auch immer wieder, diese Sache zu tun, doch außer ein paar Küssen und ein wenig Gefummel hatte sie bisher nichts zugelassen, sondern ihn immer in die Schranken gewiesen und auf die Hochzeitsnacht vertröstet. Doch selbst wenn sie ihm mehr gestattet hätte und dadurch schwanger geworden wäre, er hätte sich nicht so feige aus der Affäre gezogen wie dieser Lump, dem Erika auf den Leim gegangen war. Der Mann musste ihr offenbar das Blaue vom Himmel versprochen haben, dass sie ihn in ihr Bett gelassen hatte.

Als hätte Erika ihre Gedanken gelesen, sagte sie in diesem Moment: »Er hat mir die Ehe nie versprochen. Du darfst nicht schlecht von ihm denken.«

»Du verteidigst den Kerl auch noch?« Rosa konnte es nicht fassen. Sie stieß wütend die Luft aus. »Ich hetze dem Mistkerl Cosmo und meine Brüder auf den Hals, einverstanden? Die werden dem Früchtchen gehörig den Marsch blasen und eine Hochzeit arrangieren. Vergiss nicht, woher Cosmo stammt. In Neapel versteht man in solchen Dingen keinen Spaß. Keine Angst, Erika, das kommt schon in Ordnung.«

Ihre Freundin atmete tief durch und schüttelte den Kopf. »Das ist lieb von dir, Rosa, aber es würde nichts nützen. Er ist nämlich schon verheiratet.«

»Autsch!« Amadeo schlug sich die Hand vor den Mund. »Entschuldigt«, murmelte er beschämt. Offenbar war ihm gerade bewusst geworden, dass Rosa über die leibliche Mutter seiner Verlobten sprach.

»Ja, autsch!«, wiederholte Rosa, griff nach dem Glas Wasser und trank es hastig leer. »Damals war das wirklich eine schlimme Sache«, ergänzte sie und stellte das leere Glas zurück auf den Couchtisch. »Nicht so wie heute, wo man auch ohne Trauschein Kinder haben kann. Oder ein Kind allein aufzieht. Aber damals? In einem Haushalt wie dem der Orsinis? Unmöglich! Oder in Südtirol? Erikas Eltern hätten die gefallene Tochter nicht mehr aufgenommen. Für eine Abtreibung war es schon zu spät, und Erika hätte das vermutlich auch gar nie in Erwägung gezogen. Sie war sehr religiös.«

Ophelia runzelte bei dieser Aussage die Stirn. Offenbar war ihr das neu, vermutete Cesare.

Wieder senkte sich Schweigen über die Runde. Jeder hing seinen Gedanken nach.

»Es tut mir leid, wenn ich jetzt vielleicht unsensibel wirke, aber ich verhungere gleich.« Amadeo sah in die Runde. »Ihr nicht?«

»Wie kannst du jetzt ans Essen denken!«, zischte Isabella.

»Mi dispiace, Liebste, aber ich habe den ganzen Tag noch nichts gegessen. Und Dramen machen mich immer sehr hungrig.« Er grinste jungenhaft, und Cesare gestattete sich ein halbes Lächeln.

Was alle befürchtet hatten, dass Amadeo Colonna beim kleinsten Anzeichen dafür, dass die Abstammung seiner zukünftigen Frau zweifelhaft war, schreiend das Weite suchte, bestätigte sich zum Glück nicht. Bis jetzt hatte er anscheinend seinen Humor noch nicht verloren, was Cesare außerordentlich beruhigte. Vielleicht hatten sich alle in Amadeo getäuscht, und es gab doch eine Zukunft für ihn und Isabella. Cesare hoffte es so sehr.

»Amadeo hat recht«, ergriff Rosa das Wort. »Lasst uns etwas essen.«

Sie erhob sich ächzend, und im ersten Moment schien es, als wolle Isabella sie am Arm zurückhalten, doch dann zuckte sie lediglich mit den Schultern und schüttelte seufzend den Kopf.

»Wenn's denn sein muss«, sagte sie und folgte Rosa in die Küche. Amadeo sprang ebenfalls auf und lief den beiden Frauen hinterher.

Cesare wurde plötzlich bewusst, dass er immer noch Ophelias Hand hielt. Es fühlte sich gut an. Sie würden das gemeinsam durchstehen.

»Komm, wir haben uns eine Pause verdient«, sagte er, stand auf und zog sie mit sich hoch.

LVII

Beim Essen scheute sich jeder, das heikle Thema anzusprechen, wegen dem sie sich hier alle getroffen hatten. Zu Anfang vermieden sie sogar gegenseitigen Augenkontakt, doch frische Oliven, köstliches Ciabatta, Prosciutto und Rotwein tauten die frostige Atmosphäre langsam auf. Die Konversation drehte sich jedoch nur um unverfängliche Themen wie das aktuelle Wetter und die letzten Fußballergebnisse von Lazio Rom. Rosas Tochter war mit ihrer Familie in den Ort gegangen, um eine Pizza zu essen. Ophelia dankte ihr stillschweigend für ihre Feinfühligkeit, sie allein zu lassen.

Nachdem alle mit Kaffee, Amaretto und einem Stück von Rosas selbst gebackener Crostata con le visciole, einer typisch römischen Sauerkirschtorte, versorgt waren, räusperte sich die ältere Frau und fragte: »Wollt ihr jetzt den Rest hören?« Und da niemand verneinte, fuhr sie in ihrem Bericht fort. »Wo war ich? Ah ja, Erikas Geliebter war also verheiratet.«

Rom, Villa Aurelia, 1986

»Ach, Erika, wieso hast du dich nur mit einem verheirateten Mann eingelassen?« Rosa schüttelte betrübt den Kopf. »Das geht doch nie gut aus.«

Erikas Augen füllten sich erneut mit Tränen. »Weil ich ihn liebe«, sagte sie mit zitternder Stimme. »Und er mich auch«, fügte sie trotzig hinzu.

»Verstehe.« Rosa strich ihrer Freundin tröstend über die verschwitzten Haare. Strähnen hatten sich aus ihrem Pferdeschwanz gelöst und kringelten sich um Erikas erhitztes Gesicht. »Und er will sich nicht ... scheiden lassen?«

Erika schüttelte traurig den Kopf.

Rosa wollte aufbrausen. Wenn der Kerl ihre Freundin wirklich liebte und sie sein Kind erwartete, dann müsste er sich doch scheiden lassen und sie heiraten, wie es jeder Ehrenmann tat. Auch wenn das bedeutete, dass er gegen die Grundsätze der katholischen Kirche verstieß. Aber immer noch besser, als eine Schwangere sitzen zu lassen. Doch Rosa verkniff sich eine scharfe Bemerkung. Erika war schon verzweifelt genug. Und vermutlich würde sie den Mistkerl nur weiter verteidigen. Liebe machte tatsächlich blind.

»Und was gedenkst du jetzt zu tun?«, fragte sie stattdessen.

Erika betrachtete ihren halb gepackten Koffer. »Ich weiß es nicht, Rosa. Wenn meine Eltern meinen Zustand bemerken, jagen sie mich vom Hof. Ansonsten gibt es niemanden, zu dem ich gehen könnte. Am besten, ich bringe mich um.«

Rosa erschrak und bekreuzigte sich. »Versündige dich nicht! Denk an dein ungeborenes Kind.«

Erika biss sich auf die Lippen und sah zu Boden. »Was soll ich denn sonst machen? Wenn die Padrona meinen Zustand bemerkt, werde ich sowieso hinausgeworfen.«

Rosa dachte scharf nach. Die Padrona wollte doch unbedingt ein Kind, bekam aber keins. Und Erika bekam eins, wollte es aber nicht. War das ein Wink des Schicksals?

»Hör mir zu, Erika. Ich weiß vielleicht einen Ausweg.«

Isabella sprang so abrupt vom Tisch auf, dass der Holzstuhl krachend zu Boden fiel. Die Tischrunde zuckte erschrocken zusammen.

»*Du* hast das also ausgeheckt! Wie konntest du nur?«, schrie sie Rosa an. Und dann wiederholte sie fast tonlos: »Wie konntest du nur?«

Ophelia sah, wie Rosa schwer schluckte. »Ich habe es für meine Freundin und das ungeborene Kind getan«, sagte sie leise. »Für dich, Isabella. Erika hätte sich sonst vielleicht etwas angetan. Mir erschien es damals die einzige Lösung.«

»Und all die Jahre hast du mich nur angelogen!« Isabella fuchtelte mit der Hand in der Luft herum. »Noch nie hat mich ein Mensch so schwer enttäuscht.«

Rosa nickte. »Ja, das habe ich, Liebes, und ich kann verstehen, dass du mich jetzt vielleicht sogar hasst. Aber manchmal muss man sich im Leben für eine Seite entscheiden. Ich habe sowohl Erika wie auch den Orsinis ein Versprechen gegeben. Und ich habe sicher viele Fehler im Leben begangen, aber mangelnde Loyalität gehört nicht dazu.«

Isabellas Augen verengten sich. »Also habt ihr alle zusammen beschlossen, dass Erikas Bastard mal schnell zu Orsinis Bastard wird? Wie nett. Und am Ende lebten alle glücklich und zufrieden, nicht wahr?«

Rosa stieß seufzend die Luft aus. »Das weiß ich nicht. Auf alle Fälle erschien es mir das Beste zu sein. Lavinia und Gian-Luca überlegten nicht lange, als ich ihnen am nächsten Tag den Vorschlag unterbreitete. Da man Erika die Schwangerschaft noch nicht ansah, organisierten sie schnell eine ausgedehnte

Reise, nahmen Erika mit, und nach der Geburt kamen sie mit der unterwegs geborenen Tochter – dir, Isabella – zurück. Es gab zwar Gerede, aber niemand hat öffentlich etwas geäußert. Sie haben dich über alles geliebt, Isabella, und das weißt du. Erika ging kurz nach ihrer Rückkehr nach Bozen zurück. Vermutlich hat sie Geld für einen Neustart erhalten, das weiß ich nicht. Aber wir blieben in Kontakt. Sie hat mir später geschrieben, dass sie bald heiraten würde. Und auch von deiner Geburt, Ophelia, hat sie mich unterrichtet.«

Ophelia lächelte gerührt.

»Und mich hat sie praktischerweise vergessen, nicht wahr?« Isabella spuckte die Worte aus, als wären sie mit Gift getränkt.

Rosa schüttelte den Kopf. »Nein, hat sie nicht, du dummes Ding! Ich habe ihr über die Jahre immer wieder Fotos von dir geschickt und berichtet, wie es dir geht, was du tust und wie schön du geworden bist. Sie wusste immer über alles Bescheid.«

Isabella stieß einen knurrenden Laut aus. »Trotzdem hättet ihr mir die Wahrheit sagen müssen«, beharrte sie mürrisch.

Rosa nickte. »Tatsächlich hatte Erika vor, nach dem Tod von Lavinia und Gian-Luca nach Rom zu kommen. Sie hat mir damals geschrieben, dass sie dich gern kennenlernen möchte. Nicht, um dein Leben durcheinanderzubringen, nur, um dich zu sehen. Möglicherweise hätte sie dir gar nicht erzählt, dass sie deine leibliche Mutter ist. Doch dann wurde sie krank. Und sie wollte ihrer schönen Tochter nicht als körperliches Wrack gegenübertreten. Also verschob sie ihren Besuch. Bis es dann zu spät war.«

Ophelia wischte sich über die Augen, als ihr die Tränen kommen wollten, und Isabella wirkte plötzlich nicht mehr ganz so überheblich.

»Und was ist mit mir?« Cesare beugte sich nach vorne.

»Was soll mit dir sein?« Rosa sah ihn verblüfft an.

»Bin ich ein Orsini?«

Seine alte Kinderfrau lachte. »Himmel, ja! Wie er im Buche steht.« Sie drehte das leere Rotweinglas in den Händen. »Ein Jahr nach Isabellas Geburt wurde Lavinia unerwartet schwanger. Ihr könnt euch sicher unsere Verblüffung vorstellen. Aber das gibt es. Wenn sich Paare so sehnsüchtig ein Kind wünschen und der Druck auf einmal weg ist, klappt es plötzlich. Sie waren überglücklich, dass Isabella noch ein Geschwisterchen bekam.«

Cesare nickte, offenbar überaus erleichtert darüber, dass ihm nicht plötzlich auch noch neue Eltern beschert wurden.

»Und wer ist nun Isabellas Vater?«, fragte Amadeo.

Alle wandten sich erstaunt nach ihm um, als ob sie seine Anwesenheit vergessen hätten.

»Das möchten wir auch gerne wissen«, pflichtete Cesare ihm bei. »Ophelia und ich haben es bis jetzt leider nicht herausgefunden.«

Isabella griff Hilfe suchend nach Amadeos Hand, nickte aber entschlossen.

Rosa seufzte tief. »Tut mir leid, meine Lieben, das hat mir Erika in all den Jahren nie verraten.«

LVIII

Isabella brach in Tränen aus, und Ophelia warf Cesare einen gequälten Blick zu. Da ihre Mutter tot war, würde die Identität von Isabellas Vater also für immer ein Geheimnis bleiben. Außer der Mann tauchte plötzlich auf, um sich zu outen. Aber das war eher unwahrscheinlich.

»Schatz.« Amadeo zog Isabella in die Arme. »Bitte weine doch nicht.«

»Was wird jetzt aus uns?«, schluchzte sie an seiner Brust.

»Wie meinst du das?«, fragte er mit einem Stirnrunzeln und schob seine Verlobte ein Stück weg, damit er ihr in die Augen sehen konnte.

Isabella bekam Schluckauf. »Ich …«, sie brach ab, atmete tief durch und begann von vorne. »Deine Eltern werden doch nie gestatten, dass du mich heiratest. Jetzt, wo …«

Amadeo lächelte. »Meine Eltern erlauben so manches nicht, und trotzdem tue ich es. Auf alle Fälle werden sie mir nicht vorschreiben, wen ich lieben darf und wen ich heiraten soll.«

»Aber … aber ich bin doch ein Bastard«, stammelte sie.

»Das ist mir komplett egal«, sagte er und küsste ihr die Tränen von der Wange. »Und meine Eltern wissen nichts davon. So soll es auch bleiben. Und bitte, sag dieses Wort nie wieder, amore! Du bist die Frau meines Lebens, und die werde ich wohl kaum verlassen, weil ich ihren Vater nicht kenne. Es ist vollkommen in Ordnung, dass mal ein bisschen frisches Blut in unsere alte Adelsfamilie kommt, sonst werden wir noch mehr gaga.«

Isabella verzog den Mund zu einem schiefen Lächeln. »Und wenn es deine Eltern trotzdem irgendwann herausfinden?«, fragte sie und warf Ophelia einen schnellen Blick zu. Offenbar traute sie ihr nicht über den Weg.

»Dann kommt es eben raus. Was ich aber nicht denke. Dein biologischer Vater hat sich seit einunddreißig Jahren nicht gemeldet. Dann wird er es auch in Zukunft nicht tun. Und wir hier am Tisch werden sicher nichts verraten, stimmt's?« Er sah fragend in die Runde, und alle schüttelten den Kopf. »Siehst du, mein Herz, alles bestens. Und nun gib deinem Zukünftigen einen Kuss und danach noch ein Stück von dieser himmlischen Sauerkirschtorte.«

Isabella lachte und erfüllte ihm den ersten und dann gleich den zweiten Wunsch.

Ophelia atmete tief durch. Vielleicht würde ihr Isabella irgendwann vergeben und sie kämen sich wieder näher. Sie hoffte es so sehr. Möglicherweise wollte ihre Halbschwester nach einer gewissen Zeit auch mehr über ihre leibliche Mutter erfahren, und Ophelia würde ihr liebend gern alles erzählen. Ihr vielleicht sogar den Brief zeigen, den ihr Vater Erika geschrieben hatte. Immerhin würde sie so erfahren, dass es tatsächlich Liebe zwischen den beiden gewesen war.

Alle schienen mit dem Ausgang der Geschichte glücklich zu sein. Isabella umarmte sogar Rosa, deren Augen plötzlich verdächtig schimmerten. Sie hatte ihrer alten Kinderfrau anscheinend verziehen, wie schön. Nur Cesare starrte vor sich hin, als würde ihn etwas bedrücken.

Ophelia schubste ihn leicht an. »Was ist denn?«

»Wo ist eigentlich der Brief?«, raunte Cesare Ophelia zu. »Und sag jetzt nicht, in Bozen. Das habe ich dir nämlich nie abgenommen.«

Sie wirkte plötzlich schuldbewusst. Also hatte er recht, und sie hatte ihn angeschwindelt.

Mit hochrotem Kopf griff sie nach ihrer Handtasche, kramte darin herum und zog ein einzelnes weißes Blatt hervor, das gar nicht wie ein Brief aus den Achtzigerjahren aussah. Sie hatte ihn also kopiert. Kluges Mädchen.

Er räusperte sich hörbar, und die Anwesenden wandten ihm die Köpfe zu. »Wir alle wissen zwar nicht, wer Isabellas leiblicher Vater ist, und werden es vermutlich auch nie erfahren, aber er hat uns beziehungsweise Erika und somit auch dir, Isabella, etwas hinterlassen.« Er wandte sich an Ophelia. »Würdest du ihn uns bitte vorlesen?«

Ophelia nickte. »Ich habe diesen Brief in Bozen gefunden«, erklärte sie. »Meine Mutter hatte ihn versteckt. Nach langem Suchen habe ich ihn in ihrem Strickkorb entdeckt. Die Fotos, die du ihr über die Jahre geschickt hast, Rosa, habe ich jedoch nicht gefunden. Also, das ist eine Kopie dieses Briefes, das Original befindet sich in der Villa.« Sie sah Cesare entschuldigend an, und er schüttelte lächelnd den Kopf.

»Ein Brief meines ... Vaters?« Isabella starrte hypnotisiert auf das Blatt in Ophelias Händen.

Sie nickte erneut.

»Lies vor«, bat Cesare. »Vielleicht ist es für Isabella ein Trost.«

Mit erstickter Stimme begann Ophelia vorzulesen. Es war mucksmäuschenstill geworden. Nur ab und zu hörte Cesare von Isabella ein leises Aufschluchzen.

Als Ophelia das Blatt sinken ließ, wischte sich Rosa mit einem Taschentuch über die Augen. Selbst Amadeo schien gerührt zu sein, denn er räusperte sich mehrere Male und drückte die weinende Isabella fest an seine Brust.

»Sie haben sich also wirklich geliebt«, sagte Rosa nach einer Weile. »Trotz allem ein schöner Gedanke.«

»Es war nicht bloß eine Affäre, nicht wahr?« Isabella sah Rosa bittend an.

Diese schüttelte den Kopf. »Nein, Liebes, ganz bestimmt nicht. Die Umstände zwangen sie offenbar dazu, ihrer Liebe nicht nachgeben zu dürfen.« Sie seufzte tief.

»Ich werde dir das Original geben, sobald wir wieder in Rom sind«, wandte sich Ophelia an Isabella. »Die Kopie behalte ich. Ist dir das recht?«

Isabella fuhr sich mit der Zunge über die Lippen, erwiderte jedoch nichts und nickte bloß.

Cesare schüttelte den Kopf. Seit wann war seine Schwester denn so hartherzig? Natürlich war durch Ophelias Auftauchen der Stein erst ins Rollen gekommen, aber diese Missbilligung hatte sie nicht verdient. Schließlich waren sie Halbschwestern. Aber vielleicht musste sich Isabella erst daran gewöhnen. Und er hoffte, dass die Zeit sie gnädiger stimmen würde.

»Tja«, sagte er und klopfte sich auf die Schenkel. »Unsere Recherchen über die Identität dieses L. haben nicht gefruchtet. Ich hoffe natürlich sehr, dass es nicht Onkel Lorenzo ist.« Isabella klappte der Mund auf. »Kleiner Scherz!«, rief er. »Entschuldige.«

Rosa lachte. »Um Himmels willen, euer Onkel Lorenzo?« Sie schüttelte den Kopf. »Den Kerl konnte doch keiner ausstehen. Nein, Erika hätte sich nie in den verliebt.«

»Vielleicht fällt dir ja noch ein Mann ein, der 1986 in der Villa verkehrte und dessen Name mit einem L anfängt?«, wandte sich Cesare an Rosa.

»Ich werde darüber nachdenken«, gab sie zur Antwort. »Dreißig Jahre sind jedoch eine lange Zeit. Erwartet also keine Wunder.«

Noch immer hielt Ophelia die Kopie in den Händen.

Cesare streckte die Hand aus. »Darf ich mal sehen?«, fragte er, und sie überreichte ihm das Blatt. Er warf einen kurzen Blick darauf, dann wurde er bleich, und seine Hand fing an zu zittern. »Bei allen Heiligen ...«, rief er entsetzt. »Also doch!«

LIX

Die Kopie fiel aus Cesares Händen und segelte zu Boden. Er starrte mit weit aufgerissenen Augen auf das Blatt Papier zu seinen Füßen, sagte aber kein Wort mehr.

Ophelia bückte sich nach dem Blatt und hob es auf. »Cesare?« Sie legte die Hand auf seinen Arm. »Was ist denn?«

Er wandte den Kopf. In seinem Blick lag Unverständnis, Verwirrung, Wut. Sie fröstelte plötzlich. Kannte er eventuell den Verfasser und somit Isabellas Vater?

»Was ist, Brüderchen?« Isabella schnäuzte sich gerade die Nase. »Oder darf ich dich jetzt nicht mehr so nennen?«

Es sollte wohl witzig klingen, doch ihre Stimme bebte.

Endlich löste sich Cesare aus seiner Erstarrung. »Das darfst du bis in alle Ewigkeit, geliebte Schwester, denn es entspricht der Wahrheit.«

Die Anwesenden sahen sich verwirrt an.

»Was meinst du damit?«, fragte Isabella. Und als er nicht antwortete, stand sie auf, riss Ophelia die Kopie aus der Hand und überflog die Zeilen. Sie stieß einen erstickten Laut aus, und ihre Beine knickten ein. Ophelia hielt sie im letzten Moment an der Taille fest, sonst wäre sie gestürzt.

Amadeo sprang auf und kam Ophelia zu Hilfe. »Liebes, um Himmels willen, was ist denn jetzt noch?«

Isabella ließ sich mit einem Stöhnen neben Ophelia aufs Sofa sinken. Sie schluckte mehrmals trocken. Dann hob sie den Blick und sagte mit erstickter Stimme: »Erikas Geliebter war mein Vater.«

Amadeo runzelte die Stirn. »Ja, das wissen wir mittlerweile.«

Sie schüttelte den Kopf. »Du verstehst nicht. Gian-Luca Orsini ist mein richtiger Vater.«

Ihr Verlobter kratzte sich am Kinn. »Wie? Jetzt verstehe ich gar nichts mehr.« Er sah Cesare ungläubig an.

Dieser nickte. »Es stimmt«, sagte er. »Ich erkenne Papàs Handschrift. Diesen Brief hat zweifelsfrei mein Vater geschrieben.«

»Aber dein Vater hieß doch Gian-Luca«, warf Ophelia ein. »Hätte er dann nicht mit G. oder wenigstens G. L. unterschreiben müssen? Vielleicht hat er ihn für einen anderen Mann verfasst? Einer, der zum Beispiel nicht schreiben konnte?«

Cesare warf ihr einen genervten Blick zu. »Es ist erst dreißig Jahre her und geschah nicht im Mittelalter.«

»Hätte ja sein können«, erwiderte sie spitz.

Er griff nach ihrer Hand und drückte einen Kuss auf die Handfläche. »Ja, natürlich, entschuldige.«

»Er hat seinen Namen nie gemocht«, sagte Rosa plötzlich, und alle Blicke wandten sich in ihre Richtung. Sie schüttelte lächelnd den Kopf. »Er sagte immer, der Name Gian-Luca würde ihn an einen drittklassigen Schauspieler erinnern. Eure Mutter hat ihn deshalb oft nur Luca genannt.« Wieder schüttelte sie den Kopf. »Und ich habe all die Jahre nicht geahnt, dass du, Isabella, sein leibliches Kind bist. Aber ja, natürlich, so ergibt alles einen Sinn.«

Sie strich mit zitternden Händen ihren Rock glatt. »Erika hat mich damals gebeten, bei dir zu bleiben, als Kindermädchen, und obwohl ich von Kinderbetreuung keine Ahnung hatte, habe ich es ihr versprochen. Also wurde ich eure Nanny. Ich habe es nie bereut.« Sie wischte sich verstohlen über die feuchten Augen.

»Wie jetzt?«, mischte sich Amadeo ein. »Heißt das, dass Gian-Luca Orsini ein Verhältnis mit Erika hatte? Mit ihr ein Kind zeugte, das er dann als dasjenige von seiner Frau und sich ausgegeben hat?« Er sah von einem zum anderen. »Oh Mann, jetzt brauche ich einen Schnaps!«

Die späte Nachmittagssonne vergoldete die umliegenden Hügel und warf lange Schatten in die Täler. Der sonntägliche Rückreiseverkehr nach Rom hatte eingesetzt, und um den Staus auf der Autobahn zu entgehen, wählte Cesare die alternative Route über die Via Nazionale Tiburtina.

Ophelia war vollkommen erschöpft, und ab und zu fielen ihr die Augen zu. Nachdem sie in Tivoli das Rätsel um Isabellas Vater endlich gelöst hatten, fühlte sie sich jetzt zwar von einer schweren Last befreit, doch emotional komplett ausgelaugt.

Isabella hatte ihr nicht vergeben. Als sie sich vor Rosas und Domenicas Haus von ihr verabschieden wollte, hatte sie den Blick abgewandt und war ohne ein Wort in Amadeos Wagen gestiegen. Sie hatte jetzt zwar eine Halbschwester, aber die redete nicht mit ihr.

»Sie wird sich schon beruhigen«, sagte Cesare in diesem Moment, als hätte er Ophelias Gedanken erraten. »Gib ihr einfach Zeit, sich an die Dinge zu gewöhnen, okay?«

Sie nickte. Die aufsteigenden Tränen unterdrückte sie tapfer. Es kam ihr vor, als hätte sie noch nie so viel geweint wie in den letzten Tagen, das musste endlich aufhören. Um das Thema zu wechseln, fragte sie: »Wann geht dein nächster Flug?«

Cesare schob die Sonnenbrille in die Haare. »Morgen. Wieder nach Stockholm. Willst du mit?«

»Ich fahre morgen zurück nach Hause.«

Sie starrte bei den Worten zum Fenster hinaus, denn sie wollte nicht sehen, wie sich womöglich Erleichterung auf seinem Gesicht abzeichnete, dass er so einfach aus dieser Misere herauskam.

»Verstehe«, erwiderte er nur.

Na bitte, dachte sie, ihre Vermutung hatte sie also nicht getrogen. Ihr Magen zog sich vor Enttäuschung zusammen. Nein, nicht weinen!

Dumme Ophelia, was hast du erwartet?, fragte eine gehässige Stimme in ihrem Kopf. Dass er dich bittet zu bleiben? Werde endlich erwachsen!

»Und kommst du uns irgendwann besuchen?« Cesares Stimme klang brüchig, und er räusperte sich.

»Vielleicht. Irgendwann mal. Das kommt auf Isabella an.«

»Verstehe«, sagte er wieder nur. »Sobald ich die rechtliche Seite abgeklärt habe, gebe ich dir Bescheid, einverstanden?«

Sie sah ihn an. »Rechtliche Seite?«

Er zuckte mit den Schultern. »Nun ja, da du und Isabella Halbgeschwister seid, steht dir womöglich etwas vom Erbe zu. Ich bin kein Anwalt, also muss ich mich dahingehend informieren.«

»So ein Käse!«, brauste sie auf. »Ich will bestimmt nichts von euch. Zudem ist dein Vater ja nicht meiner. Ich bin überhaupt nicht erbberechtigt. Vermutlich nicht mal, wenn deine … unsere Schwester irgendwann mal stirbt. Und selbst dann will ich rein gar nichts, capito?«

Sie funkelte ihn wütend an. Das war wieder typisch Orsini. Es ging wie üblich nur ums Geld. Wie sie es hasste, so herabgesetzt zu werden, als wäre sie lediglich eine miese Erbschleicherin. War es das, was Isabella von ihr dachte?

Und plötzlich flossen die Tränen doch noch. Verflucht!

»Himmel noch mal, Ophelia, ich wollte dir doch nichts unterstellen!«

Er setzte den Blinker und schwenkte, ohne auf den hupenden Hintermann zu achten, über die doppelte Mittellinie auf einen Feldweg auf der gegenüberliegenden Straßenseite ein.

Einen Moment blieben beide stumm im Wagen sitzen und lauschten dem Ticken des sich abkühlenden Motors.

»Ich habe das Gefühl, dass wir uns ständig falsch verstehen«, unterbrach Cesare die Stille. Er öffnete den Sicherheitsgurt und wandte sich ihr zu. »Du nicht auch?«

»Kann schon sein«, sagte sie müde. »Aber das spielt keine Rolle mehr.«

Sie schaute aus dem Autofenster. Vor ihnen versperrte ein rostiges Eisentor den staubigen Weg, der auf ein abgeerntetes Getreidefeld führte. Plötzlich glaubte sie zu ersticken, wenn sie noch länger in Orsinis Gegenwart verweilen musste.

Mit fahrigen Bewegungen löste sie den Sicherheitsgurt und stürzte aus dem Auto. Die Hitze draußen war dick wie Watte. Ringsherum lag Abfall. Es stank nach verrottenden Lebensmitteln und Urin. Ein passender Platz, um sich aus dem Leben der Orsinis zu verabschieden.

Ophelia lief auf das Tor zu, das nur angelehnt war, und öffnete es. Hinter sich hörte sie das Schlagen der Autotür. Ohne sich umzudrehen, stolperte sie ein Stück den Feldweg entlang. Ein paar mickrige Büsche spendeten spärlichen Schatten. Als sie das abgeerntete Feld erreichte, hörte die grüne Vegetation auf.

Ophelia blinzelte in die tief stehende Sonne. Der Schweiß brach ihr aus, doch wenigstens roch es hier besser: nach Staub, trockenem Gras und seltsamerweise Jasmin, auch wenn sie nirgendwo einen entsprechenden Strauch erblicken konnte.

Sie atmete tief durch. In der Ferne, mitten in dem abgeernteten Getreidefeld auf einem erhöhten Punkt des Geländes, erhob sich ein gemauertes Gebäude, flankiert von einer

Gruppe Zypressen. Die eingeschlagenen Fenster sahen wie leere Augenhöhlen aus. Offenbar ein verlassener Hof. Wer hatte dort gewohnt, und weshalb hatte er das Haus aufgegeben?

Als sie Cesares Präsenz hinter sich fühlte, wäre es um ihre Selbstbeherrschung beinahe geschehen gewesen. Sie wünschte sich nichts sehnlicher, als sich an seine breite Brust zu schmiegen, seine Hände auf ihrem Körper zu spüren und sich in seinen leidenschaftlichen Küssen zu verlieren. Doch alles, was ihn interessierte, war, ob er ihr etwas vom Geld seines untreuen Vaters abgeben musste. Ein Prinz zwar, doch überhaupt nicht königlich! Im Gegenteil, einer, der sie sich ins Bett geholt hatte, für Sex, aber nicht für Liebe.

»Eine wunderbare Gegend, nicht?« Cesare trat neben sie, verschränkte die Arme vor der Brust und ließ den Blick übers Land schweifen. »Ich erinnere mich …«

»Was soll das denn jetzt?«, unterbrach sie ihn brüsk. »Kommt nun wieder eine blöde Geschichte? Also echt, dafür habe ich keinen Nerv!« Sie wandte sich ab, um wieder zum Wagen zu gehen, doch er hielt sie am Arm zurück.

»Ophelia, bitte, ich möchte dir etwas erklären.«

»Und was? Dass du nicht so dumm bist, dich in eine Angestellte zu verlieben? Das musst du nicht, ich weiß es längst.« Er erstarrte, und sie stieß ein bitteres Lachen aus. »Ja, ich habe gehört, was du zu Isabella und Amadeo gesagt hast. Also spar dir deinen Atem. Fahr mich zurück, damit ich meinen Koffer nehmen und verschwinden kann. Ich habe alles so satt!«

Sie riss sich von ihm los, doch er stellte sich ihr in den Weg.

»Nein, so lasse ich dich jetzt nicht gehen.«

»Ach nein? Was hast du denn vor, Prinzchen? Zum Abschied noch ein nettes Stündchen auf dem Rücksitz?«

Cesares Augen verengten sich. »Hör auf, Ophelia, das passt nicht zu dir!«

»Nicht? Na, das tut mir aber außerordentlich leid, dass ich nicht ganz so nobel bin wie der Rest eurer feinen Sippe. Ich bin eben nur ein dummer Bauerntrampel aus der Provinz.«

Er schaute betreten zu Boden. »Ich werde mich nicht für das, was mein Vater getan hat, entschuldigen. Wir kennen nicht die ganze Geschichte. Und er war kein schlechter Mensch, das musst du mir glauben. Jeder hat Momente, in denen er schwach ist, und womöglich gab ihm deine Mutter in jener Zeit Halt. Auch für mich ist es ein Schock, was er getan hat. Ich hielt ihn mein ganzes Leben lang für einen integren, liebenden Ehemann mit festen Grundsätzen und muss jetzt erkennen, dass er auch bloß ein Mensch mit Fehlern gewesen ist. Das, was zwischen ihm und deiner Mutter passiert ist, kennen wir nur aus dem Brief. Die tatsächlichen Beweggründe können wir jedoch nur vermuten. Es ist leicht, über andere den Stab zu brechen, wenn man nicht die ganze Wahrheit kennt.«

Ophelia schnaubte. »Und was ist deiner Meinung nach die ganze Wahrheit?«

Er fuhr sich mit der Zunge über die Lippen, dann ging ein Ruck durch seinen Körper, und er sah ihr direkt in die Augen.

»Zum Beispiel, dass ich dich liebe.«

Sie starrte ihn einen Moment lang verblüfft an. Hatte sie sich verhört?

»Sag das noch mal«, krächzte sie.

Ein Lächeln schlich sich in sein Gesicht. »Es ist komplett verrückt, aber ja, ich liebe dich.«

»Aber wieso hast du dann Amadeo …«, begann sie.

Er zuckte mit den Schultern. »Weil ich ein Idiot bin. Und weil mir sein Spott auf die Nerven ging.« Er fuhr sich mit beiden Händen durch die Haare. »Vermutlich habe ich mich sogar schon in dich verliebt, als du so derangiert vor der Villa aufgetaucht bist. Ich habe mich dagegen gewehrt. Doch als Sandro sich für dich interessiert hat, habe ich plötzlich rotgesehen und musste mir meine Gefühle für dich eingestehen. Eifersucht ist ein wirklich gutes Wahrheitsserum.«

Ophelia konnte nicht antworten. Er liebt mich, dachte sie glücklich. Er liebt mich tatsächlich!

Plötzlich wirkte Cesare unsicher. »Ich weiß, dass ich dich verletzt habe, und wir streiten uns auch ständig, aber denkst du, dass du über meine Unzulänglichkeiten hinwegsehen kannst? Und wenn du mich auch ein bisschen magst und ich mir Mühe gebe, dann wäre es doch …«

Weiter kam er nicht, denn mit einem Jubelschrei warf sie sich an seine Brust und schlang die Arme um seinen Hals.

»Nun küss mich schon, du alberner Prinz! Und wenn wir in Rom ankommen, will ich sofort drei Münzen in den Trevi-Brunnen werfen.«

Anmerkung der Autorin

Die Personen und die Handlung dieser Geschichte sind frei erfunden. Etwaige Ähnlichkeiten mit tatsächlichen Begebenheiten von lebenden oder verstorbenen Personen sind rein zufällig.

Die Geschichte des Mondkönigs stammt ursprünglich aus Siebenbürgen beziehungsweise Ungarn und wurde von fahrendem Volk auf Jahrmärkten vorgetragen. Ich habe mir die Freiheit genommen, sie kurzerhand nach Rom zu transferieren und ein wenig anzupassen. Das Original stammt aus dem Buch *Volksdichtungen der siebenbürgischen und südungarischen Zigeuner*. Gesammelt und übersetzt von Dr. Heinrich von Wlislocki. Wien: Verlag Carl Graeser 1890.

MIX
Papier | Fördert
gute Waldnutzung
FSC® C083411

Zeitfracht Medien GmbH
Ferdinand-Jühlke-Straße 7
99095 Erfurt, Deutschland
produktsicherheit@kolibri360.de

Druck:
CPI Druckdienstleistungen GmbH
im Auftrag der
Zeitfracht Medien GmbH
Ein Unternehmen der Zeitfracht - Gruppe
Ferdinand-Jühlke-Str. 7
99095 Erfurt